KB041530

기술철학 입문

기술철학 입문

Technikphilosophie zur Einführung

알프레트 노르트만 지음
조창오 옮김

서광사

이 책은 Alfred Nordmann의 *Technikphilosophie zur Einführung* (Junius Verlag GmbH, 2008)을 완역한 것이다.

이 저서는 2020년 부산대학교 인문학연구소의 지원을 받아 수행된 연구임.

기술철학 입문
Tecknikphilosophie zur Einführung

알프레트 노르트만 지음
조창오 옮김

펴낸이 | 이숙
펴낸곳 | 도서출판 서광사
출판등록일 | 1977. 6. 30.
출판등록번호 | 제 406-2006-000010호

(10881) 경기도 파주시 회동길 77-12 (문발동)
Tel: (031) 955-4331　Fax: (031) 955-4336
E-mail: phil6161@chol.com
http://www.seokwangsa.co.kr | http://www.seokwangsa.kr

제1판 제1쇄 펴낸날 — 2021년 12월 30일

ISBN 978-89-306-2383-4　　93160

시중에 이미 여러 기술철학 입문서들이 있다. 굳이 이 책을 번역한 이유는 여타의 책보다 이 책이 기술철학의 역사에 등장하는 여러 이론들을 다양하고 흥미 있는 방식으로 소개하고 있기 때문이다. 주로 현대적인 논의에 초점을 맞추는 책들이 다수이다 보니 초기 기술철학에서 벌어진 다양한 논쟁들은 생략되거나 짧은 요약 형태로 제시되었다. 혹은 특정한 관점을 위주로 기술철학 전반을 소개하는 책들도 많다. 이 책은 기술철학 전체의 역사에 등장했던 다양한 문제들을 폭넓게 논쟁의 형식으로 소개하고 있다.

　아쉬운 것은 저자의 언어가 그리 친절하지 못하다는 것이다. 한정된 분량에 너무나 많은 내용을 담으려다 보니 매우 압축적인 설명이 자주 등장한다. 그래서 이 책에서 소개되는 기술철학의 내용을 미리 알고 있지 않으면 저자의 설명만으로 그 내용을 이해하기는 쉽지 않다. 그래서 역자는 최대한 이 책만으로 내용을 이해할 수 있도록 의역을 하려고 노력했고, 그것으로도 부족하면 주석이나 괄호([ ])의 형식으로 내용을 이해할 수 있도록 도움이 될 만한 글들을 추가했다. 그래서 불가피하게 원래의 책보다 내용이 약간 늘어났다.

역자는 또한 책의 전반적인 흐름과 논쟁점들을 쉽게 이해할 수 있도록 '해제'를 달았다. 이 해제에서는 각 장의 제목이 어떻게 본문 속에서 설명되고 있는지를 분명히 드러내려고 했다. 독자들은 본문과 함께 해제를 읽음으로써 내용을 훨씬 더 쉽게 이해할 수 있을 것이다.

이 책의 번역을 시작하게 된 직접적인 계기는 부산대학교 철학과 기술철학 강독 모임이다. 이 모임에서 역자는 이 책을 철학과 대학원생인 김수경, 김혜민, 강보은, 박요한과 함께 읽었다. 역자가 번역한 한글본 전체를 이들과 함께 읽어 가면서 많은 도움을 받을 수 있었기에 감사의 인사를 전한다.

이 책은 운이 좋게 2020년 부산대학교 인문학연구소의 지원을 받을 수 있게 되었다. 여러 모로 도움을 주신 연구소장님과 행정직원분들께도 감사의 뜻을 전한다.

열악한 출판 시장에서 이 책을 출판하도록 도와주신 서광사 대표님께도 감사의 인사를 전한다.

2021년 8월 5일
부산에서 조창오

이 입문용 서적 시리즈는 1978년부터 출간되기 시작했다. 우선 대중에게 철학 지식을 제공함으로써 제도적 발전을 이론적으로 무장시키려는 사회주의 구호로 시작된 이 시리즈는 1980년대에 새로운 불투명성의 미로 속에서 신뢰할 수 있는 실마리를 제공했다. 지식 전달과 비판적 분석을 조합하면서 유니우스 시리즈는 자신만의 스타일을 창출했다.

학문들이 서로 교차하는 영역에서는 때때로 새로운 이정표가 세워져야 한다. 정신과학의 몇몇 분과는 문화학으로 개편되었고 매체학, 과학사, 이미지학 등과 같은 새로운 분야와 강조점이 생겨났다. 자연과학에 비춰볼 때 정신과학과 사회과학의 전통적인 핵심 분과는 새로운 도전에 직면했다. 이러한 변화는 단순히 학문 분과라는 장기판에서 이루어지는 말의 교체가 아니다. 오히려 이 변화는 지식의 생성, 질서, 타당성에 근본적인 변형을 가져온다. 이러한 과정의 관점에서 이 입문 시리즈의 과제는 규칙적이고 강력하고 직관적인 방식으로 지식의 원천을 제공하는 것이다.

입문 시리즈는 이미 알려져 있거나 종종 덜 알려진 이론가 및 주제에 접근하려는 이들을 위한 것이다. 이들은 고전적인 물음을 새로운 관점으로 보려 하며 새로운 연구 영역을 그에 적합한 형식 속에서 살펴보길 원한다.

입문 시리즈는 단순히 종합적인 개관뿐 아니라 자신만의 고유한 관점을 제시하는 저자들이 썼다. 전달은 희석이 아니며, 대표성이란 완전함이 아니다. 이 시리즈의 저자는 특정 대상에 대한 자신만의 관점을 가지며, 이들의 관점은 각각의 책에서 분명히 인식할 수 있다.

입문 시리즈는 문화과학이라는 넓은 분야에 속하는 주제들을 다루며 사유가 자연과학을 넘어 오늘날 무엇을 해낼 수 있는지 사례를 통해 보여준다.

입문 시리즈는 이념, 인식, 지식의 순환을 촉진한다는 점에서 최초의 출간 목적의 이념에 충실하다.

미하엘 하그너(Michael Hagner)

디터 토매(Dieter Thomä)

코르넬리아 피스만(Cornelia Vismann)

기술의 역사:
이 입문서를 위한 안내

기술은 반성 개념이다

기술철학이 생긴 지 얼마 되지 않았다는 것은 놀랍다. 인간이나 철학만큼 기술도 거의 삼천 년의 역사를 자랑하지만 "기술철학"이라는 표현은 1877년에야 등장한다(Kapp 1877). 기술철학은 20세기에 다양한 형태로 발전했지만 인식론, 윤리학, 미학과 같은 이름난 분과에 견줄 수 없는 그림자 자리만 차지하고 있다. 기술철학이라는 분과의 고유한 전통이 없기 때문에 이에 대한 입문서를 쓰는 것은 어렵기 마련이다. 한편으로 기술철학적 관심은 아리스토텔레스 철학에서 시작점을 형성하며, 칸트나 헤겔 철학에선 그 흔적을, 맑스 철학에선 논제를 낳았다. 하지만 그 결과는 빈손에 불과했다. 최근의 철학 사전에는 '기술' 항목이 아예 없거나(예를 들어 Edwards 1967), 비교적 짧은 소개만이(예를 들어 Ritter 2007) 있을 뿐이다. 이 입문서는 연대기적으로 아리스토텔레스에서 현재에 이르는 '기술의 역사'를 재구성함으로써 기술철학의 전통

없음을 보충하려 하지 않는다. 대신 현재 이루어지는 핵심 물음의 논의에서 필요할 때마다 아리스토텔레스, 베이컨, 데카르트를 호출할 것이다.

두 번째 어려움은 기술철학의 범위와 중요한 의미에 관한 것이다. 기술철학은 단순히 전통 없는 분과에 그치는 것이 아니라 무엇보다 자신만의 물음이 없는 분과이기도 하다. 말하자면 기술철학은 기술의 관점에서 본 철학 전체다. 예를 들어 그것은 기술의 본질에 관한 물음을 던지며, 호모 파베르(homo faber), 말하자면 제작하고 생산하는 존재로서의 인간을 다룬다. 이는 기술이라는 관점에서 본 철학적 인간학이다. 기술철학은 또한 인간이 창조한 세계, 인간이 기술적으로 구조화한 삶의 형식을 다룬다. 이는 자연철학이며, 존재자에 관한 오래된 물음이다. 물론 이 존재자는 우리의 기술화된 세계라는 제2자연 속에 있는 존재자다.[1] 또한 우리의 생활 세계가 점진적인 기술화를 거듭하고 있다는 역사철학 또한 기술철학 안에 포함된다. 기술적 또는 도구적 합리성, 기술과 그 기능, 구조 원칙과 공학 지식에 관한 물음을 제기한다면 이는 오랫동안 논의되어 온 과학철학과 인식론의 확장이며, 여기서 '기술'이라는 말을 쓰진 않았지만 이것과 연관되어 있다. 실천적 유용성을 따지지 않으면서 기술을 쾌, 불쾌로 대한다면, 우리는 미학, 예술철학과 만나게 되며, 이는 기술적인 예술 작품을 고찰한다. 마지막으로 기술철학 내부에서 윤리학, 정치철학이 '기술'이라는 명목하에 새로운 물

---

* 이 입문서에는 원래 아무런 주석도 없다. 즉 모든 주석은 번역자가 내용 이해를 위해 첨가한 것이다.

1 "기술화"(Technisierung)라는 표현은 로폴에 따르면 "소여의 세계 속에서 만든 사물 세계의 끊임없는 확장을 세우는 것"을 의미한다. 즉 원래 있던 자연 대신 "인공물의 지속적인 증가와 그것의 생성과 사용"을 포함한다(Ropohl, *Technologische Aufklärung*, Frankfurt am Main 1991, 20쪽).

음을 제기하는 것은 그리 놀랍지 않다. 여기서 기술과의 적합한 관계, 책임 있는 기술 개발과 같은 문제는 철학적 인간학, 자연철학과 역사철학, 인식론, 미학의 물음과 긴밀히 연관되어 있다. 모든 물음은 세계를 기술적으로 실현할 때 자주 발생하는 서로 반대되는 의견들 사이의 논쟁을 발생시킨다. 이 입문서의 목차는 기술의 본질, 삶의 형식으로서의 기술, 기술화의 과정, 기술적 합리성, 마지막으로 기술적 예술 작품에 관한 물음으로 되어 있다. 기술과의 적합한 관계 문제는 이 책 전체에 걸쳐 다뤄지며 특히 마지막 결론 부분에서 논의할 것이다.

　게르노트 뵈메(Gernot Böhme) 또한 기술철학을 네 가지 분야, 즉 인간학, 존재론, 역사철학, 인식론으로 구분하면서도 "말하자면 아직 올바른 기술철학은 없다."는 의견을 제시한다(Böhme 2008, 23-29). 그에 따르면 기술철학이 자신만의 고유한 물음을 가지지 않는다는 것은 무엇보다 그것이 과거 물음들을 새롭고 더 적합하게 다시 제기한다는 것을 의미한다. 여기서 다른 어려움이 생겨난다. 기술철학은 자신의 전통과 자신만의 물음을 결여할 뿐 아니라 명확하게 정의된 대상을 가지지도 않는다. "기술"이란 표현은 여기서 이미 여러 번 사용되었고 애매하게 이해했을지 몰라도 이 개념이 도대체 무엇을 의미하는지 쉽게 답할 수는 없다. 우리는 기술적 장치, 기술적 체계, 기술적 과정, 기술적 지식에 대한 상위 개념으로 '전자기술'이라는 표현을 사용한다. 여기서 개별 장치, 개별 체계, 개별 과정 등은 다시 "기술"이라고 표현할 수 있다. 하지만 우리는 또한 쓰기와 읽기와 같은 문화 기술을 이야기할 뿐 아니라 또한 다수의 인간을 지배하거나 계산대의 고객을 통제하는 기술 또는 사회적 기술 등을 논의하기도 한다. 동기를 지닌 직원이 더 높은 생산성을 가져오는 것은 경영 기술 덕분이다. 샤먼의 의식 또한 사회적 관계를 강화하거나 비가 오게 하는 기술이다. 우리의 언어 사용에 따르면 고흐의 색채 사용의 기술, 축구 선수의 기술, 훌륭한 연설가의 설득 기술 또한 존재한다. 공예나 제조 산업은 "기술"을 필요로 하며, 이는 과학에서 가져오거나 일체 과학과 관계없을 수도 있다. 의학적 유효 성분의 화학적 합성이나 식사를 위한 요리나 모두 기술적 과정이다. "기술"이란 단어가 사용될 때마다 그 전체 의미가 아니라 부분적인 의미만이 작동한다. 따라서 기술철학을 시작하기에 앞서 이 개념을 먼저 명확히 해야 할 필요가 있는 것처럼 보인다. 분명히 어떤 개념 해석은 개념적인 갈등에 빠져 있을 수 있고 자의적인 의미 확정이나 제한을 시도할 위험이 있다. 이 세 번째 어려움 때문에 기술철학은 우선 기술의 본질에 관해 묻기 전에 개념 해명을 먼저 시도해야 한다고 기대할 수 있다.

이 지점에서 아르민 그룬발트(Armin Grunwald)와 야닉 율리아르트(Yannick Julliard)의 제안은 유익하다. 이들은 "기술을 반성 개념"이라고 이야기하면서 얼핏 보면 매우 만족스럽지 못하지만 다시 보면 정의(定義) 문제를 극복할 수 있는 대안을 제공하고 있는데, 그것은 다음과 같다. 기술은 일반적으로 기술에 대해 이야기할 때 우리가 생각하고 있는 것이다(Grunwald/Julliard 2005, 140). 이 정의에는 "기술"이란 말이 두 번 등장한다. 이러한 정의 표현에 대한 첫 번째 반응은 정상적인 정의에서는 [정의항에]² 정의해야 할 개념을 사용해선 안 된다는 것이다. 하지만 '기술은 반성 개념이다.'라는 제안에는 다른 것이 포함되어 있다. 두 번째로 사용되는 '기술'이란 표현은 동일한 의미를 지니지 않는다. 기술에 대해 이야기할 때 우리는 정의하지 않은 [기술에 대한]

---

2 [ ]는 번역자가 내용 이해를 위해 첨가한 것이다. 보통 정의는 피정의항과 정의항으로 구성되며, 피정의항에는 정의할 개념이, 정의항에는 이 개념에 대한 정의가 들어선다.

선이해를 표현하고 있다. 우리는 사실 "기술"이란 말로 떠오르는 것에 대해 이야기한다. 이제 이에 대해 반성하기 시작하면 이 선이해가 바로 일반적인 사유 대상이 된다. 그냥 떠오르는 것은 기술이란 무엇이며 무엇을 의미할 수 있는지에 대한 일종의 상에 불과하다. "기술"이란 표현으로 누군가는 기계를 떠올리며, 누군가는 아마도 스포츠 선수의 완벽한 운동 과정을, 누군가는 나노 기술, 인터넷을 통한 인간 결합 등을 생각한다. 이러한 상들에 대한 반성은 직접적인 사물에서 벗어나 우리의 의미, 궁극적으로는 우리 자신 또는 기술화된 세계에서의 인간의 위치를 향해 나아간다. 우리가 "기술"이란 표현으로 무엇을 떠올리냐에 따라 의학 기술적 개선에 대한 희망 또는 기술적 감시의 통제 상실에 대한 공포에 대해 이야기하게 된다. 더 나아간 반성 단계에서는 아마도 인간의 자유에 대한 물음 또는 기술적 발전이 가져올 실현 가능성에 대한 물음이 등장할 것이다. 반도체 또는 전자 제품을 생각해 보면 자율적으로 보이는 기술의 역동성을 우리가 얼마나 제지할 수 있겠는가? 또한 발전도상국에서 전염병 퇴치가 문제가 될 때, 이는 얼마나 정치적 결정에 좌지우지되는가?[3]

우리가 일반적으로 기술에 대해 이야기할 때 생각하고 있는 것이 기

---

3 "기술은 일반적으로 기술에 대해 이야기할 때 우리가 생각하고 있는 것이다." 이 정의는 반성적이다. 일단 우리는 '기술'이라고 하면 일정한 상, 즉 구체적인 사례를 생각하기 마련이다. 왜 하필 특정한 사례를 떠올렸는지는 각자의 사정에 따라 다르지만, 이는 기술에 대한 우리의 선이해, 선입견에 따라 다를 것이다. 이 선입견에 따라 선택한 사례는 각자의 경험과 관련이 있다. 자기 자신이 관심을 기울이는 사례를 선택한 것이다. 왜 하필 특정 사례를 선택했냐면, 그것이 나와 관계있기 때문일 것이다. 즉 이 사례는 '기술과 자신과의 관계'를 포함하기 마련이다. 그래서 자신이 기술의 사례라고 떠올린 것은 항상 자기 자신에 대한 관심을 포함한다. 그래서 선입견에 따라 기술에 대해 반성해 보면 그 반성의 종착지는 기술과 자기 자신의 관계에 대한 물음, 그리고 자기 자신에 관한 물음이다.

술이라면 기술철학은 우선 이 반성 운동에 관심을 가진다. 즉 무반성적인 선이해로부터 우리와 세계의 관계가 어떤 방식으로 기술을 통해 조직되는지의 물음, 즉 철학적 인간학, 역사철학, 자연철학, 인식론, 과학철학, 미학의 물음들로 나아가는 것이 기술철학의 첫 번째 관심 대상이다. 기술철학의 방법은 이 길을 계속 반복해서 가는 것이다. 즉 구체적인 표상들로부터 출발해 보편적인 반성으로 나아가는 것이다. 이 길을 계속 반복해서 간다는 것은 궁극적으로는 수많은 이야기를 제시하는 것을 의미한다. 그래서 앞으로 나올 장들에서는 희생 은접시, 기술상으로서의 기계, 실험용 쥐와 진공펌프, 카메라와 자전거, 불꽃놀이와 단두대, 소위 베를린 열쇠, "브라흐트" 출산법에 관한 이야기들이 나온다. 이야기의 다양성과 임의성은 많은 철학자들에게 거슬릴 것이다. 이들은 체계적인 지식, 개념적 기초 지움, 타당한 보편성을 중시하며, 단순히 이러한 반성을 통한 보편화를 넘어서고자 한다. 하지만 기술적 현상의 다양성은 어떠한 체계로도 포섭되지 않을 뿐 아니라 여기서 제시하는 이야기들은 문자 그대로 생산적이다. 이들은 우리의 눈을 열며, 철학의 전통적 물음을 비판적으로 검토하도록 강제하며, 우리의 몽유병자적인 기술과의 관계를 뒤엎는다.

기술을 반성 개념으로 파악한다는 것은 '기술'이라고 표현되는 특정 대상 영역을 개념적으로 완벽하게 해명하는 것이 아니다. 기술 경험, 그리고 이 경험에 대한 반성은 새로운 물음, 아마도 새로운 요구를 제기하는 동기가 된다. 단순히 기술이 등장하자마자 어떻게 기존의 철학적 입장이나 논쟁들이 사라지게 되었는지는 여기서 간접적으로만 밝힐 것이다. **'인간이란 무엇인가'**의 물음은 대개 [지금까지] 지식과 이성, 행위와 도덕, 언어와 문화와 관련해 답변했다. 기술을 통해 호모 파베르(homo faber), 생산하고 제작하는 인간이 파악된다. **'존재자는 무엇**

이며 세계는 어떤 성질인가?'는 형이상학적 물음이며, 이 물음은 정신을 육체 속에 위치시키거나 또는 자유롭게 행위하는 주체를 객관적인 자연 소여의 한 부분으로 이해하려 한다. 이 물음에서는 사유라는 내면과 자연이라는 외면을 화해시키는 게 일이다. 하지만 기술이 문제가 되자마자 이 이원론은 의미를 잃어버린다. 마침내 인간은 주어진 자연이 아니라 자신의 손에 의해 창조한 세계 속에서 자신을 발견한다. '**진보란 무엇이며, 인간성은 어디로 발전하는가?**'는 역사철학의 물음이다. 역사철학은 가속하는 기술화를 현대의 특징으로 분석하는데, 이 특징은 포스트모던 시대에는 점점 더 강화된다. 기술을 연관시키면 역사철학의 이 물음은 수정된다. 왜냐하면 기술은 인간이 역사 과정에서야 비로소 획득한 것이 아니기 때문이다. 아마도 언어가 예로부터 인간과 인간의 관계를 지배한 것처럼 기술은 사물과 우리의 관계를 지배해 왔다. 기술은 삶의 형식이며, 각 삶의 형식은 사용 가능한 기술에 의해 규정되기 때문에 이미 기술화되어 있다. 그래서 기술화가 역사적 발전을 규정하는 것이 아니라 역사적 발전이 기술적 조건 아래 이루어진다. '**우리는 무엇을 알 수 있는가?**'라는 인식론의 물음은 대개 언어적으로 분절된 학문적 지식을 염두에 두지 기술적인 숙련 지식을 포함하지 않는다. 기술적인 숙련 지식은 무시되지는 않지만 항상 반복적으로 부차적인 것 또는 열등한 것으로 취급된다. 왜냐하면 그것은 실천적-도구적 이성에서 오는 것이지 지성적-반성적 이성에서 오는 것이 아니기 때문이다. 그래서 지식의 발전은 무엇보다 이념사로 개념화되며, 여기서 기술적 현상 통제의 물음은 배제된다. 기존의 인식론이 도구, 실험, 표현 기술 등의 역할을 적절하게 평가하지 않았기 때문에, 새로운 인식론적 물음은 언어적 표현을 필요로 하지 않는 지식을 향한다. 마지막으로 미학은 '**세계가 어떻게 현상하는가?**'를 물으며, 여기서 감각 지각 및 그것의 중요성만을 한정하여 고찰한다. 예술 작품이 사물들의 기술적인 상호 작용의 결과로 파악된다면, 사물들의 상호 작용 연관 및 작품과 세계 속에서 적합한 사물이 어떻게 작동하는지에 관한 지식 등은 미적인 중요성을 얻게 된다.

이러한 예들은 기술에 관한 이야기들이 철학적 물음을 어떻게 변화시키는지를 보여준다. 이보다 중요한 것은 기술철학 자체가 일으킬 수 있는 변화다. 모든 기술철학적 반성의 시작점에는 애매한 선이해가 있다. 이는 특정한, 종종 역사적인 일정한 기술상에 따른다. 반성의 종착점은 이러 저러하게 기술화된 세계 속에서 얻는 인간에 관한 철학적 자기 이해이다. 우리의 반성이 어떤 시작점, 어떤 출발점을 가져야만 하나? 우리 모두는 동일한 시작점에 서 있나? 또는 이를 위해서는 특수한 철학적, 역사적, 기술적 지식을 필요로 하나? 이 시작점에 관한 물음은 그 자체가 기술철학적 논쟁의 대상이다. 기술철학자이자 경이로운 이야기꾼인 랭던 위너(Langdon Winner)는 이 물음을 다음처럼 표현한다. "기술에 관해 무언가를 경험하고자 하는 철학자는 어디를 가야 하나? 실험실인가? 농가인가? 전기 발전소인가? 전화국인가? 공항인가? 무기 저장소인가? 공사 현장인가? 연구 재단인가? 독소 폐기장인가? 자동화된 놀이공원인가? 컴퓨터를 수업에 도입한 학교인가?"(Winner 1993, 234)

이 질문은 터무니없음을 내포하며, 그래서 답은 뻔하다. 철학자는 모든 장소에서 반성을 시작할 수 있다. 하지만 어떤 장소를 유일하게 올바른 혹은 중심적인 시작점으로 지정하는 것은 쉽지 않다.

물음을 좀 더 분명히 해보자. 기술철학적 반성은 기술적 연구와 발전에 관한 [전문적인] 지식에 기반을 두거나 아니면 적어도 해당 기술이 어떻게 기능하는지 알 때에만 비로소 의미 있게 될까? 아니면 궁극적으로 우리가 기술화된 세계에 살고 있고, 그래서 기술을 친숙하게 사용하고 있으면 족한 것일까? 좀 더 분명히 해보자. 기술에 관해 반성하고 평가하기 위해 그것에 대해 알고 있어야만 하는 모든 것을 우리 모두는 이미 알고 있는 것일까?

　이 물음에는 두 가지 관점이 있으며, 이는 나중에 다시 논의할 것이다. 한 관점에 따르면 우리는 일상적으로 마주치는 기술에 관해 아무것도 모른다. 이는 공학적 작업과 그것의 다양한 설계 결정이 사용자가 마주하는 표면 뒤에 숨겨져 있기 때문이다. 우리는 어떤 결과를 산출하기 위해 버튼을 누르고 기계를 끄고 켤 수는 있다. 하지만 고유한 기능의 메커니즘은 일반적인 사용자가 접근할 수 없다. 그래서 기술에 관한 계몽이 생겨나는데, 이는 무엇보다 기술적 장비나 시스템의 현재적인 형태를 낳은 설계 원칙과 개발사를 개방하라고 요구한다(Bijker/Pinch 1987). 철학적, 역사적, 사회과학적 기술 논쟁은 무지의 장막을 걷고 기술 발전을 정치적 행위 영역으로 가져온다.

　특히 이런 관점에 반대하는 이가 바로 랭던 위너다. 기술화된 세계의 거주자로서 우리는 이 기술화를 자신의 육체로 매일 경험하기 때문에 이미 기술에 관해 반성하기 위해 알아야만 하는 모든 것을 알 수 있다. 우리는 기술 시스템과의 관계에 들어선다. 여타의 모든 관계처럼 이것은 성공할 수도 실패할 수도 있다. 성공적인 관계는 행복 감정, 정복의 열광을 동반한다. 이전에는 불가능했던 것을 갑작스럽게 할 수 있게 될 때 사용자는 처음으로 이 열광을 의식하게 된다. 어떤 것이 기능하지 않거나 너무나 번거로운 요구를 사용자에게 할 때 관계는 실패로 돌아선다. 위너는 특히 기술이 무의식적인 것이 되고 은폐되는 까닭이 그것이 장치의 내부에 숨겨져 있기 때문이 아니라 반복적인 관계에서 중요하지 않은 일상적인 것이 되기 때문이라고 강조한다.[4] 시사하는 바가 많은

이야기들을 제시하고 기술을 일상적 상황으로부터 반성하면서 그는 이
러한 상황[, 즉 기술이 일상적인 것이 되어 버린 상황]을 극복하려 한
다. 두 친구가 길에서 만나는데, 한 명은 차로, 다른 한 명은 도보로 이
동 중이다. 운전자는 경적을 울리고 정지해 창문을 밑으로 내리고 소리
치면서 이 소음에 살짝 어리둥절해 있는 친구를 부르려고 한다. 이 친구
는 당연히 곧바로 인지하지 못한다. 운전자 친구는 저녁 식사 초대를 하
려 하지만 이미 다른 차들이 밀려든다. 위너는 다음처럼 이야기한다.

"우리가 여기서 보고 있는 것은 어떠한 육체적 손상도 일어나지 않았다 해
도 일종의 교통사고다. 이는 운전자의 세계와 보행자 세계의 충돌이다.
[…] 둘의 의사소통은 두 종류의 전진 운동의 통합 불가능성을 통해 이루어
진다. 하나는 걷기이고, 다른 하나는 훨씬 후대의 것인 자동차 운전이다.
[…] 자동차가 우리가 함께 사는 삶의 구조를 어떻게 규정하는지를 이해하
는 데에 자동차 생산에 관한 앎이나 자동차 사용법, 자동차 사용 목적에 관
한 앎, 거리 교통 규정이나 교통 정책 발전에 관한 앎 등은 별로 도움이 되
지 않는다. 이들은 순수 도구적이거나 기능적인 이해에 불과하다. 기술적
발명품을 매개로 일상 생활이 변화하게 되는 공적이고 세부적인 방식을 해
석하는 것이 필요하다. 결국 시간이 흐르게 되면 이것은 모두에게 분명하게
이해된다. 지각 방식, 자기 이해, 시간과 공간의 개념, 정치와 도덕의 사회
적 관련과 한계는 현대의 기술 발전 과정에서 강력하게 재구성되었다. […]
우리 시대의 흥미로운 수수께끼는 인간 실존 조건의 재구성 과정에 우리가
몽유병자처럼 자발적으로 자신을 내맡기고 있다는 것이다."(Winner 1987,

---

4   즉 우리가 늘 만나는 기술은 일상적인 것이 되어 버린다. 우리는 보통 일상적인 사
물을 눈여겨보지 않고, 자연스레 그것을 사용한다. 기술 또한 이러한 일상적 사물이 되
어 버렸고, 그래서 무의식적인 사용 대상이 되었다.

9f. ; vgl. Horkheimer/Adorno 1944, 233 ; Marcuse 1967, 237f.)

위너의 기술철학은 무엇보다 우리를 이러한 몽유병자의 태도로부터 깨우려는 목적을 지닌다. 그의 이야기들은 기술의 일상적 지각으로부터 우리가 기술의 도움으로 사회적 삶과 세계와의 관계를 어떻게 구성하려 하는지에 관한 반성으로 이끈다.

로맨스와 비극

각 장들은 기술철학의 많은 명제를 다루지만 모든 명제들을 다루지는 않는다. 명제들이 대개는 서로 경쟁 관계에 있는 것이 아니라 각 명제가 기술과의 일정한 경험을 중심에 놓고 이를 넘어서면서 교훈을 준다. 전면에는 기술철학이 수행하고 수행할 수 있는 것, 그것이 어떻게 작용하고 무엇에 영향을 미치는지가 펼쳐진다. 여기서 각각 이야기되는 기술 관련 이야기들이 참인지 아닌지는 특별히 중요하지 않다. 많은 이들은 발명가와 공학자 또는 기술의 민주적 실현 가능성을 너무 신뢰하며, 어떤 이들은 기술에 의해 유발된 인간 소외나 인간을 짓밟는 기술 발전의 고유 역학을 과대평가한다. 과장임에도 불구하고 특정한 관점의 일면만을 고집함으로써 각 명제는 중요한 물음으로 나아갈 수 있고, 기술화된 세계 속 삶에 관한 관점을 첨예화할 수 있다. 기술철학자 귄터 안더스(Günther Anders)는 특별히 이 과장 방법을 사용하며, 랜던 위너나 마르틴 하이데거도 예외는 아니다.

여기서 문자 그대로의 진리가 중요하지 않다는 것은 얼핏 보기에 면피하려 한다는 오해를 살 수 있다. 모든 기술철학자들이 특정한 기술

상만을 일면적으로 부각시키는 이야기만을 제시한다 해도 이는 모두 어떤 방식으로든 올바를 수 있다. 왜냐하면 모든 이야기는 어떤 방식으로든 교훈적이며, 그래서 기술 세계의 다채롭고 모순적인 현상들을 모두 해결해야 할 필요는 없기 때문이다. 여기서 기술에 관한 각 반성을 동등하게 여기는 상대주의로 나아가는 작은 발걸음이 시작된다. 적합한 기술 관계에 관한 물음은 말하자면 우리가 어떤 이야기를 늘어놓고 어떤 반성 운동을 쫓아가며, 이 이야기가 어떤 사유 가능성과 행위 가능성을 개방하거나 막으며, 무엇을 밝히고 어둡게 하는지의 물음과 긴밀하게 연관되어 있다. 과장이 다른 무시할 만한 자료보다 더 적절하다고 증명될 수 있다는 것은 다음 사례를 통해 분명해질 것이다.

기술은 중립적이고 오로지 사용자의 손에서 좋거나 나쁘게 된다. 기술 발전은 항상 빨라지며 이를 추적하는 건 항상 어렵다. 기술은 어떤 목적에 대한 수단으로서 항상 인간에게 봉사한다. 기술을 매개로 인간은 자신의 약점을 보충하고 자신의 힘을 확장한다. 이상과 같은 명제들은 눈에 띄지는 않지만 친숙한 범례로서 수많은 기술 관련 이야기 속에 들어 있으며 종종 참으로, 다른 많은 관점에서는 거짓으로 증명된다. 이 명제들은 처음부터 기술에 우리 인간을 종속시키며 그래서 적합하지 않은 것으로 보이는 기술 관계를 대변한다. 기술 상으로부터 보편화로의 반성 운동 속에는 이미 기술과 인간의 관계에 대한 판단이 전제되어 있다.

우리의 기술 이야기에서는 참과 거짓이 아니라 과장을 통해 얻는 판단이 중요하며, 이는 특히 기술과 예술의 관계에서 분명해진다. 그룬발트(Grunwald)와 율리아르트(Julliard)는 기술에 관한 성공적인 반성이 기술과 예술을 가르는 일반적인 구별 기준을 제공한다고 매우 당연하게 생각한다. 요즘 우리가 기술에 관해 일반적으로 이야기할 때 생각하

고 있는 것을 사유하려면 사실 이 구별이 필요하다. 예술 작품과 기술
적 인공물은 제작되었다는 면에서 동일하다. 하지만 예술은 기술과는
다른 기능과 목적을 지닌다. 우리가 예술에 관해 일반적으로 이야기할
때 생각하고 있는 것을 반성하는 자는 아마도 동일한 결론에 이를 것이
다. 추상화 또는 베토벤의 현악사중주가 예술의 상 또는 총괄이라고 생
각하는 이는 예술 작품이 자족적이며 자체 목적이며, 우리가 무관심적
인 만족으로 지각하는 것이라는 점에 의문을 표하지 않을 것이다. 물론
우리의 반성이 장 팅겔리(Jean Tinguely)의 의도치 않은 기계 작품, 또
는 권력에 봉사한다는 점에서 분명한 사회적 기능을 하는 커다란 기사
조각상을 출발점으로 삼을 때는 분명 어려운 문제가 생겨난다.

　이런 종류의 어려움은 만 레이(Man Ray)[5]의 그림에서도 볼 수 있
다. 이 그림은 1920년에 에어브러시로 제작된 유화이며, 이 작품의 유
희적 지성은 과거 기술 제도사의 시선을 다다 예술가의 예술적인 창의
성과 결합하고 있다. 한편으로 이 그림은 목적으로부터 자유로운 춤 예
술의 유희를, 다른 한편으로 차단되어 기능할 수 없는 기술의 위험을
표현한다. 왜냐하면 세 개의 톱니바퀴가 서로 맞물려 있어 움직이는 것
이 불가능하기 때문이다. 톱니바퀴가 동력을 생산하거나 어떤 것을 움
직이도록 하는 운동은 일어나지 않는다. 예술은 자기 자신을 넘어서지
않는다. 심지어 예술이 기술의 논리에 따를 때조차 그러하다. 이 예술
작품은 불가능한 기계이며, 예술과 기술의 결합으로서 불가능성을 표
현한다. 반대로 예술은 기술이 기능하지 않는 곳에서 어떤 것을 가능케
한다. 왜냐하면 예술은 입체적인 형상을 평평하게 보이게 하며 마치 한
건물이 격자 모양 속에 숨겨져 있는 양 물리적인 깊이를 암시하기 때문

5　이 그림은 〈Man Ray, Dancer/Danger〉로 검색해서 확인해 볼 수 있다.

이다. 그래서 예술은 사물을 춤추도록 하고, 기능을 상실한 기술에 위협이자 위험으로 다가온다. 만 레이는 이렇게 예술과 기술의 가까움과 거리를 주제로 보여준다.[6]

　예술이 무엇이고 무엇일 수 있는지에 관해 논쟁할 수 있는 것처럼 기술이 무엇인지에 관해서도 우리는 논쟁해야만 한다. 이미 예술을 아름다운 사물, 풍경, 인물의 사실주의적인 표현으로만 한정한다면 이는 이미 하나의 판단이며, 마찬가지로 파괴적인 태도의 비판적 충동을 예술로 인정하고 너무 아름답지 않거나 키치적이지 않는 한 거의 모든 것을 예술로 허용하는 것도 하나의 판단이다. 그러한 판단들은 아직 취미판단이 아니며, 어떤 작품의 질에 대한 평가도 아니다. 하지만 이들 판단은 우리가 세계를 어떻게 구분하고 어떤 것에 관여하고자 하는지에 관해 무언가를 말해준다. 기술 또한 마찬가지다. 피임약과 다른 약학적 개입 또는 오래전부터 사용해 온 콘돔, 질 스펀지, 질 세척, 날짜 피임법, 자기 신체 관찰법 등은 임신 방지를 목적으로 한 생식 기술로 여겨야 할까? 19세기 농가의 사육 기술을 오늘날 유전 기술로 조작한 종자와 근본적으로 구별해야 할까? 우리는 세계의 실현[또는 세계의 구체화, 또는 세계에 형태를 부여할] 가능성, 우리의 세계 실현 능력을 얼

6　예술 작품은 기술의 논리를 인정한다. 기계적으로 불가능한 상태는 예술 작품 속에서도 불가능한 상태로 남는다. 예술은 이 기술적 진리를 부정하지 않는다. 즉 작동할 수 없는 기계를 예술이 이 기계 법칙을 거슬러 다시금 작동하게 만들 수는 없다. 이 점에서 예술은 기술의 영역을 인정하고, 자신의 영역에 머물면서 자신의 선을 넘지 않는다. 이 점에서 기술과 예술은 가깝다. 제대로 작동하지 않으면 기술은 그대로 멈춰 버린다. 다만 예술은 이 작동하는 기계를 표현하면서 그것을 넘어선다. 예술은 이 기계가 다시금 작동하게 할 수는 없다. 그렇지만 작동하지 않는 기계를 표현함으로써 기계 그 이상을 표현한다. 기계가 작동하는 필연성의 영역이 있지만, 이 영역 바깥에 자유의 영역이 있다. 예술은 이 기계를 표현함으로써, 기계 바깥의 영역을 표현한다. 이 점에서 기술과 예술은 다르다.

마나 포괄적으로 또는 제한적으로 생각하는가?

이러한 물음들에 답변하기 위해서는 기술과 예술이 분명하게 구별되지 않을 때 이 구별을 분명히 해주는 판단들이 필요하다. 두 개념은 서로 대립하지 않으며 언어 사용에서도 항상 그렇게 엄밀하게 구분되지 않는다. 사실상 18세기까지 "기술(Technik)"에 해당하는 고유 표현이 없었고, 디드로의 유명한 『백과사전』에서 "쿤스트(Kunst, art)"란 개념은 무엇보다 기계 기술에 대한 적극적인 서술을 포함하고 있다.[7] 우리는 '쿤스트'와 관련하여 기술 숙련성(Kunstfertigkeiten), 기술적 요령(Kunstgriff)이라는 표현을 사용하며, 광산의 갱내 승강기를 의미하는 파르쿤스트(Fahrkunst[말 그대로 번역하면 '이동 기술'])는 수직갱 내 일종의 엘리베이터이며, 기계예술(Maschinenkunst)이란 표현은 아직도 약간 친숙하게 들린다.[8] 우리가 어떤 과정을 마쳤을 때 "이는 아무것도 아니야."(Das ist doch keine Kunst)라고 말한다.[9]

이러한 언어 흔적은 역사적이고 체계적으로 존재했던 긴밀한 연관 때문이다. 아리스토텔레스가 예술과 기술을 엄밀하게 구별하지 않을 때(vgl. Wolff 2007) 이는 퓌지스(physis) 또는 자연과 테크네(techné) 또는 기술(Kunst, lat. ars)의 근본적인 구별이라는 체계적인 근거에서 비롯한다. 자연으로부터 비롯된 것은 자신의 운동 원칙을 자신 안에 가

---

7 독일어에서 지금 기술을 나타내는 표현은 'Technik'이고, 그 표현은 18세기 이후에야 도입되어 사용됐다. 그 이전에는 쿤스트(Kunst)라는 표현을 사용했는데, 이는 기술과 예술을 모두 포함한다. 현재 쿤스트란 표현은 대개 '예술'만을 의미한다.

8 '기계예술'이란 표현은 20세기 초 아방가르드 운동에 속하는 러시아 구축주의 예술로부터 유래한다. 구축주의 예술은 기술과 예술의 결합을 지향했고, 그래서 기계예술은 기술과 예술의 결합을 지향하며, 예술가를 기술자와 동일시한다.

9 즉 말 그대로 번역하면 '하지만 이는 쿤스트가 아니야.'란 뜻으로 여기서 쿤스트는 기술을 의미한다. 이는 어떤 과정을 끝마치는 데 정교한 기술이 전혀 필요 없었다는 의미로 '매우 간단해'라는 말과 같다.

진다. 이는 자기 활동적인데, 왜냐하면 자연의 운동은 그 원천을 자신 안에 가지기 때문이다. 이에 반해 테크네 또는 기술(ars)은 그렇지 못하다. 목수나 조각가의 작품은 자신의 원천을 자신 안에 가지는 것이 아니라 예술가나 기술자로부터 동력을 수용한다. 예술과 기술을 하나의 범주 안에 넣는 이러한 [자연 대 기술이라는] 이분법 때문에 기술 발전은 창의적이며 예술 작품은 기술적 생산품과 그 숙련성에 의존한다고 쉽게 인정하게 된다. 예술과 기술은 일종의 초월에 복무한다. 왜냐하면 우리는 이들 도움으로 우리 실존의 단순한 소여를 넘어서기 때문이다. 둘은 세계 실현 및 삶의 기획(Lebensentwürfen)의 실현에도 복무한다. 왜냐하면 이들은 구성적이며, 넓은 의미에서 "디자인"의 영역에 속하기 때문이다. 이들 도움으로 우리는 자신을 실현하며 소원을 성취하려 하며, 자신을 표현한다. 무엇보다 예술과 기술의 공통성은 그 원천의 공통성을 지시하며, 우리가 다음 장에서 보게 되겠지만, 이러한 원천의 공통성을 재음미해야만 두 개념의 문제를 해결할 수 있다는 점을 지시한다.

예술과 기술의 출발점을 우리는 프로메테우스 신화에서 만나게 된다. 그는 인간에게 예술, 학문, 기술을 주었고 이 점에서 인간을 창조했다고 할 수 있다. 몇몇 신화 전승에 따르면 그는 인간을 흙(Ton)으로부터 창조했고 그것도 한 번에 해냈다. 아이스퀼로스의 비극 『결박된 프로메테우스』에 따르면 전이된 의미에서 프로메테우스는 인간을 창조했다. 즉 인간은 하루살이처럼 땅 위에 집을 짓고, "몽상가이면서 둔한 감각을 지닌다"(443). 제우스가 티탄족과의 전쟁에서 승리한 후 신들에게 관직과 명예를 선사하고 "불쌍한 인간"은 살피지 않았다. "이 종족을 완전히 섬멸하고 완전히 다른 종을 창조하는 것이 신들의 계획이었다."(227-233) 프로메테우스는 이 계획에 반대하여 인간에게 불뿐만 아니라 맹목적인 희망을 선사했다. 희망은 하루살이와 같은 인간의 운명을 가렸다.

> 프로메테우스: 나는 자신의 운명을 미리 보는 법을 인간에게서 빼앗았다.
>
> 코러스장: 당신은 이 악(惡)을 위해 어떤 수단을 발견했는지 말씀해 주세요.
>
> 프로메테우스: 나는 이들 심장에 맹목적인 희망을 심어 놓았다.
>
> 코러스장: 당신이 사멸자에게 준 것은 거대한 선입니다.
>
> 프로메테우스: 이에 더해 나는 이들에게 불을 줬다.
>
> 코러스장: 하루살이들이 이제 불의 빛을 알고 있나요?
>
> 프로메테우스: 이는 이들에게 수천 가지 기술(Kunst)을 가르칠 것이오.
>
> (248-254)

그래서 반신은 자랑할 수 있다. "나 프로메테우스로부터 인간의 모든 기술이 왔다"(506). 그는 인간에게 불 이외에도 건축술, 천문학, 농업, 의학 등을 주었다고 자랑한다(447-506). 프로메테우스의 교만은 하루살이 인간에게 잔상을 남겼다. 인간에게 맹목적인 희망, 자기 운명에 대한 무지가 수많은 기술 발전과 결합하게 된다.

이 거만한 반신은 자신의 뻔뻔한 불복종이라는 죄의 대가로 형벌을 받게 되고 바위에 묶이고 영원한 고통을 맛보게 된다. 2000년이 흐른 뒤 우리는 퍼시 셸리(Percy Shelley)의 『풀려난 프로메테우스』(*Prometheus Unbound*)라는 서정적 드라마에서 그를 다시 만나게 된다. 여기서 그는 자신으로부터 방출된 능력들의 증언자가 된다. 인간을 위한 전사였던 프로메테우스는 1818/1819년, 즉 산업혁명 초창기에 자신과 인간을 덮친 저주로부터 구원이 오길 바란다. 삼키는 불이 이 저주를 대변한다.

너는 인간의 인식을 발견했다고 자랑하는가?

당시 인간의 내면에 갈망을 일깨웠고

고갈된 원천이 사라지지 않게 되었다. 욕망

그리고 희망, 절망, 소망이 이제 불을 뿜는다.

[…]

보라! 도시에는 인구가 넘쳐나며

저 지평선 멀리

검은 공기 속에 연기가 피어오른다!

절망의 외침을 들어라!(Shelley 1818/19, 43)

셸리의 드라마를 보면 기술 및 맹목적 희망과 함께 그치지 않는 지식욕과 행위욕이 세계 안에 들어왔고, 이 욕구는 그리스 신화에 나오는 고문의 고통과 비슷하며, 공기가 오염된 대도시에서 절망의 외침을 낳는다.

아이스퀼로스와 셸리, 결박된 프로메테우스와 풀려난 프로메테우스는 서로를 보완하는 두 가지 이야기를 제시한다. 이는 기술의 원천에 관한 두 가지 원천 신화 또는 원형 이야기이다. 한편으로는 교만, 우쭐함, 행위욕, 발명력, 창의성의 역사가 있다. 이 역사에서 프로메테우스는 "자수성가한 인간"(self-made man)의 대명사이다. 귄터 안더스의 기술철학에서 프로메테우스는 그렇게 등장한다(Anders 1961, 25). 다른 한편으로 자연과 인간의 상호 소외, 파우스트의 만족되지 않는 추구, 그치지 않는 욕망, 자신과의 영원한 경쟁의 역사가 있다.

기술 역사가인 미카엘 하르트(Mikael Hård)는 사회철학자 앤드류 제이미슨(Andrew Jamison)과 함께 기술의 역사, 인간과 기술의 변화 가득한 관계를 이 원형 이야기의 시각을 통해 바라본다(Hård/Jamison

2005). 이 이야기는 기술의 특수한 측면으로부터 보편적 측면으로 향하는 우리의 반성 운동의 모델로 이용할 수 있다. 하르트와 제이미슨은 헤이든 화이트(Hayden White)를 따르면서 이 서사적 모델을 기술 로망스와 기술 비극으로 표현한다(White 2008). 아이스퀼로스와 셸리의 이야기는 이들 주장과 쉽게 결합된다. "헤이든 화이트에 의해 논의된 서사 형식과 관련해 [예를 들어 아이스퀼로스의 프로메테우스 이야기는] 일종의 로망스 또는 영웅담이며, 이는 폭풍우 같은 에너지와 야심이 어떻게 위대한 학문적 활동으로 나아갈 수 있는지를 보여준다. 이에 반해 [예를 들어 동일한 이야기지만 각색된 셸리 버전의] 이야기는 비극으로서, 이는 이러한 활동이 어떻게 커다란 부정적 결과를 가질 수 있는지를 보여준다."(Hård/Jamison 2005, 2f.)

하르트와 제이미슨에 따르면 우리는 대중매체나 기술의 역사 서술에 의해 항상 반복적으로 생산되는 수많은 발명 이야기에서 기술 로망스를 만나고 있다. 이에 반해 기술 비극은 사회의 기술적 구성과 파괴에 대한 비판적 분석 또는 자연에 대한 비판적 분석으로 존재한다. 두 저자는 이러한 양극성을 극복하기 위해서는 새로운 이야기 유형이 필요하다고 생각한다. 우리의 반성이 항상 로망스 모델 또는 비극 모델만을 따르는 한, 기술 발전에 관한 시각을 협소화할 위험이 존재한다. 그래서 하르트와 제이미슨은 다른 서사 형식을 요구하는데, 이는 시각을 넓혀 문화적 성취의 변증법적 역사를 제시할 것이다. 한편으로 이 역사는 변증법적인데, 왜냐하면 그것은 로망스의 낙관주의와 비극의 비관주의 중 어느 하나를 선택하지 않으면서 둘 모두를 인정하기 때문이다. 다른 한편으로 이 역사는 변증법인데, 왜냐하면 이는 기술 발전을 다양한 노력의 공동 작업으로 파악하기 때문이다. 기술 발전은 창의적인 기술자의 실현하는 힘 덕분도, 기술의 파괴적인 자기 동력 덕분도 아니다. 문화적인 성취 과정이 여기서 결정적인 역할을 담당한다(Hård/Jamison 2005, 28-30). 세 번째로 이 과정의 변증법적 역사들은 수사적이고 정치적인 기술들을 밝혀줄 것이다. 이 기술들의 도움으로 기술은 문화적 연관 속에 통합되어 변형된다(vgl. Jasanoff 2002).

로망스와 비극, 발명과 구성의 이야기를 통해 우리는 기술을 평가하고, 기술에 친숙해지며 기술을 정상화하고 자연화한다. 변증법적인 고찰 방식은 기술에 대한 암묵적인 판단을 드러낸다. 이 방식은 로망스와 비극을 뒤로 감추는 게 아니라 이 판단을 통해 기술에 관한 선이해로부터 그 반성으로 가는 운동 속에서 로망스와 비극이 차지하는 위치를 해명한다.

이제 기술에 관해 적합하게 사유하는 것이란 무엇일까? 이 물음은 개념적인 기준에 따라서가 아니라 오로지 기술, 자기 또는 인간에 관한 상, 자연과 사회의 관계 속에서만 답변할 수 있다. 이는 기술을 다루기 위한 여러 개별 기술들을 전제하며, 자기화하는 기술들을 보여주는 여러 이야기들을 전제한다. 기술에 관해 적합하게 사유한다는 것은 아마도 그것의 "본질"을 파악하는 것이 아니라 기술을 반사실적으로 표상하는 것, 즉 기술일 수 있는 것, 기술이어야만 하는 것을 떠올리는 것이다. 그래서 예술 개념에 해당하는 것이 기술 개념에도 적용된다. 우리가 기술과 예술을 표상하듯이 존재 물음이 아니라 당위 물음, 즉 예술 작품과 기술 생산물의 경험에 대한 반성을 통해 얻은 판단이 중요하다.

제작 또는 요구
― 인간과 기술에 관한 물음

희생 은접시: 아리스토텔레스와 마르틴 하이데거

기술에 관한 물음은 인간에 관한 물음이기도 하다. 물론 기술, 즉 어떤 목적을 위한 수단을 의식적으로 발전시킨 것은 동물과 구별되는 인간의 특징이기 때문은 아니다. 이 기준에 따르면 인간과 동물의 구별은 너무나 애매한데, 왜냐하면 기술을 수단과 목적에 따라 규정하는 것은 의문스럽기 때문이다. 동물 행동 연구들은 이러한 [인간과 동물의] 구별을 반박하고 있다. 뿐만 아니라 장난감은 [단순히 어떤 목적을 위한 수단이 아니라] 자신의 기능을 인상 깊게 보여주는데 이는 일종의 자기 목적이라 할 수 있다.

　세계에 대한 자연적이거나 정신적인 관계만이 아니라 기술적 관계가 우리가 누구인지를 말해준다. 철학적 인간학의 의미에서 인간과 기술 간의 결합은 이 지점에서 찾아야 한다. 임마누엘 칸트의 논리에 따르면 '인간이란 무엇인가?' 물음은 세 가지 특수한 물음, '나는 무엇을 알 수

있는가?', '나는 무엇을 행해야만 하는가?', '나는 무엇을 희망할 수 있
는가?'로 구성된다(Kant 1800, 448/A25). 이처럼 오로지 주체만을 향
하는 물음들은 기술철학의 네 번째 물음을 통해 확장된다. '나는 어떻
게 제작하는가?' 이 확장은 인간과 사물의 관계를 고찰하며 인간 그 자
체가 무엇인지가 아니라 이 관계 속에서 자신을 어떤 인간으로 드러내
는지를 알려준다. 마르틴 하이데거(Martin Heidegger, 1889-1976)는
이 물음을 강조했다. 그는 사물을 기술적으로 제작하거나 생산하는 방
식에 따라 우리가 우리 자신을 생산한다고 말한다(vgl. Luckner 2008).

　　호모 파베르란 표현은 우리가 만드는 것을 우리 자신의 정체성과 결
합한다. 이 규정은 인간을 자기 목적을 실현하기 위해 수단을 발명하는
수공업자로 그린다. 하지만 이 규정은 희생 은접시가 재현하는 것처럼
인간과 기술의 관계에 대해 우리의 눈을 열기에는 불충분하다. 오늘날
기술에 관해 이야기할 때 이처럼 수공업을 통해 어떤 의식(儀式) 용도
로 제작한 대상을 첫 번째로 생각하는 이는 없을 것이다. 「기술에 관한
물음」이란 강연문에서 마르틴 하이데거는 기술에 초점을 둔다. 그에게
영향을 받은 『호모 파베르』의 소설가 막스 프리쉬(Max Frisch)처럼 하
이데거는 우선 인간과 기술의 관계를 보라고 가르친다(Kiernan 1978).
이를 위해 하이데거의 논문처럼 프리쉬의 소설은 고대 그리스의 예술
과 철학이라는 우회로를 걷는다.

　　1957년에 발표된 프리쉬의 소설에 나오는 주인공은 공학자 발터 파
버(Walter Faber)이며[1] 그는 현대의 계산하는 정신으로 기술적 진보를
대변한다. 하지만 그의 이야기는 반대 방향으로 나아간다. 그것은 비행

1　호모 파베르(Homo Faber)와 발터 파버(Walter Faber)에서 'Faber'란 단어는 동일
하지만, 여기서 소설 속 주인공은 독일식 발음처럼 '파버'라고 번역한다.

기 추락 사건으로부터 시작한다. 그리고 그는 배와 자동차를 이용해 그리스로 간다. 여기서 그의 여행은 어떤 화물차의 화물 적재 공간에서 끝이 난다. 이 화물차는 너무 느려 심한 부상을 당한 그의 애인을 정시에 병원으로 데려갈 수가 없었다. 그녀가 사실 그의 딸인지 알지 못한 채 파버는 그녀의 어머니와 그녀를 통해 자신의 이성적인 계산적 정신의 한계를 경험한다. 이들을 통해 그는 새롭게 보는 법을 배웠다. 말하자면 이들은 계산적 기계 기술에서 원천적인 기술로 그를 이끌었다.[2] 그는 처음에는 이 원천적인 기술을 기술로 받아들이지도 않았고, 기술의 감각상으로 보지도 못했다. 명확한 사유와 통찰력의 공학자가 정작 자신의 맹목성에 대해서는 맹목적이라는 점을 프리쉬는 소설 초반에 명확히 보여준다. 파버는 다음처럼 메모한다. "나는 사람들이 체험에 관해 이야기할 때 도대체 무엇을 생각하는지를 종종 물었다. 나는 기술자이며, 사실을 있는 그대로 보는 데 익숙하다. 나는 이들이 이야기하는 모든 것을 매우 정확하게 본다. 나는 맹목적이지 않다. 나는 멕시코의 타마울리파스의 사막에서 어느 때보다 명확하게 달을 관찰한다. 이 달은 우리의 행성을 돌고 있는 계산 가능한 덩어리이며 만유인력의 대상이며 흥미롭다. 하지만 왜 여기서 체험을 들먹이는가?"(Frisch 1957, 24)

자신이 맹목적이라는 것을 그는 과거의 애인과 자기 딸의 엄마를 통해 경험하게 된다. 딸의 엄마는 그가 체험을 전혀 보지 못한다고 기술철학적으로 설명한다. 기술자가 기술을 통해 자신을 구성하는 것처럼 그는 자신의 맹목성을 자초했다는 것이다. 프리쉬의 소설 주인공은 이

---

2   "원천적 기술"이란 고대적 기술이며, 이와 다른 "계산적 기계 기술"은 현대 기술을 가리킨다.

설명을 당연히 이해할 수 없었고 이를 인정하면서 자신의 무지를 다음처럼 표현한다. "우리가 세계를 체험할 수 없도록 설계하는 술책이 바로 기술이 아니냐는 한나와의 토론! 피조물을 유용하게 만들고자 하는 기술자의 병적 욕망. 왜냐하면 그는 피조물을 파트너로 여기지 않으며, 그래서 그것으로는 아무것도 시작할 수 없기 때문이다. 기술은 세계를 하나의 장애물로 만들어 버리는 술책이다. 예를 들어 속도를 통해 세계를 축소한다. 그렇게 되면 우리는 세계를 체험할 수 없게 된다.(한나가 이 말을 통해 무엇을 생각하는지 나는 알지 못한다.)"(Frisch 1957, 169)

기술적으로 빨라져 더 이상 체험할 수 없게 된 세계에 대항해 한나는 다른 것, 즉 "망가진 꽃병에 천진난만하게 그려진 오이디푸스와 스핑크스"를 제시한다. 파버처럼 망가진 꽃병, 빚은 항아리 또는 의식에 사용된 희생 은접시를 기술의 감각상으로 인식하지 못한다면, 그가 시선에서 놓치고 있는 것이 무엇인지를 물을 수 있다. 마르틴 하이데거는 「기술에 관한 물음」이란 강연문에서 이 물음을 추적한다. 이 강연문은 예술 작품, 사물, "농사짓기 집짓기 사유하기", 프리드리히 횔덜린(Friedrich Hölderlin)의 시어 "인간은 시적으로 산다." 등에 관한 논문들과 긴밀한 연관을 가진다(vgl. Heidegger 1954). 사물에 관한 반성 속에서 하이데거는 핵폭탄에 대한 공포를 가지고 살면서도 이미 끔찍한 것이 일어났다는 것을 인지하지 못하는 자신의 독자를 도발한다(1954b, 168).

오늘날 독자는 원천적 또는 원래의 기술이 발터 파버의 현대 기술로 뒤바뀐 시점에 이런 일이 일어났음을 알게 된다. 한나가 자신의 애인인 파버에게 했던 것처럼 하이데거는 이 끔찍함이 무엇보다 가속화된 세계에서 체험의 상실, 인간적 척도의 상실이라고 설명한다. 또한 하이데거는 "모든 시공간적 거리"가 줄어든다고 이야기한다. 여기서 끔찍함은 기술과 인간이 이전 방식에서 벗어났고 또는 거기서 "멀어졌고", "그래서 거리의 극복에도 불구하고 존재하는 것과의 가까움이 사라진다."는 점에 놓여 있다(Heidegger 1954b, 167f.).

이렇게 하이데거는 기술의 과거적 본질을 그것의 현대적 본질과 구별하며, 여기서 현대 기술이 과거 기술에 대한 시선을 왜곡한다고 지적한다. 우리는 다음 장에서 그러한 시대 간의 단절 명제를 다루기 전에 우선 하이데거가 기술의 과거적이고, 아마도 원천적이고 고유한 본질이라고 생각한 것을 먼저 재구성할 필요가 있다. 이 기술은 명백히 가까움의 기술이자 인간 척도의 기술이다. 하이데거가 인용한 희생 은접시에서 "기술적"이라는 것은 말하자면 일정한 크기와 쓸모를 지닌 인간의 인공물로서의 대상이 아니다. 오히려 이 접시의 "기술적" 제작이며, 이는 제작에 필요한 수공예적 활동 그 이상이다. 다양한 방식으로 접시는 자신의 원인을 지닌다. 접시는 형식 표상[형상인]에 맞게 작용하는 노동[작용인]을 통해 어떤 목적을 위해[목적인] 탄생하며 어떤 소재로 구성된다[질료인].

이처럼 제작의 네 가지 차원을 명시하면서 하이데거는 이를 아리스토텔레스(384–322 v. Chr.)의 철학과 연관시킨다. 아리스토텔레스는 자연에 적용 가능한 일반적인 원인론을 예술 수공업자의 사례를 통해 발전시킨다. 이에 따르면 생겨난 모든 것은 네 가지 원인에서 연유한다. 질료인(causa materialis)은 소재로서, 이 소재의 특성에 따라 가공의 가능성과 한계가 미리 정해진다. 접시가 접시로 기능하려면 그것은 접시 형식에 맞아야 하며 이 형식은 형상인(causa formalis)으로 작용한다. 현대 자연과학적-기술적 사유와 연관해서 가장 빈번한 원인 형식은 작용인(causa efficiens)으로서, 이는 예술가나 기술자의 행위에 해당하는 원인 또는 개입이며, 접시의 실현을 시간적으로 보여준다. 마지막으로 목적인(causa finalis)은 접시가 목적으로 하는 규정을 제공한다. 목적인은 접시의 의도된 쓸모 또는 사용이며, 이를 위해 접시를 만든 것이다. 의도된 사용이 소비나 도구적 기능을 넘어 의식(儀式)의 완성에 있기 때문에 이는 매우 중요하다. 희생 은접시에서 "기술적"인 것은 이 네 가지 종류의 원인이며, 이들은 제작에 공동으로 기여한다. 하이데거가 아리스토텔레스를 끌어들인 것은 네 가지 원인을 넘어 기술의 더 기초적인 규정이 "제작 활동"이라는 점을 제시하기 위함이며, 이 활동성 안에 서로 다른 원인 또는 힘들이 포함된다.

아리스토텔레스는 학문, 제작 활동, 밖으로 향하는 행위, 즉 이론(theoria), 제작(poiesis), 실천(praxis)을 구별한다(Aristoteles 1985, 134 f.; 1140a-1140b, vgl. Arendt 1967, 16 f.). 그는 생산과 제작을 지식의 형식으로 고찰한다. 어떤 영역의 지식이냐면, 여기선 모든 것이 다른 것일 수 있고, 이론적으로 증명된 어떠한 필연성도 존재하지 않는다. 제작은 윤리적 행위와 견줄 수도 있는데, 왜냐하면 그것은 숙련의 연습과 습득에 의존하기 때문이다. 하지만 "훌륭한"(gute) 제작과 "형편 없는"(schlechte) 제작은 윤리적, 정치적으로 중요한 "선한"(gute) 행위나 "악한"(schlechte) 행위와 구별된다. 이론적 학문, 행위의 공동체, 제작 활동의 구별을 아리스토텔레스는 다음과 같은 사례를 통해 설명한다.

"물리학은 또한 존재자의 한 종류, 즉 운동과 정지의 원칙을 자체 안에 가지는 존재자를 다루는 학문이기 때문에, 그것은 명백히 실천적 학문도, 제작 학문도 아니다. 왜냐하면 제작을 목표로 하는 학문에선 제작자에게 원칙이 있기 때문이다. 여기서 제작자는 이성 또는 기술, 또는 어떤 능력일 수 있다. 그리고 행위를 목적으로 하는 학문의 원칙은 바로 행위자, 즉 결단에 있다. 왜냐하면 행위의 대상과 결단의 대상이 동일하기 때문이다."(Aristoteles 1995a, 125; 1025b)

즉 자연은 자체 내에 운동과 정지의 원칙, 작용인과 목적인을 지닌다. 반대로 기술의 발전 원칙은 적어도 이 기술 바깥에, 즉 인간이 상정한 목표와 가공 활동에 있다. 인간의 [윤리적] 행위를 규정하는 의식적 선택의 원칙은 이와는 또 다른 것이다.

이 근본적인 구별은 아리스토텔레스로부터 현재까지 유지되고 있고 (vgl. Schiemann 2005) 하이데거의 기술철학으로 확장되고 심화되었을 뿐만 아니라 한나 아렌트(Hannah Arendt, 1906-1975)에게서 응용되고 변이된 채 등장한다. 아렌트는 먼저 활동적 삶(vita active)을 관조적 삶(viva contemplative)과 구별하고, 활동적 삶을 다시 행위, 노동, 제작 세 가지로 나누며, 이를 통해 윤리와 정치를 기술과 명확히 나눈다. "[정치적] 행위는 활동적 삶의 유일한 활동이다. 이 삶은 질료, 물질, 사물의 매개 없이 인간 사이에서만 이루어진다."(1967, 17) 이에 반해 노동은 생의 유지와 재생산이며, 생의 필수조건들을 마련한다. 마지막으로 제작은 자연과 구별된 사물 세계를 생산하며, 이 세계 속에서 인간은 자신의 고향을 건립하게 된다. 아렌트에 따르면 사유하고 능동적으로 살고, 행위하고 노동해 봤자 인간은 자연으로부터 출발하여 자연 안에 머무는 꼴이며, 여기에 인간의 고향은 없다. 인간이 스스로 제작한 세계야말로 자신에게 알맞은 세계이다. 왜냐하면 제작된 것은 단순히 자연으로부터 생산되는 것이 아니라 제작의 목적 설정과 작용하는 활동을 포함하기 때문이다. 아렌트는 이처럼 하이데거와는 다른 생각을 전개했음에도 불구하고, 세계 속에서 기술적으로 제작하여 자신

에게 알맞은 집을 제작한다는 인간의 기초 모델은 하이데거의 기술철
학에서 핵심적 역할을 하는 거주 모델과 유사하다.

아리스토텔레스, 하이데거, 아렌트가 행한 구별을 보면 수공예적 제
작은 우선 거주처럼 비정치적이다. 이는 특히 아렌트 사유의 단호한 정
치적 성격을 떠올린다면 놀랍다. 세 철학자는 기술자와 공학자를 보호
해야 한다는 주장에 동의할까? 말하자면 기술자와 공학자의 작업은 완
전히 가치 중립적이며, 윤리, 정치적 물음은 기술의 적용 또는 사용에
서만 생겨나는 것일까? 다음 장에서 우리는 하이데거를 다루면서 이것
이 그렇지 않다는 점을 보게 될 것이다. 물론 수집과 거주는 우선 비정
치적이다. 이 활동들은 인간이 기술의 도움으로 세계를 구성한다는 것
만 이야기한다. 인간은 두 활동을 할 수밖에 없으며, 이를 위해 [윤리
정치적] 결단이 필요하지는 않다. 이런 의미에서 이 활동들은 어떤 새
로운 것을 창조하는 것이 아니라 세계 속에서 인간의 활동적 존재에 일
치하는 것만을 탈은폐한다.[3] "인간은 시적으로 거주한다."고 횔덜린은
자신의 시에서 노래한다. 하이데거는 이 시행을 곧바로 아리스토텔레
스의 제작(poiesis), 즉 수공업자와 예술가의 제작 활동과 연관시킨다.
시인이자 기술 설계자로서 우리는 척도를 지니며, 집을 만들고, 이를
통해 자연 속에 숨겨져 있던 자연법칙을 과학적 진리로 드러내는 데에
그치는 것이 아니다(Heidegger 1954a, 14). 그 대신 우리는 기술 속에
서 우리와 사물의 관계를, 우리가 세계 속에 어떻게 존재하며, 세계 속
에서 우리가 누구인지를 드러낸다.

이러한 반성을 통해 하이데거는 아리스토텔레스가 제시한 자연적 사

---

3 이 '탈은폐'라는 용어는 하이데거가 그리스어로 진리 개념인 알레테이아(ἀλήθεια)
를 그대로 번역한 표현이다. 알레테이아는 감춰져 있지 않음을 뜻한다. 이를 하이데거
는 탈은폐라고 번역한다. '탈은폐'란 있는 그대로 드러난다는 것을 뜻한다.

물과 기술적 사물의 구별 논의를 심화한다. 자연으로부터 온 것은 자신의 원인을 오로지 자연 안에 가진다(Aristoteles 1995a, 94 ; 1014b). 이에 반해 은접시, 항아리, 단지에는 수공업자의 목적, 형식 관념, 제작노력 모두가 들어 있다. 이 모든 것은 사물 제작을 통해 드러난다. 따라서 제작된 사물은 자연적이지 않다. 이러한 아리스토텔레스의 논의에 덧붙여 하이데거는 제작된 사물이 또한 '세계적'이라고 표현한다 (1954a, 168).

현대 기술과 그 기술적 전망과 반대로 하이데거가 아리스토텔레스에 의지해 포착한 기술은 무엇보다 혁신이나 확장이 아니라 [앞에서 열거한 네 가지 원인의] 수집이나 집합과 연관된다. 즉 기술적 신세계를 밝히는 것도 아니고 미지의 것에 대한 도전을 시도하는 것도 아니다. 질료와 형식[형상], 작용과 목적이 제작 활동에서 결합될 때 이 모든 것은 어떤 세계의 제한된 지평선에서 일어나는 것이지, 눈앞의 한계를 넓히는 새로운 가능성을 여는 것이 아니다. 하나의 집을 짓는 것은 건강을 회복하는 것과 근본적으로 다르지 않다.

"이제 건강은 다음과 같은 사유 과정을 통해 생겨난다. 건강이 이러 저러하다면, 어떤 것이 건강하다면, 특정한 것, 예를 들어 육체의 균형이 있어야 한다. 이것이 있으려면 열기가 있어야 한다. 우리가 계속 사유해 나가다 보면 그 마지막에는 우리가 스스로 제작할 수 있는 것에 이르게 된다. 이제 이 지점부터 시작해서 건강을 제작하는 것에 이르는 운동을 작품 제작 활동이라 부른다. 건강이 건강[의 형상]에서 나오고, 집이 집[의 형상]에서 나오며, 질료적인 것이 비질료적인 것[형상]으로부터 나오는데, 왜냐하면 치유법은 건강의 형상이고, 건축술은 집의 형상이기 때문이다."(Aristoteles 1995a, 143f. ; 1032b)

예술 또는 기술이 만드는 것은 항상 이미 정신 속에 있다. "작품 제작자는 청동 구슬을 광석[이라는 재료]와 구[라는 형상]으로 제작한다. 왜냐하면 이 개별적 사물[즉, 광석이라는 개별 재료]에 형상을 집어넣으면 이로부터 제작되는 것이 청동 구슬이기 때문이다."(Aristoteles 1995a, 146; 1033b)

제작 또는 생산은 질료와 형식을 하나의 목적 아래 합치는 것에 불과하다는 점에서 한정적이다. 오늘날의 사유와는 완전히 반대로 질료와 특히 형식 자체는 제작되는 게 아니다. 제작이 까다로워 작업 소재나 형식 목록 제작부터 시작된다면, 이 제작은 끝이 없을 것이고, 그래서 "생성은 무한하게 진행될 것이다"(Aristoteles 1995a, 146; 1033b).[4] 오히려 전체 자연이 존재하며, 제작 활동은 전체 자연의 일부라고 할 수 있다. 원천적으로 자연이라는 틀 안에 들어 있기 때문에 기술은 프로메테우스적이지 않다. 그것은 창의적이지 않으며, 또는 인공적 소재와 생산 디자인으로 새로운 세계를 창조하지도 않는다. 하지만 이 기술은 파괴적이지 않으며, 쉬지 않고 그칠 줄 모르는, 한계 없는 희망을 좇지도 않는다. 그 대신 이 기술은 농업의 모범에 따라 사물을 제작하며, 세계의 틀, 자연 사이클 속에 통합된다. 그것은 사물인 바를 거의 보존한다 (vgl. Heidegger 1954b).

세 번째 측면에 따르면 아리스토텔레스와 하이데거가 주장하는 기술은 우리가 오늘날 기술이라고 부르는 것과는 구별된다. 먼저 어떤 목표

---

4 디자인이란 어떤 형식을 창조하는 것이다. 이것이 현대적 사유라고 한다면, 아리스토텔레스는 이러한 형식, 형상 자체가 제작되는 건 아니라고 주장한다. 이 형식은 이미 자연 속에 존재하고, 제작자는 이 중 하나를 선택해 제작할 따름이지, 형식을 창조하는 것은 아니다. 만약 형식이 제작된다면, 이건 어떤 형식을 전제로 했을 것이고, 이 전제된 형식은 다시금 다른 형식을 전제했을 것이고, 이는 무한으로 진행할 것이다.

또는 목적이 있고, 이것에 맞춰 질료에 일정한 형식을 부여한다면 자연과 기술은 더 이상 구별되지 않는다. 예를 들어 집이라는 목적이 자연에 이미 존재하는 것이라면, 건축가가 집을 짓는 방식 그대로 자연은 집을 지을 것이다. 반대로 수공업자는 자연이 제작하는 방식대로 제작할 뿐이다. 사실상 기술은 자연 속에 있긴 하지만 자연 스스로 실행하지 못하는 것을 완성하는 한에서만 자연을 넘어선다(vgl. Aristoteles 1995b, 44f.; 199a-200a). 자연에서 기형아 출생은 질료에 일반적인 형식을 부여하는 것이 실패한 경우이다. 이와 마찬가지로 기술은 질료에 형식을 부여하는데, 여기서 이 형식은 자연 홀로 제공하는 것이 아니다(vgl. Schiefsky 2007). 조그만 힘이 지레 작용을 통해 큰 무게를 들어올리는 것은 처음에는 반자연적인 것처럼 보인다. 하지만 이는 겉으로만 그럴 뿐이다. 자연이 어떤 돌을 여기서 저기로 움직이려면 마찬가지로 지레를 사용했을 것이다. 오늘날 생체공학이라는 전문 연구프로그램이 기술 과정을 자연의 범례를 모방해 현실화하는 것을 보면, 이미 [현재] 아리스토텔레스적인 기술 개념은 [더 이상] 자명한 것이 아니게 되었음을 증명한다.[5]

자연, 수공업자, 예술가의 제작 활동은 이러한 기술 표상에서 서로 긴밀히 연관되어 있다. 하이데거는 바로 이 부분을 되살리려 한다. 제작을 통해 "[…] 자연의 성장물이나 수공업자의 제작품, 예술 작품 모두가 전면에 세워진다. 테크네(τεχνη, techné, 기술)는 제작, 즉 포이에시스(ποίησις, poiesis)에 속한다. 말하자면 그것은 '시적인 것'이다."

---

5 이미 아리스토텔레스의 기술 개념이 현대에 망각되었기 때문에 자연의 범례를 모방하는 생체공학의 시도가 가능하다. 자연의 범례를 모방하는 것이 바로 아리스토텔레스적인 기술 개념이다. 그런데 이러한 모방이 시도가 된다는 것 자체는 이미 이 모방이 일상적인 것이 아니라는 것, 망각되어 있음을 의미한다고 할 수 있다.

(1954a, 13 f., vgl. 1954, 43f) 하이데거는 이 제작의 원천적 방식이 기술 개념 뒤에 숨겨져 있음을 되살리려 한다. 표면적인 기술 개념에 따르면 기술은 단순히 기술적인 것 즉 도구적인 것이고,[6] 목적에 대한 수단, 또는 어떤 기능을 수행하는 것에 불과하다. 예리한 발터 파버가 고대 꽃병 조각에 대해 맹목적인 것처럼 하이데거는 예를 들어 희생 접시나 항아리와 관련해 기술의 본질이 은폐되거나 왜곡되어 사물 자체로서의 사물이 사라지고 나타나지 않는다고 이야기한다(vgl. 19654a, 28과 1954b, 172). 가까움의 상실과 현대 기술의 아직 불확실한 "끔찍함"은 기술이 무엇인지에 대한 사유적 반성(ein andenkendes Besinnen)을 요구한다. 과거 테크네는 말하자면 진리를 미로 제작함을 의미했다. "기술의 본질이 기술적인 것이 아니기에, 기술에 대한 본질적 사유, 기술에 대한 논의는 한편으로는 기술의 본질과 매우 가까운 영역, 다른 한편으로 그 본질과 근본적으로 다른 영역에서 이루어져야 한다. 그 영역이 바로 예술이다."(1954a, 36)

자연, 수공업, 농업, 예술에서 제작에 대한 반성은 지식의 다양한 방식을 포괄한다. 진리가 더 이상 숨겨져 있는 것이 아니라 탈은폐된 것이라면, 활동적인 제작은 과학적인 설명 추구가 아니라 사유하면서 세계를 자체 내에 수집하여 모으는 진리 추구이다(1954b, 180). "기술은 단순히 수단이 아니다. 기술은 탈은폐의 한 방식이다. 이 점에 주의한다면 기술 본질의 다른 영역이 우리에게 열린다. 이는 탈은폐, 즉 진리의 영역이다."(1954b, 13) 여기서 탈은폐되는 것은 단순히 자연이 아니다. 하이데거에 따르면 자연적으로 존재하는 것은 스스로 제작하기 시

---

6 '기술적인 것'이란 하이데거가 기술과 구별하는 표현으로서 이는 단순히 도구로서의 기술을 의미한다.

작한다. 예를 들어 꽃은 스스로 만개하기 시작한다. "이에 반해 수공업자나 예술가의 제작품, 예를 들어 은접시는 제작의 시작을 다른 것 안에(εν αλλω), 즉 수공업자와 예술가 속에 지닌다."(1954a, 12f.) 제작 활동에 의해 탈은폐된 진리는 자연 진리일 뿐 아니라 세계 내 존재하는 인간의 진리, 즉 제작하는 존재로서의 인간의 진리이다.

기계: 마르틴 하이데거와 에른스트 카시러(Ernst Cassirer)

인간은 다양한 종류의 원인을 제작될 사물을 위해 수집함으로써 희생 은접시 속에서 자기 자신에 대한 진리를 드러낸다. 이제 기술의 다른 감각상은 인간에 대한 또 다른 진리를 드러낼 수 있다. 처음으로 기술 철학이란 명칭을 사용한 에른스트 카프(Ernst Kapp, 1808-1896)는 1877년 저서에서 다음처럼 말한다. "바퀴의 찡그렁거림, 덜그덕거림, 삐걱임, 쿵쿵거림, 구르기, 두드리기, 베틀의 윙윙거림, 기관차의 경적 소리, 전신의 째깍거림을 통해 우리는 유기적 원상을 연상시키는 이 기계장치 속에서 인간 본질이 대상화되어 있다는 경고를 듣게 된다." (Kapp 1877, 186)

　여기서 지금이란 19세기 말이고, 산업화의 기계들은 더 또렷하게 들린다. 거대하고 시끄러운 기계들은 특정한 방식으로 사용되며, 어떤 한 공장에 설치되어 있으며, 이들은 노동자들에게 기술이다. 은접시에서 기술적인 것은 접시 그 자체에 있는 것이 아니라 은가공을 통한 제작 방식이다. 반면 기계 그 자체는 이미 기술적인 것 자체처럼 보이며, 기계 속에서 노동자의 노동과정이 이루어진다. 기계들은 인간 활동의 생산물이지만, 여기서 설계하는 정신은 너무나 물질화되어 버렸다. 그래서 기계들은 이제 자립적인 현실성을 주장하기에 이르고, 인간은 이들 앞에서 너무나 낯설고 소외된 채 서 있다. 이번 장에서는 기술적인 것의 감각상으로서 기계에 관한 이야기가 이루어진다. 물론 그렇다고 특수한 기능을 목표로 다양한 구성 요소들을 체계적으로 조합한 모든 장비나 설비 등을 말하는 것은 아니다. 이들은 순수 물리적으로 또는 개별 인간을 뛰어넘은 조직 형식으로서 인간의 구조물이다. 우리는 찰리 채플린의 영화 〈모던 타임즈〉에서 등장하는 공장 기계를 잘 알고 있다. 키가 작은 채플린은 대기 상태에 있으면서 자신을 삼켜 버리는 엄청나게 커다란 기어 장치의 한 부분으로서 스패너를 가지고 일한다.

희생 은접시는 하이데거가 보기에 "기술의 과거 본질"을 재현하며, 현대 기술, 산업 기계 기술 앞에서 놀란 그에게 회고적 반성의 준거점이 된다. "현대 기술"은 무엇인가?

> "현대 기술 또한 탈은폐이다. […] 현대 기술을 지배하는 이 탈은폐는 포이에시스(ποίησις)의 의미에서의 제작을 통해 이루어지는 것이 아니다. 현대 기술에서 지배하는 탈은폐는 자연에 에너지를 공급하라고 요구한다. 에너지는 **그 자체**로 요구되고 저장될 수 있다. 이는 옛 풍차에도 해당하지 않을까? 아니다. 풍차 날개는 바람 때문에 돌아가며, 바람의 본질에 직접적으로 맡겨져 있다. 하지만 풍차는 기류 에너지를 저장하기 위해 그것을 개발하지는 않는다."(1954a, 15)

여기서 하이데거는 제작(Hervorbringen)이라는 과거 기술과 요구(Herausfordern)라는 현대 기술을 근본적으로 구별하려고 한다. 다른 모든 구별과 마찬가지로 이 구별 논의도 구체적인 적용에서 논란을 일으킬 수 있다. 옛 풍차는 자연에 에너지를 공급하라는 요구를 제기하지

않았나? 풍차는 댐이나 수력발전소와 정말 근본적으로 다른가? 하이
데거의 대답은 모든 독자를 설득하지는 못할 것이다. 제작은 네 가지
원인 방식과 관계하며, 이 원인들이 지배하게 하고 이들을 모은다. 그
렇다면 풍차는 도기 조각과 다름 아니다. 바람이 불면 날개의 원운동이
풍차의 맷돌 운동으로 전환되면서 풍차는 수확한 낟알로부터 밀가루를
제작하는 과정 속에 바람을 포함시킨다. 현대의 댐과 수력발전소는 다
르게 기능한다. 적합한 바람이 부는 것과 상관없이 물은 발전소 안에
위치하여 수력 공급자 역할을 하며, 우리는 이것의 기여를 기대하게 된
다. 물은 에너지 상수로 기능하게 되며, 이를 통해 공장 기계가 돌아가
게 된다(vgl. 1954a, 16).

　우리가 하이데거를 이해하려 할 때 풍차와 은접시, 그리고 수력발전
소와 기계가 얼마나 명확하게 구별될 수 있는지는 그리 본질적이지 않
다. 우리는 일단 제작과 요구라는 두 가지 서로 다른 기술에 대한 태도
를 명확하게 구별할 수 있다. 그렇기 때문에 하이데거를 비판하려고 현
대 기술에 대해 근본적으로 다른 평가를 제시하기 이전에 이 구별을 우
선 논의해야 한다. 제작과 요구라는 이 구별은 하이데거의 기술 비판이
기술 자체에 대한 비판도 아니며 그래서 낭만주의적-전(前)기술적 자
연 상태에 대한 동경도 아니라는 점을 명확히 한다. 한편으로 그는 [현
대 기술의] 탈은폐 실천에서 이루어지는 [고대 기술로부터의] 탈선만
을 비판할 뿐이다. 오늘날 지속 가능성에 관한 논쟁처럼 그의 관점은 재
생 가능한 에너지 또는 생체공학 기술 프로그램에서 이루어지는 대체
기술 논의와 연결할 수 있다. 다른 한편으로 하이데거가 비판한 기술 프
로그램은 현대적 사유의 발전과 매우 긴밀하고 근본적으로 연결되어 있
다. 그래서 은접시를 회상적으로 반성하는 것만으로는 현대 기술의 도
입을 통해 이미 일어난 끔찍한 일들로부터 우리 자신을 구할 수는 없다.

현대 기술과 사유의 발전을 근본적으로 연결 짓는 것은 예를 들면 하이데거가 자연 연구자인 베르너 하이젠베르크(Werner Heisenberg)를 인용할 때 드러난다.

"[…] 인간은 땅의 주인이라는 모습으로 세계로 퍼져 나갔다. 이를 통해 만나는 모든 것이 인간의 제작물이라는 가상이 퍼졌다. 이 가상은 기만적인 가상을 낳는다. 이에 따르면 인간은 어디서나 오로지 자기 자신만을 만나는 것처럼 보인다.[7] 하이젠베르크는 오늘날 인간에게 현실이 그렇다고 올바르게 지적했다. [⋯] **하지만 인간은 진실로 더 이상 자기 자신, 즉 자신의 본질을 만나지 못한다.**"(1954a, 28)

여기서 사실상 기초적인 탈선이 서술되고 있다. 문명비판가인 하이젠베르크는 인간이 스스로 창조한 사물 세계 어디서나 자기 자신만을 만나며 그래서 어떤 곳에서도 위엄 있는 타자, 손대지 않은 자연, 반발력 있는 대상을 만나지 못한다고 생각한다. 하지만 하이데거에 따르면 [하이젠베르크가 여기서 말하고 있는] 항상 자기 자신만을 만나는 자는 더 이상 원천적 의미에서의 인간이 아니라 사물 세계의 한 부분이 된 인간이다.[8] 인간은 자기 자신으로부터, 그리고 자연으로부터 소외되

---

7   인간이 오로지 자기 자신만을 만나는 이유는 자신의 제작물만을 만나기 때문이다. 인간은 자신이 제작한 인공물들로 자신의 환경, 자신의 세계를 구축했다. 이를 자연과 구별하여 제2자연이라 부른다. 자신이 제작한 이 환경 속에서 인간은 오로지 자기 자신이 제작한 사물과 만난다. 인간은 자신의 생각을 사물을 통해 표현한다. 이것이 바로 제작 활동이다. 따라서 당연히 제작된 인공물은 인간의 생각을 표현하고 있다는 점에서 인간을 표현하고 있다고 할 수 있다. 그래서 인간이 인공물을 만난다는 것은 자기 자신과 만난다고 할 수 있다.

8   즉 인간은 기계를 제작했다. 기계는 인공물이라는 점에서 기계와의 만남은 자기 자신과의 만남이라 할 수 있다. 하지만 공장 기계가 출현한 이후 인간은 기계의 부품으로

었다. 여기서 하이데거는 장 자크 루소(Jean-Jacques Rousseau), 낭만
주의, 심지어 맑스즘이라는 전통 노선에 충실한 기술 관련 입장을 제시
한다. 자기 자신 및 자연으로부터 소외된 인간은 현대 세계 어디서나
자신의 산물만을 만난다. 인간은 제작 활동을 하는 제작가로서의 자신
을 만나는 것이 아니라 이미 탈은폐 또는 대상화[라는 방식으로 탈은
폐]되었다. 기술이 더 이상 네 가지 원인이라는 활동적 연관 속에 있는
것이 아니라 기계로 대상화되었듯이, 인간은 세계 내 존재자로서 지속
적으로 자기 본질을 시적으로 탈은폐하는 것이 아니라 기술적 대상에
마주선 숙련된 주체로, 기술의 사용자, 발명자, 상대자로 자신을 대상
화시킨다.

　한나 아렌트 또한 우리를 자연에서 벗어나게 하여 기술적 매개 및 그
과정의 사물 세계 속에 가두는 현대 세계를 서술하기 위해 하이젠베르
크를 인용한다.

　"갈릴레이부터 시작되고, 현실을 매개하는 인간의 감관 능력을 의문시하면
　서 탄생한 현대 물리학의 자연상은 우리에게 하나의 우주를 보여준다. 이
　우주에 대해 우리는 그것이 특정한 방식으로 우리의 측정하는 감관에 영향
　을 준다는 점 외에는 아무것도 모른다. [⋯] 다른 말로 하자면 객관적인 속
　성이 아니라 우리는 우리 자신이 만든 도구들을 만나며, 자연 또는 우주 대
　신 '우리는 말하자면 항상 우리 자신만을' 만난다." (Arendt 1967, 333)[9]

전락했다. 그래서 기계와의 만남은 부품화된 자기 자신과의 만남이지, 온전한 자기 자
신과의 만남이 아니다. 이를 맑스는 '노동의 소외'라고 불렀다. 노동자는 자신의 제작물
속에서 자기 자신을 발견하지 못하게 되면서 자신의 제작물로부터 소외된다.

9　여기서 아렌트는 근대적인 인식의 전환을 강조한다. 이 전환에 따르면 인간은 스스
로 만든 것만을 알 수 있다고 확신한다. 인간은 감관을 통해 주어진 세계를 파악할 수
있지 않다. 신이 세계를 제작했다면, 인간은 실험실에서 자연 과정을 다시 제작함으로

기술은 실험을 통해 여기서 이야기한 과학 속으로 들어오게 된다. 실험이 보여주는 것은 과정으로서, 여기서 자연에서 유래한 화학 물질 또는 대상은 단순히 전체 과정의 기능만을 수행한다. 이들의 객관적 속성은 자극을 제공하여 측정되는 한에서만 관심의 대상이 된다. 사물의 존재, 이들의 물질적이고 형식적인 속성 또는 이들의 특정한 성장 목적 혹은 분해 목적을 향한 운동 등은 그 자체가 관심의 대상은 아니다. 오히려 이 운동을 일으킬 수 있는 [실험] 과정, 또는 그것을 드러나게 하는 과정 자체가 관심의 대상이다.[10] "존재는 오로지 과정으로만 경험된다. 자신을 드러내고 현상하는 것이 과거에는 존재의 본질에 속했다면, 이제는 이 과정이 비가시적이라는 점이 과정의 본질이다. 과정의 현존은 사실상 더 이상 현상이 아닌 특정한 데이터로만 해명될 수 있다." (1967, 377 f.)[11]

시적 제작을 통해 현상하는 것은 하이데거에 따르면 그리스어 알레

써 세계를 파악할 수 있다. 도구의 발전을 통해 인간은 실험을 통해 관찰해야 할 현상을 스스로 제작한다. 우리가 만든 도구를 통해 이루어지는 실험만이 세계에 대한 지식을 알려준다. 여기서 우리는 세계 자체와 만나는 것이 아니라 사실상 우리가 만든 도구에 의해 규정된 세계를 만나는 것이다. 즉 우리는 세계가 아니라 우리 자신을 만난다.

10 아렌트에 따르면 근대 과학 이전에는 사물의 존재에 관심을 기울였지만, 근대 과학이 발전한 이후에는 과정에만 관심을 기울인다. 과학자는 제작자다. 도구를 제작하고, 제작된 도구를 통해 재현 가능한 자연 과정을 실험실에서 제작한다. 이 제작을 통해 자연현상을 인식한다. 여기서 과학자는 이러한 제작의 결과보다는 제작의 과정에 더 관심을 기울인다. 도구에 의해 시연되는 자연 과정 자체가 연구의 대상이지, 이 실험의 결과가 중요한 것은 아니라는 것이다.

11 즉 실험이라는 과정을 통해 우리는 사물을 경험한다. 여기서 사물의 형식적 속성 자체는 그렇게 중요한 것이 아니며 이미 설정된 실험이라는 과정 속에서 드러나는 사물의 속성이 중요하다. 실제로 우리는 실험에 의해 규정된 사물만을 경험한 것이고, 결론적으로 실험 자체, 우리가 만든 도구를 경험한 것이지만, 우리는 사물 자체를 경험했고, 사물에 대한 지식을 획득했다고 믿는다. 이러한 확신 속에서 실험 과정은 '비가시적인 것'으로 은폐된다.

테이아(ἀλήθεια)의 의미인 **탈은폐**(*Unverborgenheit*)로서의 진리다. 현대 기술과 과학 또한 탈은폐의 한 방식이긴 하지만, 진행되어 측정된 과정은 보이지 않는다. 이는 어떤 "원인"과 그 "결과"가 비가시적인 것과 마찬가지다. 실험에서 가시적이고 경험 가능한 것은 "원인"과 "결과"로 이루어진 여러 상태들의 계열이다. 이에 대한 권리는 우리가 전제하거나 해명한 비가시적 과정이 제공한다. 이 과정은 실험을 통해 한 상태에서 다른 상태로 넘어간다. 실험 속에서 [그 과정을 통해] 제작된 것은 은접시처럼 우리의 눈앞의 직관으로 포착되지 않는다. 그 대신 제작은 실험실이나 기계 속에서 자립화되며, 그렇게 하나의 제작 과정이 된다(Arendt 1967, 388). 여기서 사물의 특수한 존재는 삭제되고 그 대신 특정한 속성을 가진 질료가 특수한 생산물로 "과정화"된다.

하이데거가 현대 기술과 현대 세계의 기초적인 탈선을 분석하면서 생각했던 그림이 천천히 그려진다. 탈선은 존재를 제작하는 기술이 아니라 자연에 요구하는 기술에서 발생한다. 탈선이란 인간이 스스로 자신을 어디서나 만난다고 생각하지만 사실상 자신의 본질을 더 이상 만나지 못한다는 것이다. 인간은 자신의 본질을 오로지 활동적인 제작을 통해서만 앞에 세울 수 있다. 과정이 도입, 측정, 이용되고, 더 이상 존재가 현상하지 않는 곳에서 우리는 "존재 망각"에 있다. 탈선에 대한 하이데거의 핵심 표현은 다음과 같다. 세계 속에서의 거주 대신 자연 지배가, 인간 척도에 따른 시작(詩作) 대신 무한으로 나아가는 계산이, 수집 대신 요구하는 반성(Ansinnen)이 들어선다. 무엇보다 옛 농업에서의 자연의 활동 또는 풍차의 활동이 [우리에게] 선물이었고 이것이 생산물을 가져왔다면, 이제 우리는 자연 과정의 법칙적인 규칙성에 의지하고 있다. 현대의 기술적 사유는 자연 과정이 계산에 맞게 기여할 것을 요구한다. 이 대립은 계속 추가할 수 있으며 이는 스테레오타입이다. 겸손하게 자기 농지를 경작하던(bestellen) 농부는 현대 기술에 의해 추방당한다. 이 기술은 자연과 그 자원을 엄청난 규모로 요구한다. 희생 접시는 기계라는 기술 감각상을 통해 추방당하고, 풍차는 댐과 수력발전소를 통해, 세계 사물은 소외된 대상을 통해, 시적인 제작 속 불가피한 가까움은 그 거리가 정해지지 않은 가속화와 소외를 통해 배제된다.

과거의 좋은 기술과 현재의 탈선한 기술을 대립시키는 것이 단조로울지 몰라도 이 대립은 하이데거의 다음과 같은 기술철학적 핵심 주장을 명확히 한다. 기술의 본질은 기술적인 것이 아니다. 기술의 본질은 탈은폐의 방식이며, 이는 어떤 진리를 드러낸다. 시적인 제작은 탈은폐의 한 방식이며, 이는 은접시뿐만 아니라 활동적으로 제작하는 존재로서의 인간을 드러낸다. 현대 기술의 계산적 요구는 탈은폐의 또 다른 방식이며, 이는 기계뿐만 아니라 존재를 망각한 현대인을 드러낸다. 계산적 요구는 말하자면 "자연에 에너지를 공급하라고 요구하는 것"뿐만 아니라 이를 요구하는 인간을 전제한다. 인간은 스스로 요구를 제기하고 이를 해결해야 한다고 생각한다.

"인간이 이미 자연에너지를 공급해야 한다고 스스로 요구받고 있는 한에서 이러한 주문하는 탈은폐가 일어날 수 있다. […] 산림 직원은 숲에서 부러진 나무를 측정하고 외형적으로 자신의 할아버지와 동일한 방식으로 동일한 숲길을 걷는다. 하지만 오늘날 산림 직원은 그가 제대로 아는지 모르는지에 따라 나무감정산업에 의해 주문 채용된다. 이 산업은 섬유소의 주문 가능성에 따라 주문되며, 섬유소는 종이에 대한 수요에 따라 요구되며, 종이는 신문, 삽화 잡지를 위해 사용된다."(1954a, 18 f.)

하이데거의 언어유희는 "기계체계"(Gestell)라는 중심 개념으로 나아가는데, 이 표현으로 그는 현대 기술을 지시하며, 동시에 존재를 망각한 존재 영역 속에 인간이 갇히게 된 사태를 표현하고 있다. 그 개념 규정은 하이데거의 현대 기술 규정을 압축한다. "기계체계는 주문 방식으로 현실을 부품저장소(Bestand)로 탈은폐시키도록 인간을 몰아세우는 (stellt) 몰아세움의 총체다. 그렇게 요구받은 자로서 인간은 기계체계의 존재 영역에 있게 된다."(1954a, 21과 24 f.) 인간까지도 몰아세우는 "몰아세움의 총체"(Versammelnde des Stellens)[로서 기계체계]는 분명히 자연을 단순한 부품저장소 또는 자연과학적으로 계산 가능한 힘들의 관계로 파악하는 등 자연에 대한 일정한 태도를 포함하고 있다. 자연에 대한 인간의 태도를 표현하고 있는 현대 기술은 목적에 대한 단순한 수단도, 인간의 활동도 아닌, 인간을 넘어선다. 인간 활동도 궁극적으로는 인간과 자연에 대해 요구하는 태도라는 더 커다란 연관 속에 위치해 있다.

탈은폐 방식으로 현대 기술은 하이데거가 운명, 위험이라고 표현하는 숙명적인 좌표로 인간과 사물을 위치시킨다. 자연이 계산 가능한 힘들의 연관으로 사유되고, 인간이 이 연관을 기술적으로 특정한 기능으로 사용할 때 자연과 인간은 단순한 자원 또는 부품저장소가 된다. 기계는 일정한 방식으로 사용되길 요구하며, 인간을 기계에 적합한 기계 존재로 뒤바꾼다. 마찬가지로 계산 가능한 힘들의 자연 연관을 지배하게 되면서 반대로 인간 스스로가 계산적이고 계산 가능하며, 지배당할 것을 요구받는다.

과거 기술 속에서 인간은 자신을 시적으로 제작하는 존재로 탈은폐했다. 하지만 기계체계라는 현대적 조건 아래에서 인간은 자신의 본질을 더 이상 만나지 못한다. 그 대신 기술은 인간을 단순한 부품저장소로 탈은폐한다. 이 인간 부품저장소는 자기 자신, 다른 인간, 산업, 국가, 상업, 인간이 구성한 기계로부터 신뢰할 만한 기여를 하도록 요구받는다. 우리는 언어적으로는 독특하지만, 기술철학의 문맥에서 결코 예외라고 할 수 없는 하이데거의 반현대적이고 문화 비판적인 논점을 살펴보았다. 그에게 인간과 기계를 포괄하는 기계체계는 19, 20세기 산업적 기계 세계에 대한 다른 논쟁에서 거대기계라는 개념으로 등장한다. 이는 인간이 창조했지만 인간에 의해 지배되지 않으며, 오히려 인간이 이 기계 작동 과정에 포섭된다. 이 개념은 19, 20세기를 거치면서 다양한 형식으로 출몰하며, 기술철학이 시작될 즈음에 벌어진 주요 논쟁 물음들 중 하나에 속한다(vgl. Dessauer 1956). 여기서는 이 물음들을 항목별로만 다룰 수 있다.

하이데거의 기획에 따르면 인간은 현대 기술을 통해 기계 시대로 나아간다. 다른 저자들은 과거 기술과 현대 기술 간의 단절을 부정한다. 이들은 기계 제작을 연속적으로 진보한 기술 역사의 정점으로 서술한다. 여기서는 위에서 살펴본 의미에서의 철학적 인간학, 즉 '인간이 [자신이 제작한] 사물과의 관계에서 어떻게 등장하는가'의 물음이 중요하다. "인간이 창조한 도구와 기계로부터, 그가 생각해 낸 문자로부터 인간은 기계로부터 나온 신(데우스 엑스 마키나, Deus ex Machina)으로서 자신 자신과 마주서게 된다!".[12] 이 문장으로 에른스트 카프는 자신의 『기술철학 개요』를 끝마친다(1877, 351).

12　데우스 엑스 마키나는 희극에서 사용되는 극적 장치다. 풀기 힘든 상황이 갑작스러운 사건(예를 들어 신의 출현)을 통해 해소될 때, 이 사건을 데우스 엑스 마키나라고 부른다. 이를 통해 어려운 상황은 해결되고 결국 긍정적인 결말에 이른다. 원래 이 표현은 그리스 연극에서 유래한다. 갑작스런 사건은 기계장치를 통해 위에서 밑으로 등장하거나 또는 밑에서 위로 등장하는 인물의 등장으로 일어난다.

인간은 기계로부터 나온 신인 자기 자신[즉 기술적 창조물]과 마주 서며, 여기서 이 신을 자기 자신으로 인식한다. 이 논점은 연속적으로 서술한 "기관 투사"의 역사를 포함한다. 이에 따르면 기술은 우리 기관의 객관화이자 확장이다. 먼저 무엇보다 우리 손이 그렇다. 손으로부터 망치나 드라이버 같은 기초적인 도구가 유래한다. 이 도구를 통해 우리는 일종의 자기 인식에 도달한다. 카프는 철학자 루트비히 포이어바흐(Ludwig Feuerbach)를 인용한다. 그에 따르면 인간의 대상은 다름 아니라 자신의 대상적 존재다(Kapp 1877, 138). 기술적으로 생산한 대상 속에서 자기 자신을 만나는 인간을 하이데거는 존재를 망각하고, 자신으로부터 소외된 인간이라고 말한다. 그런데 이 점이 카프가 말하는 인간의 활동에도 적용될 수 있다. 이미 우리의 단순한 도구는 우리 육체라는 물리적 조직체의 외적인 상이다. 기술의 진보에서 이 대상화가 계속 전진하여 마침내 바깥으로 투사한 우리 뇌가 기계 속 자신을 마주 대하면서 우리는 기계 속에서 자신을 이해하는 법을 배우기에 이른다.

도구와 기계는 다시금 나무의 열매도 아니며, 신의 선물처럼 하늘에서 내려온 것도 아니다. **"우리가 이들을 스스로 만들었기 때문에"** 이들은 자기의 생산물로서, 한번은 무의식적으로 발견하고, 다른 한번은 의식적으로 발명하는 정신의 분명한 작품이다. 그러므로 이들 탄생지를 회고적으로 반성해 보면 이들은 유기적 활동에 대한 설명과 해명을 제공한다. 이들은 복제품으로서 원상으로부터 생성되었으며, 일반적으로는 인식론, 특수하게는 자기의식의 발전을 위한 중요한 계기로 평가해야 한다(1877, 172).

카프는 자신의 분석을 매우 영향력 있던 공학자 프란츠 뢸로(Franz Reuleaux, 1829-1905)의 저작으로부터 끌어온다. 이는 1875년에 나온

『이론적 기구학: 기계 이론 개요』(*Theoretische Kinematik: Grundzüge einer Theorie des Maschinenwesens*)이다. 이 책은 형식과학적으로 기계를 알파벳으로 구성된 일종의 언어로 서술한다. 따라서 이 언어에서는 일정한 논리적 추론이 나올 수 있으며, 타당한 추론이 있는가 하면 타당하지 않은 추론도 있다. 인간의 인류적 완성은 기계 속 계산적 사유를 얼마만큼 재현하느냐에 달려 있다. 기계는 모든 관점에서 일종의 문화적 성취다. 에른스트 카프는 이를 위해 이 책의 다음 절을 인용한다.

"기계의 전체 내적 본질은 [⋯] 계획적인 제한의 결과이며, 그것의 완성은 모든 무규정성을 완벽하게 배제하는 데까지 운동을 점진적으로 정교하게 통제하는 것이다. 인류는 항상 제한을 완벽하게 하는 데 애썼다. 다른 영역에서 이것의 짝을 찾는다면, 이는 인간의 인류성이라는 커다란 문제다. 기계 발전이 자신의 정교한 또 다른 짝을 눈 앞에 두고 있기에 이 발전 또한 인류성의 한 요소라 할 수 있다."(Kapp 1877, 342; vgl. Reuleaux 1875, 238)

인간의 인류성의 발전은 제한의 극대화, 행위 규정의 세밀화와 연관된다.[13] 그래서 릴로와 카프는 상호 보충하는 구성물로서 기계와 국가를 연결하고 있으며, 이 구성물은 바로 인간의 정신이 대상화된 것이다. 이것에 일치하는 것이 바로 상위 의지에 개별 의지가 복속하는 것이며, 이는 인류성의 상징으로도, 기계적 원칙 또는 군사적 원칙 중 하나로도 평가할 수 있다. 하이데거가 비판적으로 기계체계라고 한 것,

---

13   여기서 인류성이란 윤리를 의미한다. 윤리란 자의의 배제이다. 즉 칸트의 윤리학을 떠올려본다면, 감각적 욕망을 이성을 통해 부정하고 제한하는 것이 윤리다. 그래서 윤리란 제한의 극대화와 연결된다.

또는 루이스 멈퍼드(Lewis Mumford, 1895-1990)가 『기계의 신화』 (*The Myth of the Machine*)에서 거대기계(megamachine)라 부른 것이 여기서는 최상의 문화적 성취가 된다.[14]

카프와 하이데거에 따르면 인간은 기술을 통해 자신을 탈은폐하면서 자기 자신과 만난다. 카프는 이를 하이데거와 다르게 해석한다. 그는 이를 긍정적으로 평가하고 연속적인 문화의 진보로 서술한다. 멈퍼드는 이와 비슷한 기획을 추진하면서도 카프와 하이데거 모두를 부정한다. 그는 기술의 발전을 인간의 본질과 연결한다. 우리는 "인간 발전에서 인간의 역사적 본질에 대한 심오한 통찰 없이는 기술이 했던 역할을 이해할 수 없다"(Mumford 1977, 14).[15] 이 통찰을 가지고 멈퍼드는 원천적 기술에서 현대적 기술로의 급격한 이행이라는 하이데거의 주장을 반박한다(1977, 13 f.).[16] 하지만 카프의 유기적인 인간상, 즉 비역사적인 인간상 또한 비판한다. 멈퍼드는 도구가 자연 지배를 위한 손의 확장이라는 카프의 주장을 비판한다. 그에 따르면 기술은 자연 지배를 위

---

14   멈퍼드는 『기계의 신화』에서 "거대기계"를 기술 발전의 결과물로 서술한다. 최초의 거대기계는 고대 이집트의 중앙집권화된 왕권을 중심으로 인간을 노동 분업 체계의 한 부품으로 사용하는 사회 체계다. 이 사회 체계는 기계이긴 하지만 지각할 수 없는 비가시적 거대기계다.

15   기본적으로 멈퍼드는 인간을 정신적 본질로 규정하고, 이 정신을 표현하기 위한 수단을 언어나 도구로 본다. 인간을 동물과 구별하는 것은 인간의 정신적 본질이다. 동물 또한 도구를 사용한다는 점에서 도구 사용이 인간의 고유성을 드러내지는 못한다. 도구나 기계는 인간이 자신의 정신을 표현하기 위해 개발한 것이다. 그런데 현대 기계는 인간을 종속시킨다. 기계가 정신 아래 있어야 하는데, 인간의 정신이 현대 기계에 종속되고 말았다. 이것이 바로 멈퍼드의 비판적 문제의식이다.

16   멈퍼드는 원천적 기술에서 현대 기술로의 진보를 연속적이라고 평가한다. 고대 기술이건 현대 기술이건 기술은 인간이 언제나 자신을 개선하고자 발명한 것이다. 하이데거는 현대 기술이 기술의 본질에서 탈선했다고 본다. 하지만 멈퍼드에 따르면 기술은 언제나 인간의 자기 개선에 봉사하고 있다.

한 기관 확장이 아니라 "인간의 초유기적인 욕구와 소원을 적합하게 충족시키는" 인간의 잠재적 능력과 관계한다(1977, 19). 이 욕구와 소원은 전통 철학적인 관점에서 볼 때 자연 규정성이 아니라 인간의 자유와 연결되어 있기에 초유기적이다.[17] 그래서 [카프의 경우처럼 단순히] 가장 발전한 기관인 우리의 뇌를 대상화하는 것이 문제가 아니다. 우리는 뇌를 자유롭게 "의식적인, 합목적적인 자기동일화,[18] 자기 변화, 궁극적으로는 자기 인식"을 위해 사용한다(1977, 21). '역사적으로 변화하는 존재'라는 인간의 자기 인식은 기계에서 직접적으로 일어나는 것이 아니라 기계를 매개로 자신을 합목적적으로 자기동일화하고 자기를 변화시키는 데에서 나온다. 자기 인식은 대상화의 자연발생적인 진보 과정이 아니라 의식적으로 인간 손에 의해 기술화된 세계 연관에서 발생한다.[19]

---

17 여기서 '초유기적'이란 '신체를 넘어선', 즉 '정신적'을 의미한다. 멈퍼드에 따르면 인간의 본질은 정신이며, 자기를 변형하여 개선함으로써 개선된 자기를 인식하고자 한다. 이러한 "인간성"의 목적을 실현하기 위해 인간이 개발하는 모든 것이 바로 '기술'이다. 인간은 도구를 제작하여 자연적 욕구를 충족시킬 뿐 아니라 또한 정신적 욕구를 위해 질서를 창출함으로써 자연적 욕구를 통제하기도 한다. 또한 정신적 욕구를 충족시키기 위해 인간은 도구뿐 아니라 언어와 문화 체계를 형성한다. 이 형성의 결과물이 바로 거대기계다. 그래서 거대기계는 인간성의 실현이라는 긍정적 측면을 지닌다. 하지만 의도치 않게 이 거대기계는 또한 인간을 종속시킨다는 점에서 인간성을 타락시키는 부정적 측면까지도 지닌다.

18 합목적적인 자기동일화란 자신의 이상적 모습을 설정하고, 이를 현재의 나와 동일화하는 것이다. 즉 이상적인 나를 목적으로 삼아 현재의 나를 변화시켜 둘을 동일한 상태로 만드는 것이다.

19 카프에 따르면 인간은 무의식적으로 자신의 신체를 모범으로 삼아 이를 따라 기술적 대상을 제작한다. 기술적 대상의 발전은 인간이 무의식적으로 어떤 신체 부위를 모범으로 삼았는지에 따라 이루어진다. 단순히 손과 발을 무의식적으로 모방했으면 기술적 대상은 매우 간단할 수밖에 없다. 그런데 예를 들어 신경망이라든가, 뇌, 혹은 더 나아가 신체 전체를 무의식적인 모방 대상으로 삼게 되면 기술적 대상은 복잡해질 수밖

이 점에서 멈퍼드는 적어도 하이데거의 제작과 행위 구별을 반대한
다. 하이데거에 따르면 제작은 인간과 사물을 그들 본질에 따라 혹은
기계체계라는 현대적인 연관의 세계 속에 있는 그대로 탈은폐한다. 하
지만 이 주장은 제작이 항상 다른 인간을 향해 있고 다른 인간과 연관
되어 있다는 점을 놓친다. 기술은 세계를 탈은폐하면서 동시에 사회적
세계를 창조한다. 인간이 기술을 통해 고향을 세운다고 하이데거처럼
외톨이로서 말하는 대신, 멈퍼드에 따르면 [사회라는] 유기적 형식 없
는 기술은 없으며, 그래서 [사회적] 행위 연관도 항상 기술과 관련 있
다. 역사적이고 정치적인 유기적 노동 분업에 힘입어 인간은 상호적으
로 하나의 사물 세계를 창조한다. 이 의식적으로 창조한 [사회라는] 유
기적 형식이 거대기계로 등장하게 된다.

    기계의 정의를 위해 루이스 멈퍼드는 프란츠 뢸로의 표준서인 『이론
적 기구학』을 인용한다. 기계는 자립적인 부분들의 조합이며, 각 부분
은 특수한 기능을 한다. 기계는 에너지를 이용하고 노동을 수행하기 위
해 인간 통제하에서 작동한다(Mumford 1977, 222; vgl. Reuleaux
1875, 38). 이 정의에 따르면 기계의 탄생사는 적어도 오천 년을 거슬
러 올라간다고 멈퍼드는 생각한다. 당시 기계는 아직 비가시적이며 단
순한 유기적 형식으로서, 이것이 바로 뢸로가 말하는 가시적 기계의 전
제를 형성한다. "기계가 완전히 기계화되기 전에 우선 기계적 힘들이

에 없다. 이것이 바로 기술적 대상의 발전이다. 인간은 이러한 기술적 대상을 통해 당
연히 자기 자신, 더 구체적으로는 자기 자신의 신체를 인식한다. 모방하는 부위에 따라
인간의 자기 인식도 발전하기 마련이다. 하지만 멈퍼드는 기술이 인간 신체의 모방이라
는 관점을 처음부터 배제한다. 오히려 인간 정신의 자기 표현이 기술이다. 그래서 기술
은 카프처럼 "자연발생적 진보 과정"을 겪는 게 아니라 인간 정신의 발전을 재현한다.
즉 기술의 발전은 정신의 발전에서 온다. 반면 카프에 따르면 정신의 발전은 기술의 발
전에서 온다.

사회화되어야만 했다."(Mumford 1977, 225)[20]

오천 년 전에 피라미드는 비가시적인 노동 기계를 통해서만 건설될 수 있었다. 그 구성 요소는 "인간 뼈, 신경, 근육"으로 구성되어 있지만 이들은 그 정의에 따라 "기계적 요소로 단순화되며 어떤 과업을 수행하였다. […] 기계적 통제의 비밀은, 조직의 장이 명확한 목적을 향해 전념하는 것, 그리고 중간 관리자들을 통해 말단 단위까지 지시 사항을 전달하는 방법에 있었다."(1977, 222, 한글본 359-360, 문맥에 맞게 번역자가 수정함)

이러한 사회적 노동 기계는 멈퍼드에 따르면 완전히 기계화된 기계를 선행한다. 카프에 따르면 유기적인 것이 자연발생적으로 발전하여 기계적인 것으로 대상화되는 반면, 멈퍼드에 따르면 노동력을 절약하기 위해 완전히 기계화된 기계로 물질화되기 전에 먼저 유기적 형식을 자유롭고 정신적으로 발명했는데, 이 형식은 이미 기계적 힘을 이용할 줄 안다. 노동조직화의 엄격하고 전체주의적인 질서 속에서 기계적 힘들은 사회화되고 사회구조 속에 편입되었다. 인간 신체 기관이 아니라 제작하면서도 행위하는 인간의 상호작용이 바람, 톱니바퀴, 나사, 지레

---

20   멈퍼드는 『기계의 신화』에서 "고대의 인간기계"와 "좀 더 효율적으로 탈인간화(de-mominized)된 현대 기계"의 차이를 설명한다. 여기서 고대의 인간기계란 고대 이집트처럼 중앙집권적인 국가체계를 가리키며, 여기서 인간들은 노동 분업에 따라 노동하는 자로 규정된다. 현대 기계는 노동력을 절약하는 데 반해, 고대의 인간기계는 절약하지 않는다. 하지만 둘은 모두 "높은 수준의 효율을 성취"했다. 멈퍼드가 보기에 현대 기계가 탄생하기 위해선, 즉 기계가 기계화되기 위해서는 우선 고대의 거대기계, 즉 중앙집권화된 국가로서의 사회화된 기계가 선행해야만 한다. 그래서 "기계적 힘들(agents)"이 **사회화**된 형태로서의 고대 거대기계가 먼저 존재해야 하고 이를 통해 현대 기계가 탄생하게 된다(멈퍼드, 『기계의 신화 I 기술과 인류의 발달』, 유명기 옮김, 아카넷, 2013, 363쪽). 여기서 'agents'는 노동하는 인간을 가리키며, 이를 한글 번역자는 "기계적 인자(agents)", 저자는 기계적 힘들(Kräfte)로 번역했다.

의 상호작용의 모범이다. 이는 "우리 시대에 풍부하게 채워진 터무니없
는 기대와 희망"에 대한 모범이다(1977, 220, 한글본 357). 그런데 기
계가 작동하게 되면 반드시 사회 속에 부정적이고, 거대하고 종종 파괴
적인 힘들이 유발될 수밖에 없다. 특정한 노동 형식으로부터 인간을 해
방시킨다는 기계의 생산적 약속은 이러한 힘들 없이는 생기지 않는다.
인간이 기계 속에서 자신을 인식하게 되면, 인간은 그 속에서 자기 고
유의 유기적 본질을 보는 것이 아니라 자기의 사회조직, 즉 거대기계를
보게 되는데, 그 기계 속에서 인간은 오로지 체계를 구성하는 부분에
불과하다. 하지만 자유로운 인간이 기계 문화의 구성 요소에 불과한 자
신을 재인식하게 되면, 의식적으로 인간은 자신의 정체성을 인식하게
되며 자기를 변화시킴으로써 모든 것을 지배하는 것처럼 보이는 거대
기계에 대항할 수 있게 된다.

기계 속에서 자신을 인식하는 것은 문화적 성취다. 룈로에 따르면 인
간은 자신을 인류적 존재로, 멈퍼드에 따르면 역사적 존재로 인식한다.
이를 통해 우리는 궁극적으로 상징적 형식의 문화철학에 도달하게 된
다. 이 철학은 현대 기술을 단적으로 인간의 대상화로 이해한다. 물론
대상화를 순수 낙관주의적으로 인간이 스스로 신이 되어 가는 진보사
또는 로망스로 파악하지는 않는다. 또한 비관주의적으로 기계체계 또
는 거대기계에 대항하게 되는 소외사 또는 비극으로 파악하지도 않
는다.

1930년에 발표한 논문 「형식과 기술」(Form und Technik)에서 에른
스트 카시러(Ernst Cassirer, 1874–1945)는 신적 인간(homo divi-
nans)의 마법적 소원과 도구적 인간(homo faber)의 기술적 의지를 대
립시킨다. 마법과 현대 기술 모두 우리가 자연을 통제하여 우리 입맛에
맞게 할 수 있다는 표상을 전제하고 있다. 결정적 차이는 이 통제가 어

떻게 이루어지는지다. 세계를 예감하는 신적 인간은 자신 속에서 일어
나는 것을 외부 세계 속에 투사한다. 그래서 "충동과 의지 자극은 직접
적으로 사건에 개입하고, 이를 조종하고 변화시킬 수 있는 힘으로 해석
된다"(Cassirer 1930, 34). 여기서는 단순히 소원이 지배한다. 수공업
활동에 매진하는 도구적 인간에게는 이 소원의 자리에 의지의 권력이
들어선다. 소원과 반대로 의지는 현실에서 영웅적으로 빛을 발한다.

"의지의 실행은 결코 자기 강화만으로 성공할 수 없다. 의지가 실행되려면
스스로 자신에게 원천적으로 낯선 질서 속으로 파고 들어가 이 질서를 자체
로 알고 인식할 것을 요구한다. 이 인식(Erkennen)은 동시에 항상 인정
(An-Erkennen)의 방식이다. 마법에서처럼 이제는 자연에 자신의 소망과
망상을 덮어씌우는 것이 아니라 자연의 고유한 독립적 존재를 인정해야만
한다. 이 자기 거리 두기 속에서야 생각은 참된 승리를 거둘 수 있다. […]
자연에 대한 승리는 자연에 대한 순종의 길로만 달성될 수 있다."(Cassirer
1930, 59 f.)

카시러는 비판적 거리를 둔 채 기술이 자기 인식의 매체라는 카프의
명제를 수용한다. 물론 카시러가 주장하는 자연에 대한 순종이란 자연
법칙과 그 반발력을 인정하는 것이지 [카프가 주장하는 것처럼] 현대
기술이 자연의 모범을 직접적으로 따라야 한다는 것은 아니다. 사실 현
대 기술은 자연 모범으로부터 해방되고 벗어나면서 승리와 권리를 쟁
취한다. 여기서 카시러는 릴로를 언급한다.

"현대적 기계 구조의 전체 발전을 지배하는 근본 원칙은 기계가 더 이상 수
공업이나 자연을 모방하려 하지 않고, 자연적인 것과는 종종 완전히 다른

자신만의 고유 수단들로 과제를 해결하려고 노력하는 것에 있다. 이 원칙, 그리고 점점 더 정확한 실행으로 기술은 자신만의 완성에 도달했다. 이제 기술은 자연에 의존하지 않는, 종종 자연과의 의식적인 대립에 있는 새로운 질서를 세운다."(Cassirer 1930, 73 ; vgl. Reuleaux 1875, 73)

이 새로운 질서는 사용자를 인과적인 사유로 이끄는, 그러니까 우리의 소원과 사유의 영향을 배제하는 사물들 간의 "순수 대상적인" 연결로 이끄는 도구의 의식적 사용으로 이미 시작된다(Cassirer 1930, 64).[21]

"마법이 인간을 만족시켰던 소원과 꿈의 나라는 부서졌다. 인간은 새로운 현실에 도달했음을 스스로 알게 된다. 이 현실은 충분한 진지함과 엄격함, 모든 소원을 파괴하는 필연성으로 인간을 맞이한다. 하지만 인간이 이 필연성에서 벗어나지 못한다면, 인간이 세계를 더 이상 자신의 소원에 따라 조종할 수 없다면, 이제 인간은 점점 더 현실을 자신의 의지로 지배하는 법을 배우게 된다. 그는 더 이상 현실을 그 궤도 바깥으로 조종하려고 하지 않는다. 그는 자연의 강철 같은 법칙에 맞춘다. 하지만 이 법 자체는 인간을 감옥의 벽처럼 가두지 않는다. 오히려 인간은 법을 통해, 새로운 자유를 얻고 이를 확증한다." (1930, 67)

---

21   카시러에 따르면 마법과 기술 모두 자연을 장악하는 방법이다. 다만 마법은 인간의 소원을 그대로 자연에 뒤집어씌움으로써 자연을 장악하려 한다. 기우제를 예로 들면 인간은 비가 오기를 바라는 자신의 소원을 자연에 그대로 적용하려 한다. 자연법칙에 대한 존중은 이 태도에서 찾아볼 수 없다. 기술은 자연을 장악하되 자연법칙을 그대로 인정하는 가운데, 이를 활용하여 자연을 장악하려는 의지로부터 온다.

자연에 대한 승리가 자연에 대한 순종으로만 달성될 수 있는 것처럼, 이제 우리가 자체 법칙을 지니는 기계 기술의 새로운 질서와 맺을 관계 (vgl. Cassirer 1930, 89)는 "봉사를 통한 자유"라 할 수 있다.[22] 마지막으로 기술은 현실에 빚진 의욕이 단순한 소원의 자리를 대신했다는 점에서 마법을 뛰어넘는 문화적 성취이다. 즉 우리는 기술의 고유 질서, 기계체계와 거대기계를 반대할 필요가 없다. 반대로 인간의 행복 추구보다는 이제 기술적 정신과 기술적 욕구의 요구를 더 중시해야 한다. 자연 속박에서 해방시킨 기술로 우리는 형태적 자유의 왕국에 들어서게 되며, 기술 발전이 이 자유를 확장하는 한 우리는 이를 이득과 손실, 행복과 불행에 따라 평가해선 안 된다. 그 반대로 정신의 길은 "언제나 거부의 법칙 아래, 말하자면 영웅적 의지의 명령 아래 놓여 있다. 영웅은 모든 순진하고 충동적인 행복추구를 거부함으로써만 자신의 목표에 다다르며, 이를 실현할 수 있다는 점을 알고 있다"(1930, 66). 여기서 카시러는 우리가 기술을 좋아할 필요도 없고, 기술도 딱히 좋아할 만하지 않다고 말한다. 기술은 우리를 행복하게 하지 않지만, 우리 자유에 맞게 자유로운 자연 지배에 기여한다. 이를 통해 카시러는 기술과

---

22 카시러에 따르면 "봉사를 통한 자유"란 현대 기술이 새롭게 가져야 할 과제를 말한다. 기술은 인간을 자연으로부터 해방시켰다. 기술은 인간을 자유로 이끌었지만, 역설적으로 기술의 발전은 인간을 기술에 예속시켰다. 기술 자체는 자체 법칙을 지니는 하나의 사물 세계로서 인간을 배제할 뿐 아니라 인간을 자신의 부품으로 끌어들였다. 즉 기술은 자체 목적이 되어 인간을 포섭하고 있다. 하지만 기술의 본질에 따르면 기술은 인간이 설정한 목적에 봉사하는 것이지, 스스로 자체 목적이진 않다. 그래서 현대 기술의 잘못된 측면이 있으면 이를 바로잡아야 한다. 이를 위해 현대 기술은 "봉사를 통한 자유"라는 새로운 과제를 가져야 한다. 먼저 인간은 자연에 봉사함으로써 자연을 지배할 수 있는 자유를 얻게 된다. 이러한 기본적인 기술의 가능성은 인간을 하나의 노동 공동체로 이끈다. 자연으로부터 자유로운 인간은 기술화된 노동을 통해 모든 이에게 봉사할 수 있게 된다. 이는 기술이 가지는 하나의 윤리적 가능성이다.

관련하여 망각된 기술의 평가 기준을 표현하고 있다. 기술은 새로운 의존성을 창조하고 자유롭지 않게 만듦에도 불구하고 사랑을 받으며 잘 팔린다.

카시러에 따르면 마법과 반대로 기술은 순종을 거부하는, 그래서 자유를 추구하는 자연 지배와 일치하는 **실행 형식**이다. 인간은 우선 자연으로부터 물려받은 도구를 기술적으로 변형하는 가운데, 그리고 기계 속에서 "자기 의식의 고유한 강화"를 경험한다(1930, 66). 도구의 지배자이자 확산자였던 인간은 자연 지배를 위해 획득한 자유로 자기 의지의 영향력을 확대하게 된다.

우리는 말하자면 마르틴 하이데거의 반대 입장인 에른스트 카시러에 도달했다. 자연에 맞는 수공업에서 현대 기계 기술로의 이행 속에서 인간은 자신을 형식화 가능한 부품과 대상으로 만들었다. 하이데거가 이를 자기 본질로부터 인간의 존재를 망각한 소외라고 서술한 반면 카시러는 이를 본질적으로 자유롭고 점점 더 해방된 인간의 문화 성취라고 규정한다. 인간은 이 속에서 자기 본질에 맞는 실행 형식을 발견한다. 두 철학자 모두 기술의 본질에 관한 물음을 인간의 본질에 관한 물음으로 이해한다. 즉 우리가 기술에 관해 일반적으로 이야기할 때 우리가 생각하는 것은 바로 현대인이다.

친숙과 낯선 불안감
― 자연과 기술에 관한 물음

루트비히 비트겐슈타인(Ludwig Wittgenstein, 1889-1952)은 또 다른 기계철학자였다. 공학 교육을 받았음에도 불구하고 비트겐슈타인이 매우 드물게만 기술에 관해 언급한 것은 놀랍다. 비트겐슈타인의 많은 추종자들은 비트겐슈타인이 초등학교 교사일 때 기관차를 수리한 일과 2차 세계 대전 중 혈압 측정 기구를 발명한 사실을 이야기한다. 하지만 이 일화는 기술에 관해서도, 비트겐슈타인의 철학에 관해서도 어떠한 해명을 주지 못한다. 비트겐슈타인은 기술에 관해 일반적으로 이야기할 때 생각하고 있는 것을 스스로 해명하려 한 적이 없었음에도 불구하고 항상 공학자처럼 생각했다(vgl. Abel/Kroß/Nedo 2008). 이에 대한 증거는 기계가 그의 글에서 계속 등장한다는 점이다.

공학도로서 비트겐슈타인은 기계 이론으로 프란츠 뢸로의 이론 기구학에 관한 책을 읽었다. 뢸로는 이 책에서 기계 구조를 언어로 서술했다. 기계에선 나사, 톱니바퀴, 크랭크축 등의 알파벳으로 문장들이 구성되고, 이는 개별 구성 요소를 통합한다. 이 문장들로부터 기계는 논리적 추론을 이끌어낸다. 한 구성 요소가 움직이면 이 운동은 명료하게 결정된 방식으로 메커니즘을 통해 진행한 다음 결국 목표로 한 성취가 이루어지고, 예를 들어 무거운 망치가 다듬어야 할 철 덩어리에 떨어진 다. 비트겐슈타인은 다음처럼 서술한다. "우리가 기계를 안다면, 다른 모든 것, 말하자면 기계가 움직이는 운동은 이미 정해져 있는 것처럼 보인다."(PU 193, vgl. 194)

릴로가 언어 표상을 기계에 적용한 반면 비트겐슈타인은 이를 뒤집 어 기계 기능을 언어에 적용한다(Hamilton 2001). 그는 우리 언어가 어떻게 기능하는지 묻고 릴로의 기계를 예로 들어 그 기능이 무엇인지 를 해명한다. 기능하는 기계와 기능하는 언어는 작동하며, 스스로 작동 한다. 당연히 우리는 기계의 기어를 풀 수 있다. 그러면 그 바퀴들은 더 이상 돌아가지 않으며 기계는 공회전만 할 것이다. 그처럼 언어 또한 공회전을 할 수 있으며 기능을 멈춘다. 우리가 어떤 것을 서술하고 명 령하거나 이야기를 할 때 이들의 구성 요소들이 서로 맞물리게 되면 언 어는 문제없이 작동한다. 철학하고 반성하게 된다면, 우리는 언어가 작 동하게 두는 것이 아니라 그 기어를 푸는 것이며, 그래서 공회전하는 바퀴를 바라보게 되고 스스로 언어가 어떻게 기능할 수 있는지 묻게 된 다. 철학적 문제는 비트겐슈타인에 따르면 언어가 기능을 멈출 때 생겨 난다(PU 132, 38). 우리가 작동 방식을 이해하려면 기능이 중지된 상 태를 연구해선 안 된다. 마찬가지로 비트겐슈타인은 언어나 기계의 기 능을 반성적으로 분해해서는 이해할 수 없다고 생각한다. 언어를 말하 며 언어 놀이를 할 때 우리는 언어 놀이가 삶의 형식이며, 우리가 기계 를 사용하듯 언어를 말하는 것을 경험하게 된다. 우리는 언어의 기능에 따른다.

언어나 기계가 문제없이 기능할 때는 강제 없는 강제를 가한다. 이 강제는 강제 없이 현상하는데, 왜냐하면 기계적 운동이나 언어적 표현의 작동이 마치 자연적으로 또는 자체적으로 이루어지기 때문이다. 이들은 어떠한 주의도 요구하지 않으며 우리에게 자명하게 다가온다. 또한 이들은 강제를 가하는데, 왜냐하면 우리에게 순종을 요구하기 때문이다.[1] 자명하게 현상하는 이 기술의 강제 없는 강제를 이번 장에서 살펴볼 것이다. 기술적 활동에서 우리가 우리 자신을 어떻게 드러내는지는 전혀 문제가 아니다. 그 대신 우리는 삶의 형식으로서의 기술, 제2 자연으로서의 기술을 다룬다. 첫 번째 자연인 물리적이고 생물학적인 자연과 반대로 여기서는 기술을 매개하여 인간 손에 의해 창조된 사물 세계 또는 인공영역(Anthroposphäre)이 문제가 된다. 이 점에서 기술철학은 자연철학의 확장이 된다. 자연철학은 한편으로는 인간을 그 신체와의 관계에서 고찰하며 (고유한 자연), 다른 한편으로 그의 환경과의 관계에서 바라본다. 이 환경은 인간에게 다소간 낯설고 끔찍하기에 인간은 이를 다소간 자기화했다.

베를린 열쇠: 삶의 형식과 행위 프로그램

강제 없는 강제, 그리고 기술을 통해 우리 삶이 부지불식간에 구조화되는 것이 문제라면, 공장에서 유기적으로 조직화된 강력한 기계는 더 이상 감각상으로 기능할 수 없다. 삶의 형식으로서의 기술을 더 자세히 관찰함으로써 우리는 여기서 감각상으로 볼 수 있는 특이한 인공물과

---

1   즉 기계나 언어나 법칙으로 작동한다. 우리가 이들을 사용한다는 것은 이들의 법칙에 따른다는 것을 의미한다.

마주치게 된다. 이를 위해 우선 삶의 형식이 도대체 무엇이며, 이 개념이 언어철학에서 어떻게 기술철학으로 오게 됐는지를 먼저 해명해야만 한다.

루트비히 비트겐슈타인은 삶의 형식 개념에 이르게 되었는데, 이는 그가 언어의 기능에 관심을 가졌기 때문이다. 누군가가 [다른 누군가와] 모순을 일으키지 않고 말한다고 해서 언어가 올바르게 기능하고 있다고 우리는 말하지 않을 것이다. 반대로 기능하는 언어는 의견 차이를 해결한다. 즉 의견 차이는 언어에서의 일치를 전제한다. 공통의 언어 속에서만 우리는 다름에 대해 이야기할 수 있다. 우리가 언어에서 일치한다면, 이는 "의견의 일치가 아니라 삶의 형식의 일치"라고 비트겐슈타인은 말한다(PU 241). 우리에게 공통으로 주어진 언어, 또한 공통으로 주어진 기술적 사회 기반 시설 또는 기술적 지식은 우리가 단어와 사물로 무엇을 할 수 있는지를 제시한다. 두 경우 모두 맑스와 엥겔스가『독일 이데올로기』(*Die deutsche Ideologie*)에서 서술했듯이, 우리의 활동에 일정한 형식을 부여하는 생산 수단과 관련한다. 비트겐슈타인이 언어의 말하기를 그렇게 생각한 것처럼 맑스와 엥겔스는 우리 삶의 조건의 기술적 생산과 재생산을 "어떤 활동 또는 삶의 형식의 한 부분"으로 이해한다(Wittgenstein PU 23).

"인간이 생필품을 생산하는 방식은 우선 이미 존재하고 재생산해야 할 생필품의 성격에 달려 있다. 이 생산 방식은 물론 개인의 물리적 실존의 재생산을 위한 것인지만, 이것만이 아니다. 생산 방식은 오히려 개인의 활동의 특수한 방식이며, 자기 삶을 표현하는 특수한 방식이며, 그의 특수한 삶의 방식이다. 자기 삶을 표현하는 방식이 바로 개인 자신을 드러낸다. 개인은 그의 생산과 일치한다. 즉 개인은 개인이 생각하는 무엇, 개인이 생각하는 방식과 일치한다. 개인이 무엇인지는 그 생산의 물적 조건에 달려 있다.”
(Marx/Engels 1845/1846, 21)

랭던 위너(Langdon Winner, 1944-)는 맑스와 엥겔스의 “삶의 방
식”과 비트겐슈타인의 “삶의 형식”을 연결하고 이를 기술과 연관시켰다
(1986, 3-18). 삶의 형식으로서 언어는 “명령 내리기, 결과에 대해 성
찰해 보기, 수수께끼 풀기, 이야기 창작하기, 가설 세우고 검증하기”,
철학적으로 반성하기 등 다양한 활동을 가능케 한다(1986, 11). 다음
은 삶의 형식으로서의 기술을 통해 규정된 기초적인 활동들이다.

“우리가 일상 속에 수용한 기구, 기술, 체계는 도구라는 성격을 드러내며,
우리 인간다움의 한 부분을 차지한다. 중요한 의미에서 우리는 컨베이어벨
트에서 노동하고, 전화로 말하고 계산기로 계산하고, 공정 과정을 거친 음
식을 먹고, 집을 강력한 화학물질로 청소하는 존재가 된다. 당연히 노동, 말
하기, 계산하기, 먹기, 청소하기는 이미 오랫동안 인간 활동에 속한다. 기술
적 혁신은 종종 놀라운 정도의 영향력으로 평범한 행위 유형을 급격하게 변
화시키고 간간이 새로운 것을 창조한다.”(Winner 1986, 12)

삶의 형식으로서 언어와 기술을 비교하는 것은 이제 충분히 명확해
졌기에 유비를 계속 나열하는 것은 부적절하다. 하지만 삶의 형식이 도
대체 무엇이고, 기술과 삶의 형식이 어떤 관계에 있는지는 아직 불명료
하다. 말하기 또는 기술 다루기가 “삶의 형식의 한 부분”이라면, 이는
삶의 형식이 그 자체로 삶의 스타일로서 자신을 유지하기 위해 기술을
필요로 한다는 것을 의미한다. 하지만 명백히 맑스와 엥겔스, 비트겐슈
타인, 위너는 이렇게 생각하지 않았다. 기술은 삶의 형식을 근거 짓지

도, 가능케 하지도 않으며, 삶의 형식에 봉사하지도, 이를 뒷받침하지
도 않는다. 오히려 기술은 인간과 사물 간의 마찰 없는 조화 사이에 등
장하면서 기능한다. 그러면 기술은 삶의 형식이다. 나는 나의 식기를
흐르는 시냇물에 담글 수 있고 그것을 세제로 씻어 헝겊으로 닦아낼 수
있으며, 식기세척기에 넣을 수 있다. 이 세 경우 모두에서 내가 선택한
기술이 식기 세척, 즉 항상 세척되는 식기와 관련한 먹기라는 삶의 형
식을 지지하거나 가능하게 했다고 말하는 것은 부적절해 보인다. 하지
만 내가 소유한 컵과 접시의 수, 사용 빈도, 한 상의 크기는 예를 들어
전형적인 식기세척기가 얼마나 큰지와 긴밀한 관계를 맺는다.

기술이 인간과 사물의 조화 속에서 등장한다는 것은 아마도 삶의 형
식과는 다른 개념으로 서술할 수 있을 것이다. 프랑스 사회학자이자 과
학철학자이자 기술철학자인 브뤼노 라투르(Bruno Latour, 1947-)도
기술과 자연과 사회의 관계에 적합한 표현을 찾으려고 시도하면서 기
술의 사회적 영향 혹은 사회의 기술적 하부구조에 관해 이야기하는 것
이 부적절하다고 생각한다. 라투르는 어느 한 지점에 이르기까지 시도
했는데, 이는 놀라우며, 문제의 해결을 약속한다.

"기술의 사회적 차원? 이는 거의 말하는 게 없다. 오히려 사물에 의해 구성
되지 않은 어떤 사회도 본 적이 없다는 점을 우리는 인정한다. 사회의 물질
적 측면? 이 또한 거의 말하는 게 없다. 사물은 완전히 인간으로만 존재한
다. 이 사물들이 더 복잡하고 현대적일수록 사물 속에서 북적대는 인간은
더욱 더 많아진다. 사회적 결정과 물질적 강제의 혼합? 이는 완곡한 표현일
뿐이다. 왜냐하면 원래는 명확히 분리되어 거대한 각각의 용기에 담던 순수
한 형식들이 있고, 여기서 용기 하나는 의미나 주체의 사회적 측면, 다른 하
나는 물리학, 생물학, 물질 연구에 속하는 사회적 구성 요소들인데, 이 형식

들을 혼합하는 것이 아니기 때문이다. 변증법적 관계? 이는 주체가 객체와 대립한다는 잘못된 관념을 포기하는 조건하에서만 가능하다. 왜냐하면 주체도 객체도 없으며, 신화적인 시작도 신화적인 종말도 없기 때문이다." (Latour 1996, 37 f.)

기술과 관련해 주체도 객체도 없다는 것은 무엇을 뜻하는가? 지금까지 관찰한 기술의 감각상들은 이러한 구별을 동반한 것처럼 보인다. 은접시는 그것이 스스로 생겨난 것이 아니라 주체를 통한 외적 작용을 필요로 한다는 점에서 자연물과 구별된다. 기계나 거대기계는 이를 창조한 인간에게 낯선 대상으로 서 있으며, 주체는 기계를 통해 객체로서의 자신을 만난다. 두 경우 모두에서 주체와 객체의 상호작용이 문제되는 것처럼 보인다.

[하지만] 열쇠와 자물쇠는 완전히 다른 관계를 보여준다. 이는 기술적 인공물이다. 자물쇠를 올바로 사용해야 할 기계로 떠올리기는 쉽지 않을 것이다. 열쇠는 무엇보다 사용할 사물이 아니라 출입을 가능케 하고 출입 금지를 제공한다는 점에서 개인 간의 교류를 통제하고 인간 관계를 구성한다. 열쇠와 자물쇠는 이러한 사회적 관계를 형성하는 것 외에 인간의 생존이나 산업 생산력을 위해 사용되는 경우는 없다. 열쇠는 외부와 내부, 보편과 특수, 공공과 개인 사이의 경계를 감시해야 하는 곳에서 용도를 가진다. 이 모든 사례들은 열쇠를 사이 영역에 위치시킨다. 열쇠는 객체들 간의 그리고 주체들 간의 관계를 동시에 분리 불가능하게 재현한다. 그래서 열쇠는 특수한 또는 참된 장소를 가지지 않는다. 열쇠가 자물쇠에 속하는지 또는 무엇보다 관리자 주체의 열쇠 꾸러미에 속하는지의 물음은 의미 없다.

열쇠는 주체의 영역에도, 객체의 영역에도 속할 수 없다는 것을 브뤼노 라투르는 매우 특별한 열쇠를 통해 보여준다. 형식은 옛날 양식이고 길다란 원형 막대기이며, 양 끝에는 매우 균형감 있게 동일한 열쇠 걸림쇠가 달려 있다. 이 열쇠에는 다듬어진 손잡이가 없다. 대신 양쪽에는 독특한 걸림쇠가 손잡이 구실을 하여 지렛대 원리를 통해 자물쇠 속에서 열쇠를 돌리게 된다. 또한 양 끝은 자물쇠 속에 쉽게 들어가 핀을 움직인다.

구조의 독특함은 의미가 있다. 왜냐하면 이것은 사용자가 문을 닫은 후 잠그도록 강제하기 때문이다. 이는 "베를린 열쇠"로 베를린 주택의 일반적인 대문을 열고 잠근다. 저녁에 집에 와서 잠긴 문 앞에 서 있는 자는 열쇠를 자물쇠 안에 넣고 문을 연다. 퇴근한 이는 이제 열쇠를 빼어 손에 쥐고는 집 안으로 들어서려 하겠지만, 이는 가능하지 않다. 자물쇠가 돌려진 상태에서는 열쇠가 빠지지 않는다. 열쇠를 빼려면 [집 안으로 들어와 다시] 문을 닫고 잠가야 하며, 그래야만 열쇠를 되찾을 수 있다.

베를린 열쇠에는 교육 프로그램이 녹아들어가 있다. 이 열쇠는 인간에게 어떤 목적에 대한 수단, 즉 문을 열고 닫는 단순한 수단이 아니다. 오히려 열쇠는 적어도 행위 통제 도구이다. 그것은 행위 통제의 과제를 익명의 감독 관청이 아니라 열쇠 소유자에게 부과한다. 소유자는 이웃의 소란에 대한 공포 없이 밤에 잘 자려면 이 과제를 잘 수행해야 한다. 그래서 이 열쇠 구조는 기술이 인간의 상호 작용에 얼마나 깊숙이 관여하는지, 그리고 사물이 "똑같은 인간으로만" 존재한다는 것을 보여주는 감각상이다.

열쇠는 한편으로는 도구적 객체로 파악할 수 있다. 이를 통해 인간 주체는 일정한 행위를 실행한다. 다른 한편으로 열쇠를 주체로 파악할 수 있다. 이 주체는 행위 지침을 제공하며 기술적인 검지 손가락을 통해 우리에게 문을 닫고 잠그라고 요구한다. 이를 통해 열쇠 사용자는 실행하는 객체로 변모하여 장비의 한 부분이 된다. 그래서 라투르에 따르면 베를린 열쇠와 관련하여 주체와 객체의 대립은 더 이상 존재하지 않는다. 그 대신 인간 행위와 물질적 구조물을 서로 연계시키는 대본 또는 행위 프로그램이 존재한다. 행위 프로그램은 다양한 방식으로 실행할 수 있다. 한편으로는 개인의 양심, 다른 한편으로는 서비스 총지배인, 문지기 또는 주택 관리인이 행위 프로그램 "문을 닫고 잠그세요."를 수행할 수 있다. 열쇠는 이 요구를 중시한다(라투르는 문자 그대로 이를 '열쇠를 가져가지 말고 로비에 맡기세요'라는 행위 프로그램을 중시하는 호텔 방 열쇠 예를 통해 보여준다.).

대본으로서 사물은 인간 관계를 규제한다. 그러면 이 사물은 기호의 영역에 있으며, 물질적 열쇠는 인간의 상징들 사이에 있는 연결고리인가? 결코 그렇지 않다. 왜냐하면 이 기호의 중요성은 다른 기호들을 통해서 아니라 오히려 주머니 속에 있는 무거운 사물의 물질적 구조를 통해서 획득되기 때문이다(Latour 1996, 48). 대신 열쇠는 기술의 영역에 놓여 있는가? 라투르는 이 물음을 긍정하면서 부정한다. "네, 맞아요. 왜냐하면 우리는 열쇠 구멍과 관계하고 있기 때문입니다."와 "아니요. 왜냐하면 우리는 노하우"와 이 기술을 사용하는 다른 사람들을 "발견하기 때문입니다"(1996, 47).

지금까지는 베를린 열쇠가 객체도 주체도 아니라는 것을 부정적으로만 간주했다. 이 열쇠는 객체도 주체도 아니며, 단순히 물질적으로 구성된 기술도, 대략적으로 서술한 논증적 대본도 아니다. 긍정적인 규정이 아직 없다. 이 긍정적인 규정은 매개로서의 기술과 중재자로서의 기술이 대립적이라는 측면에서 온다. 매개 관념은 매력적일 수 있다. 왜냐하면 그것은 주체와 객체라는 전통적인 대립을 보존하면서 상호작용의 사이 공간을 주장하기 때문이다. 하지만 이 사이 공간은 아마도 비어 있기에 매개로서의 기술이라는 관념은 텅 빈 것이고, 아무것도 의미하지 않는다. "매우 유용한 단어 '매개'는 무지의 피난처가 될 수 있다." (1996, 48)

매개라는 핏기 없는 개념 대신 라투르는 활동적인 '중재자'란 개념을 사용한다. 이는 수단이자 동시에 목적이다. "철로 된 열쇠가 더 이상 단순히 수단이 아니라면 그것은 중재자, 사회적 행위자, 대리인, 활동자의 품위를 얻게 된다." 사회는 [인간과 같은] 사회적 존재로만 구성되는 것이 아니라 도둑을 막기 위해 인간 외에 열쇠와 자물쇠를 필요로 하기 때문에, 집 주인들은 자신의 사회적 관계망을 확장해야만 했다. 이 망 속에서 이들은 사실상 발명의 재능이 있는 열쇠공과 같은 인간 행위자를 고용했지만, 행위 프로그램을 제시하고 이를 실행에 옮기는 정교한 중재자인 베를린 열쇠 같은 비인간적 행위자를 고용한 것은 아니었다(1996, 48 f.).

라투르처럼 기술의 감각상으로서의 베를린 열쇠에 관해 우리가 이야기한다면, 기술은 인간과 사물이 협력하는 사태에 대한 다른 표현이며, 이는 언어가 인간과 인간이 소통하는 사태에 대한 다른 표현인 것과 같다. 어떤 점에서는 인간과 사물이 자신만의 역사를 지니면서 서로 만난다. 인간이 사물의 역사에 개입하고, 사물이 인간의 역사에 혼합되면 순수 기능적인 열쇠가 지성적인 베를린 열쇠가 되며, 감시하는 관리인은 도덕적으로 영향력 있는 열쇠로 대체된다.

브뤼노 라투르는 단순히 주체와 객체, 문화와 자연의 관계 속에서 기술 지위를 해명하려 시도하지, 이와 동시에 기술이 인간을 결정한다든지 인간이 기술을 결정한다고 파악하려 하지 않는다. 후자와 같이 파악한다면 무엇보다 기술이 우리 눈앞에서 희미해지고 그 개념적 명료함

이 사라질 위험이 있기 때문이다. 이러한 논의는 더 이상 "기술" 일반이
아니라 더 정확하게는 "사회 기술적 이용 체계"에 관해 이야기하려는
덜 야심 있는 기술 분석적 논제에 적용된다. 그러한 체계는 다음처럼
정의된다. **"사회 기술적 이용 체계**는 이 체계의 도움 없이는 수행할 수
없는 과제를 인간이 수행하기 위해, 즉 인간 능력을 확장시키기 위해
장비와 인간 (그리고 기타 다른 요소들)의 결합을 이용하는 체계이다.
[…] 인간은 (아마도) 자신의 기능을 향상시키기 위해 목적 지향적 개
선을 자신의 사회 기술적 체계 속에 도입하는 유일한 종이다."(Kline
1985, 211 f.)

이 정의에서 보면 인간은 특히 이 체계의 구성 요소이면서 사용자,
목적이자 적용 대상으로 규정되어 있다. 이 점에서 이 정의는 너무나
뒤죽박죽이기 때문에 더 이상 분석할 필요조차 없다. 발전, 제작, 사용
의 상호 관계를 포괄하는 귄터 로폴(Günter Ropohl)의 표현인 "사회
기술적 체계"는 덜 뒤죽박죽이다(Ropohl 1979).[2] 하지만 이 포괄적이
고 부득이하게 애매한 기술에 관한 서술로 무엇을 얻을 수 있는지를 제
시해야만 한다.

삶의 형식, 행위 프로그램을 통해 연결된 인간 행위자와 비인간 행위
자의 네트워크 또는 사회 기술적 체계로 기술을 서술할 때, 이 서술이
아직 담아내지 못하고 기술 전체를 포괄하면서 관통하는 속성이 존재
한다. 이를 게르하르트 감(Gerhard Gamm, 1947-)은 매체로서의 기술

---

2 로폴은 "사회 기술적 체계" 모델을 "기술의 보편모델"(Globalmodel)이라고 규정한
다. 로폴은 기술이 인간이 제작한 것이기 때문에 제작 의도를 넘는 여러 문제점들을 야
기하지만, 결국 기술의 영향은 인간의 힘 안에 있음을 분명히 한다(Günter Ropohl,
Allgemeine Technologie. Eine Systemtheorie der Technik, 3. Auf. Karlsruhe
2009(1979), 20쪽).

이론에서 시도한다. 이에 따르면 기술은 "언어 또는 금처럼 현대 사회의 순환 체계"이다. 언어 또는 금처럼 기술은 어디에나 있고 다양한 사회적 관계를 가능케 한다. 기술은 무언가를 할 수 있게 하는 매체이며, 매체로서 적어도 두 가지 관점에서 무규정적이다. 기술적 행위에 대해 기술은 "모범 [모델이] 없는 생산성의 빈 공간"을 나타내며, 그래서 기술적 해결, 생산품, 발전이 일어날 수 있는 무제한적 공간이다. 우리는 언어를 가지고 있지만, 언어로 무엇을 이야기할 수 있는지를 미리 말할 순 없다. 마찬가지로 우리는 기술적 도구, 능력, 생각의 목록을 가지며, 이 모든 것으로 도대체 무엇을 할 수 있을지 모른다. 기술의 또 다른 무규정성은 감에 따르면 인공물의 구조화된 기능성과 이를 넘어서는 그것의 사용 가능성 사이의 차이에서 나온다. 인공물은 그 사용에서 기능 변경 가능성이 존재하며, 이는 무제한적인 것처럼 보인다(Gamm 2000, 275).

사용되면서야 비로소 규정되는, 전체 공간에서 얇게 퍼져 있는 매체를 감이 상정하는 반면, 다른 저자들은 공간적 확장의 특수 역동성을 관찰한다. 먼저 실험실에서 한 현상이 생산되고 인위적으로 안정화되어 재현 가능해진다. 실험실은 감이 모범 없는 생산성이라 부른 것을 위한 특수하고 범례적인 장소이다. 현상은 다른 시험을 통과해야 하며, 완전히 특수한 실험 조건뿐 아니라 "탈지역화되어" 세계 속에서 타당할 수 있음을 증명해야만 한다(Galison 1997). 이를 위해 한편으로 현상은 규격화, 격리, 분류되고 가능한 한 단단해져야 한다. 다른 한편으로 외부 세계가 실험실의 조건과 유사해지고 어울리게 구조화되고, 어느 정도는 "위생 소독"된다. [그렇게 되면 실험실에서 검증받은 현상이 세계 어디서나 동일하게 기능하게 된다.] 기술적-과학적 진보는 우선적으로 시간 속에서 특정한 미래 이상을 향해 나아가는 운동이 아니다.

오히려 진보는 글자 그대로 세계를 장악하며 기술을 위한 그릇인 공간을 점령한다.

공간에서 기술의 확장에 관해 가장 잘 연구된 사례가 전기다. 배터리의 기술적 사용 가능성은 그것이 케이스로 잘 덮여 환경으로부터 보호되고 전기적으로 단절되어 있음을 전제한다. 작은 배터리에 적용된 것이 전기 흐름의 기술적 사용에도 그대로 적용된다. 인간 손으로 형성한 세계 [전체]가 전기 흐름의 케이스가 된다. 18세기에는 전기적 현상 일반이 어떻게 생산될 수 있고, 전기 충전이 어떻게 모아지고, 보존, 방전, 이동될 수 있는지가 문제였다. 오늘날에는 설비 지침, 사용법, 산업 표준에 따라 조밀하게 분리된 채 나란히 벽에 숨겨진 전기선이 비가시적인 창살 구조를 형성하며, 이 [세계 전체] 속에서 우리는 장비를 사용한다. 300년 전에는 전기적 방전이 곧바로 사라지는 드문 자연현상으로만 존재했다. 이제 전기는 실험실에서처럼 어디서나 통제되어 흐른다(Hughes 1993).

역사가인 토마스 휴즈(Thomas Hughes)에 따르면 전기는 "거대한 기술 체계" 설비다. 이 체계를 다루면서 그는 "인간 손으로 구성된 세계"를 관찰하게 된다. 삶의 형식, 사물 세계, 포괄적인 제2의 자연으로 고찰했던 기술은 이제 세계를 새롭게 창조한 결과물로 등장한다. "미국 이주민에게 울부짖는 야생을 거주와 노동의 장소로 뒤바꾸는 것은 합목적적인 노력 그 이상이었다. 이들은 기술이 신의 선물로서 신세계를 에덴 동산으로 뒤바꾸는 데 도움을 줄 거라 믿었다. 이들은 이러한 기적 같은 변화를 '제2의 창조사'라 불렀다."(Hughes 2004, 14)

그 뒤로 제2의 창조사라는 표상은 모든 것을 다르게 하고 개선하는 데 돕는 일련의 신 기술을 지칭한다(Binnig 2004, 7). 거의 무한하게 실현 가능한 모범 없는 생산성을 위한 무규정적 빈 공간이자 20세기 일상을 근본적으로 변화시킨 새로운 매체의 한 사례가 플라스틱이다. "플라스틱은 실체라기보다는 실체의 끝없는 변화의 이념이다."(Barthes 1964, 79) 플라스틱은 제2의 창조사에 속한다. 왜냐하면 그것은 제1실체가 가진 신적인 특권을 무너뜨렸기 때문이다. 그것은 모래, 흙, 금속, 모피(털) 등과 같은 자연적인 질료로 환원되지 않는 첫 번째 재료이다(Meikle 1995, 244). 롤랑 바르트(Roland Barthes)는 1950년대 중반에 다음처럼 언급했다. "실체의 위계질서는 파괴되었고, 하나가 이 모든 것을 대체한다. 전체 세계는 플라스틱화될 수 있고, 생명체조차 그렇게 될 수 있다. 왜냐하면 이미 플라스틱으로 대동맥을 제작하기 시작했기 때문이다."(1964, 81) 인공 소재인 플라스틱이 오늘날 정상적이고 해가 없는 것처럼 보일지 몰라도 노먼 메일러(Norman Mailer)가 1963년에 쓰기를, 이 물질은 생명체의 냄새가 없으며, 그것과의 접촉은 자연에 낯설며, 플라스틱을 통해 우리는 아무도 숨쉴 수 없지만, 모든 것이 살 수 있는 어떤 세계를 창조했다(Meikle 1995, 244).

삶의 형식으로서의 기술이라는 개념으로부터 우리는 플라스틱으로 실현 가능하고 변형되는 제2의 자연 개념에 이르렀다. 이 자연은 발터 벤야민(Walter Benjamin)이 예술 작품과 관련해 말한 "아우라의 상실"을 통해 규정할 수 있다. 즉 기술적 복제 가능 시대에 존재하는 플라스틱 세계 속에서 살고 있는 플라스틱 인간은 아우라를 상실했다. 롤랑 바르트에 따르면 플라스틱을 사용하는 인간의 예술 시도는 특수한 것을 모방하기를 멈췄다. 그 대신 익숙한 것을 모방하며 "오로지 그것을 사용만 한다"(Barthes 1964, 81). 이 아우라 상실은 대중매체적 확산을 위해 미술관에 걸린 그림의 일회성을 파괴하는 복제기술을 한심하게 신뢰하고 있다(Benjamin 1936).

복제 가능한 일상과 상품 세계의 완성에 관한 다른 관점을 귄터 안더스(Günther Anders)는 "프로메테우스적 부끄러움"으로 주제화한다. 이는 제2자연의 창조자가 자신이 창조한 자연 앞에서 느끼는 부끄러움 이다. 인간은 정신적인 창조적 존재로서 자연에서 자신의 고향을 발견 하지 못해 자신에게 일치하는 사물 세계를 창조하지만 자신의 피조물 성과 불완전함을 의식하게 된다. 사용 흔적을 전혀 보이지 않고, 낡지 도, 부서지지도 않는 플라스틱 제품의 완벽한 복제 가능성 및 영원한 유지 가능성과 자기 자신을 비교하면서 이 사물 세계의 창조자는 자신 이 태어났고, 제작되지 않았음에 부끄러워한다. 자신의 생산물과 다르 게 우리 자신은 특정 목적을 위해 최적화된 것이 아니라 일회적이며, 그래서 부끄럽고, 침해받을 수 있으며 사멸적이다. 화장과 "스타일링", 헬스와 성형수술 추구의 도움으로 우리는 자신에게 상품 성격을 부여 하고, 유행의 틀에 따라 우리 상품 세계의 우상을 재생산하면서 완벽한 상품 세계 앞에서 부끄러움과 마주하게 된다.

삶의 형식, 매체, 사물 세계 또는 포괄적인 제2자연이라는 기술 표상 은 주체와 객체의 고전적 대립을 허물어뜨린다. 고전적 대립에 따르면 주체는 인간 의도와 행위의 측면에서 능동적인 반면 객체는 대상과 사 용 대상의 측면에서 수동적이다. 라투르는 이미 기술과 관련해 주체나 객체는 없으며 오로지 중재자만 존재한다고 말했다. 이제 우리는 안더 스의 말을 빌려 상품 세계의 사물이 우리 안에 열등감을 불러일으키는 방식으로 우리에게 영향을 미치고 있다는 것을 알고 있다. 랜던 위너 는 여기서 한 걸음 더 나아가 인공물이 정치적 목표를 추구하며, 그것 의 행위 프로그램이 세계를 자신의 정치적 기준으로 구축한다고 주장 한다.

"현대 물질문화의 기계, 구조, 체계를 적절히 평가하기 위해서는 이 들의 효율성과 생산성 기여나 환경에 대한 긍정적, 부정적 영향뿐 아니라 이들이 특정한 형식의 권위와 권력을 구축하는 방식 또한 고려해야 한다. […] 우리가 '기술'이라 부르는 것은 우리 세계 속에 질서를 세우는 방식을 가리킨다."(Winner 1986, 19, 28)

건축가 로버트 모제즈(Robert Moses)의 고가도로는 교통 정체를 대변하는 인공물의 대표적 사례로 통한다. 버스가 지나가기에는 너무 낮게 건설된 고가도로는 롱아일랜드 해변에 대규모 관광객들이 몰리는 것을 방지하고 특히 흑인 여행객을 막아준다. 이러한 고가도로의 정치적 의미는 그 기획에 달려 있다. 건축 방식의 변화는 버스가 들어가는 걸 허용할 것이다. 고가도로는 공장의 기계와는 달리 "내재적으로 정치적"이지는 않다. 고가도로와 공장 기계의 구별을 명백히 보여주기 위해 위너는 1872년 프리드리히 엥겔스(Friedrich Engels)의 언급을 인용한다. 엥겔스는 사회적 조직과 독립적이면서도 자신의 정치를 추구하는 기술적 조직의 내재적인 권위적인 구조를 다음처럼 서술하고 있다.

"거대한 공장이라는 자동기계는 노동자를 고용하는 소규모 자본가보다도 훨씬 더 독재적이다. […] 인간이 과학과 발명 덕택으로 자연력을 자신에게 복속시켜 사용한 것처럼, 자연력은 모든 사회적 조직으로부터 독립적인 진짜 참주제에 인간을 복속시키는 방식으로 인간에게 복수한다. 거대 산업의 권위를 없애려는 것은 산업 자체를 없애려 하는 것과 같다. 이는 증기방직 공장을 없애 물레방아로 되돌아가겠다는 것과 같다."(Engels 1872, 306 f.)

여기서 서술한 자동기계가 내재적으로 정치적이라는 것은 그것이 노동자를 단순한 기계의 시종으로 교환 가능하게 만들었다는 점이다. 공장에서 노동자는 자동화 기술의 정치적 질서 속에 묶여 있게 된다. 이 때문에 노동자는 공장 바깥에서는 더 이상 특정한 노동 작업을 할 수 없으며, 단순한 생존 필요를 넘어 자기가 규정한 삶을 위해 일정한 노동 강제로부터 해방될 수 없는 처지에 있다.

　기술적 인공물이 중재자이자 능동적 존재로 등장하며 자신의 정치적 행위 프로그램을 추구하는 그러한 모든 것을 포괄하는 삶의 형식이라는 표상은 궁극적으로는 "사물 의회"라는 말로 이어진다. 알렉산더 클루게(Alexander Kluge)는 1851년 모든 새로운 기술을 런던 수정국에 모았던 첫 번째 세계 박람회에 이 개념을 적용했다(Kluge 1984, 108 ; vgl. Latour 2001). 이 의회가 무엇에 관해 논의하는지를 클루게는 단순히 짐작만 할 수 있었다. 확실한 것은 사물이 단순히 침묵하는 것이 아니라 자신의 행위 프로그램을 세우고 약속하고 이행하며, 사물 속에 새긴 소원의 고유 의미를 표현한다는 것이다. 브뤼노 라투르는 이 사물 의회가 인간 행위자의 의회를 포함하고, 이를 대체한다고 덧붙인다. 프리드리히 엥겔스가 사회 조직과 기술 조직을 대비한다면, 사물 의회라는 표현은 사물이 조직에 관한 물음에서는 적어도 함께 규정한다는 것이며, 그래서 인간의 구성 활동이 우리의 삶의 형식에 깊이 영향을 미친다 하더라도, 이를 홀로 지배하는 것은 아니라는 것을 의미한다.

실험용 쥐: 자연과 반자연

사물 의회 논의에 따르면 특정한 전통적 표현 방식, 예를 들어 주체와 객체라든지 기술로 인한 자연 파괴 등의 표현은 불가능하다. 사회가 기술 속에서, 또는 기술이 사회 속에서 비로소 존재한다면, 자연을 파괴하는 것은 기술도, 사회도 아니다. 파괴되는 것도 자립적인 자연이 아니라 인간의 환경으로서, 이는 삶의 형식에 속하면서 이를 규정하고,

이것에 의해 규정된다. 기술의 영향에 관해 이야기하는 대신 우리의 삶의 형식이 일종의 자기모순 또는 자기 파괴의 씨앗을 지니고 있다고 말해야 한다. 그래서 자연 파괴 또는 환경 파괴라는 표현이 의미하는 바는 사물 의회 논의에 따르면 삶의 형식의 유지 불가능성을 축약한 표현에 불과하다. 예를 들어 기후변화는 요즘 다음처럼 논의된다. 특수한 기술 또는 산업적인 무분별한 개발이 문제가 아니라 소비와 생산의 비 "지속적인" 체계가 문제다.

　이러한 표현 방식은 자연 그 자체가 존재하지 않았거나 더 이상 존재하지 않으며, 또는 문화와 자연을 서로 구별할 수 없으며 오로지 기술화된 세계에 관해서만 이야기할 수 있음을 의미한다. 물론 반대로도 생각해 볼 수 있다. 아마도 우리는 사물 의회 논의로부터 이 [문화와 자연의] 구별을 항상 새롭게 구성해야만 한다. 왜냐하면 우리의 개입 없이 항상 스스로 발생하는 자연, 그리고 우리 의지와 행위에 의존적이며 그에 따라 실현되는 문화와 기술을 가능한 한 정확히 아는 것이 무엇보다 중요하기 때문이다. 이 구별이 사실상 계속적으로 사라지기 때문에 우리는 더 확고하게 이 구별을 유지해야만 한다. 이는 근본적인 선택이다. 즉 우리에 의해 기술화된 세계라는 이름으로 자연과 문화의 구별을 포기해야만 하는가? 아니면 우리는 이 구별을 유지해야만 하는가? 또한 세 번째 덜 기초적인 가능성이 있다. 이는 다음과 같은 기술 발전과 관련된 물음이다. 지금까지의 기술 발전 프로그램이란 반자연의 건설이며, 이는 자연이라는 배경 없이는 나올 수 없었다. 하지만 이 프로그램은 오늘날 기술 발전을 통해 의문시되고 있다. 이 발전의 특정 측면에 따르면 기술과 자연의 대립을 넘어서는 다른 프로그램, 다른 종류의 기술이 등장하는데, 이는 자연을 자체 내 수용하면서 자연 속에서 사라진다.

이 세 가지 가능성 전체의 감각상이 바로 도나 해러웨이(Donna Ha-raway)가 서술한 실험용 쥐 또는 앙코마우스(OncoMouse)다. 이는 뒤퐁사가 연구 목적으로 개발한 유전자 이식 쥐다. "더 좋은 삶을 위한 더 좋은 제품"이라는 회사 구호 아래 앙코마우스는 암 연구를 위해 특허받은 기술적 사물인 동시에 실험용 동물이다. 이 실험용 쥐는 과학적으로 재생 가능한 결과를 낼 수 있기 위해 만든 수많은 복제품들과 동일한 개체인 만큼 여타의 실험용 동물과 동일한 하나의 사물이다. 더 나아가 유전자가 이식된 동물로서 실험용 쥐는 단순히 암에 걸린 인간을 대변할 뿐 아니라 인간의 유전적 본성과 직접적으로 동일하다. 유방암에 걸리게 하는 인간 유전자가 이식되었다는 점에서 인간과 유전적으로 동일하다. 괴물을 분류할 수 없다는 점에서 반자연적이라면, 이 실험용 쥐 또한 괴물과 같다. 왜냐하면 이는 인간과 동물의 경계를 무너뜨릴 뿐 아니라 살아 있는 유기체와 기술적 사물 또는 생명 없는 인공물 사이의 경계 또한 없애기 때문이다.

도나 해러웨이(Donna Haraway, 1944-)는 실험용 쥐를 단순히 괴물이 아니라 잡종적 존재로 뒤덮인 우리의 기술화된 세계의 범례적인 거주자로 고찰한다. 이 쥐는 스캔들이라기보다는 우리의 삶의 형식을 규정하는 새로운 친족의 상징이다(Haraway 1997, 69). 오늘날 인간을 서로 결합하는 것은 무엇보다 가족 유대나 인간을 위해 십자가에서 죽은 구원자에 대한 공통적 믿음이 아니다. 예를 들어 생명 부지의 인간이 생명에 중요한 장기를 기부하거나 또는 기술적으로 제작된 실험용 쥐가 모든 인간의 치유를 위해 죽어갈 때 새로운 유전적 친족 관계가 생겨난다. 실험용 쥐는 특허나 사이보그나 해러웨이의 반어적이고 포스트여성주의 기술철학에서 중요한 역할을 수행하는 다른 잡종적 존재들과 친족적이다. 범주적 경계를 넘어서기에 사이보그와 실험용 쥐는 무엇보다 자연과 문화의 대립이 시대착오적이라는 점을 보여준다. 왜냐하면 그 어디에도 범주적으로 다르고 곧 기술에 의해 정복될 그러한 자연은 존재하지 않기 때문이다(Brooke 2007 ; Bensaude-Vincent 2007).

　실험용 쥐는 결코 단순히 동시대적인 현상을 위한 감각상이 아니다. 왜냐하면 아리스토텔레스가 주장한 퓌지스(physis)와 테크네(techné)의 범주적 구별은 이미 데카르트와 초기 현대 과학을 통해 사라졌기 때문이다. 아리스토텔레스에 따르면 자연적인 것은 자신 안에 운동 원칙을 지닌다. 반면 기술적 사물은 바깥으로부터 움직이며, 이는 예술가 또는 기술자에 의해 유발되어야 한다. 이 기준은 아리스토텔레스적 원인론이 없다면 가능하지 않다. 이 이론에 따르면 각 자연적 존재는 자신만의 본성을 가지며 자신의 고유 운동 원인을 자신 속에 지닌다. 돌이나 식물은 영원한 법칙이 지배하는 단일한 자연의 일부가 아니라 자신의 다양한 본성들과 운동 원칙을 지닌다. 돌은 땅과 최대한 가까이 있으려고 하는 반면 식물의 운동 원칙은 성장, 만개, 시듦으로 전개한다.

　이러한 자신만의 본성을 지닌 구별된 존재자를 현대 물리학은 부정한다. 물체는 질료인, 형상인, 운동인을 자체 내 통합한 것이 아니라 단순히 연장적 존재에 불과하며, 이는 특정한 시공간 좌표에 위치한다. 과학의 과제는 물체의 위치 변화를 가능한 한 기하학적으로 파악하는 것이다. 현대 자연과학적 관점에서 보면 퓌지스와 테크네는 원칙적으로 구별할 수 없다. 반대로 자연과 인간 생리학은 기계와 같이 이해될 수 있으며, 여기서 이 기계는 인간이 제작한 기계보다 더 복잡하고 섬세하다. 데카르트 자신이 이런 논의를 시작했고, 인간을 기계 메커니즘으로 환원하는 『인간론』을 썼다(Descartes 1662). 17세기에 탄생한 이 작품에서 이미 기계 인간이란 표상이 등장한다. 한편으로 자연은 기술적으로 구조화된 메커니즘으로 파악되며, 다른 한편으로 공학적 작업이 자연과의 경쟁에서 항상 더 나은 기술자로 등장한다.

　자연과학과 기술의 승리에도 불구하고 자연적인 것과 인위적인 것의 범주적 구별이 결코 우리 머리에서 사라지지 않았다는 것은 흥미롭다(Schiemann 2005). 아리스토텔레스의 구별은 계속 남게 된다. 스스로 또는 자기로부터 움직이는 것은 자연이고, 외부적 촉발을 필요로 하는 것은 기술 또는 예술이다. 기계적 대체품, 심장 박동 조절 장치, 이식 조직, 인공 신체와 결합된 인간이라도 기계와는 항상 구별되는데, 왜냐하면 인간은 동력을 자신 속에 지니기 때문이다. 정교한 로봇은 일정한 방식으로 프로그램화되어 있고 외부로부터 작동되기 때문에 재빨리 기계로 간주된다. 이 부분에서도 실험용 쥐는 감각상으로 작동한다. 이 쥐는 기술적으로 구성된 사물이라고 선전하고 있지만, 우리는 이를 고통받는 피조물로 보며 인공물로 간주하지 않는다(Ferrari 2008). 아마도 이 쥐는 우리가 자연과 문화의 구별이 사라질 위기에 처한다 해도 이 구별을 유지해야 한다는 점을 상기시킨다. 이 요구 덕분에 실험용 쥐에 대한 분노가 생길 수 있게 된다. 암 퇴치 및 과학적 연구 목적으로 인간 유전자로 만든 생명체와 관련해 자연에 범행을 저지른 것이라고 말하는 자는 자연을 반(反)기술로 사유해야만 한다(Karafyllis 2004). 기술을 통한 자연 조작에 대한 분노는 자연과 기술 간의 경계 짓기를 정당화한다.

　그렇다면 이 구별에서 중요한 것은 무엇이며, 왜 이 구별이 있어야 하는지 물음이 제기된다. 이 물음은 실험용 쥐라는 반자연성에 대한 분노를 일으킨다는 점에서 이미 정당성을 지니는 것은 아니다. 반대로 이는 이 구별이 얼마나 시대착오적인지를 보여준다. 구별의 정당성에 대한 증거는 지금까지의 논의에서 보면 오직 브뤼노 라투르와 에른스트 카시러만이 제시했다. 라투르는 이 구별을 근대의 기획과 연계시킨다. 근대적이고자 하는 이는 명확한 소속을 필요로 하며 그가 무엇에 대해 답변할 수 있고, 할 수 없는지를 알려 한다(Latour 1995). 카시러는 이를 기술과 연계한다. 현대 기술은 마법과 구별된다. 왜냐하면 공학자는 자신의 실현 의지에 자연적인 한계가 있음을 알기 때문이다. 자연의 인정과 자기 창조의 대립은 현대 기술을 위해 매우 중요하다(Cassirer 1930). 이 논증의 변종을 막스 베버(Max Weber, 1864~1920)가 발전시켰다. 기술은 계산 가능한 반자연을 창조하며, 이는 문명적이고 계몽적인 역할을 하는데, 왜냐하면 그것은 이해할 수 없는 자연의 낯선 불안감(die Unheimlichkeit)을 계산 가능성으로 대체하기 때문이다. 합리적으로 계산 가능한 반자연의 산출은 마법적 자연 관계의 극복에 기여한다.

> "먼저 과학 및 과학적 기술을 통한 지성주의적 합리화가 도대체 무엇인지를 분명히 하자. 오늘날 예를 들어 여기 강당에 모인 각자는 인디언이나 호텐토트족보다 자신의 생존 조건을 더 많이 알고 있는가? 그러기는 어렵다. 전문 물리학자가 아닌 우리 중 누구도 전차를 탈 때 전차가 어떻게 움직이는지에 대해서는 아무것도 모른다. 이를 알 필요도 없다. […] 증가하는 지성화와 합리화는 생존 조건의 보편적 지식의 증가를 의미하는 것이 아니다. 오히려 그것은 다음을 의미한다. 즉 원하기만 한다면 비밀스럽고 계산 가능하지 않은 위력이 원칙적으로 존재하지 않는다는 것을 항상 경험할 수 있다는 것에 대한 지식 또는 믿음이 그것이다."(Weber 1922, 593 f.).

사회적 맥락과 연계시킨다면 이러한 계산 가능성의 탄생은 관료제 운용을 통해 이루어진다. 원천적으로 이해되지 않고 혼이 있다고 여긴

자연과 관련하여 기술적-과학적 합리화 과정은 소위 세계의 탈마법화
를 이끈다. 이렇게 생겨난 반자연은 계산 가능하고, 기술 방법적으로
관료화되고, 다소간 폭력적으로 자기화되고 문명화된 자연이다.

최근에 귄터 로폴(Günter Ropohl, 1939–2017)은 반자연(Gegenna-
tur)으로서의 기술, 그리고 기술과 계몽의 연관을 주장하고 있다.[3] 그
는 이를 전근대적-마법적 주문 행위가 아니라 자신의 다음과 같은 현
재적인 관념과 대비하면서 보여준다. 이에 따르면 기술은 인간과 연계
된 자연과의 관계없이 탄생한다. 즉 우리의 실현 원칙을 자연에 부과하
지 않은 채 기술이 탄생한다는 것이다. 기술은 항상 대안적인 현실의
발명 및 창조로부터 생겨난다. 그래서 우리는 자연적 기술이나 자연에
적합한 기술을 주장해선 안 된다. 기술은 선행하는 자연에 개념적으로
의존하는 것이 아니다. 오히려 생태적 위기의 시대에는 역설적으로 자
연이 기술에 의존한다. 이 위기와 관련해 역설적으로 현세적인 생태계
의 기술적 보존과 관리는 자연의 종말을 예비하고 있으며, 이를 통해
자연 대신 반자연의 기술화된 유지가 이루어질 수 있고, 이것이 자연의
마지막 기회[즉 자연이 그래서 기술적으로 관리된 형태로 남아 있을
수 있는 마지막 기회]라는 것이다(Ropohl 1991, 51–71).[4]

반자연이라는 기술 개념은 문화와 자연의 차이 없이는 생겨날 수 없
으며, 이는 또한 자연의 종말을 요청한다. 이 개념은 삶의 형식이라는

---

3   로폴은 기술이 자연의 연장이라든지 자연의 모방이라는 관점을 강력하게 비판한
다. 그에 따르면 기술은 자연에 독립적인 인간의 실천이다. 그리고 자연을 부정하면서
자연을 자신의 권역 안에 묶어둔다. 그래서 자연은 오히려 기술의 보호 아래서만 가능
하다.

4   "자연의 종말"이란 기술의 발전으로 인해 자연 또한 기술화되고 있고, 그래서 순수
한 자연은 이제 더 이상 존재하지 않는다는 것을 의미한다. 모든 자연은 이미 기술적으
로 관리되고 개선되고 있기에, 더 이상 자연 그 자체는 존재하지 않는다.

기술 개념과 구별된다. 후자는 자연과 문화의 구별을 처음부터 불가능하거나 시대에 뒤떨어진 것이라고 주장한다. 이 두 입장의 대립은 자연 개념, 그리고 자연을 가장 잘 이해하려는 데에서 시작한다. 세 번째 가능성이 있으며, 이는 실험용 쥐를 문제 삼는다. 이 고찰 방식에 따르면 기술은 전통적인 방식으로 반자연으로 파악된다. 하지만 이 고찰의 현재적인 논의에 따르면 완전히 다른 기술 이상, 즉 자연 속에서 기술이 사라진다는 이상, 그리고 기술 속에서 자연이 사라진다는 이상을 우리가 추구하도록 한다.

실험용 쥐가 완전히 다른 기술 이상에 대한 감각상일 수 있다는 것은 매우 쉽게 파악할 수 있다. 실험용 쥐에서 기술은 자연으로 되돌아가며 연구 목적으로 인위적으로 생산된 암이 살아 있는 유기체 속에 주입된다. 반대로 자연은 기술 속에서 사라진다. 암 형성은 확실히 복제 가능한 기술적 과정에 의해 유발된다. 한편으로 이는 완전히 기술적인 것이지만 다른 한편으로 [복제된 결과물은] 단순히 피조물적 자연이지 그 어디에도 기술적인 것은 발견되지 않는다. 이는 단순히 실험용 쥐에만, 그리고 유전적으로 변형된 옥수수, 이 옥수수로 만든 생필품에만 해당하는 것이 아니다. 비슷한 경향이 지능적인 환경에서 가능한 유비쿼터스 컴퓨팅에 대한 미래상 또는 동맥을 정화하고 세포를 수리할 수 있는 보이지 않는 작은 로봇이라는 극단적인 미래상에서도 존재한다. 이 상상적 또는 이미 발전 경로에 있는 기술의 공통점은 다양한 방식으로 서술할 수 있다(Nordmann 2008). 여기서는 무엇보다 이들이 반자연으로서의 기술 프로그램을 포기하고 자연의 탈마법화와 합리화 대신 기술의 마법화를 추구한다는 점이다. 전통적으로 기술은 이해할 수 없고 불안한 자연을 합리적으로 계산 가능한 기술적 반자연으로 대체하려 했다. 이에 반해 실험용 쥐는 기술이긴 한데 자체가 기술이라고 경험될 수 없는 것이기 때문에 과거에 이해되지 않는 자연이 그랬던 것처럼 그렇게 불안하다.

새롭고, 아마도 퇴행적인 기술 개념의 감각상으로서 실험용 쥐에 대해서는 일련의 논증들을 제기할 수 있다. 헤겔을 기술철학적으로 참조하면서 크리스토프 후비히(Christoph Hubig 1952–)는 이 새로운 기술의 특수한 특징을 환경에 퍼져 있는 유비쿼터스 컴퓨터 체계 사례를 통해 보여준다. 그는 수단–목적–관계로 기술을 고찰하는 데서 시작한다. 이에 따르면 기술은 물질적으로 구현되어 있고 단순히 관념적으로 사유된 것이 아니라는 점이 중요하다. 헤겔을 끌어들이면서 후비히는 설명하기를 기술적 사유 및 기술 발전은 수단–목적–관계가 아니라 의도한 인과성과 그것의 물질적 실현 사이의 불일치에 놓여 있다(Hubig 2004).[5] 기술의 경험은 항상 구체적인 자연조건의 힘에 달려 있는 기술의 한계에 대한 반성이다. 실험용 쥐 또는 유비쿼터스 체계와 관련해 이 불일치가, 즉 기술이 더 이상 감각적으로 기술로 경험하는 것이 가능하지 않을 때, 의도한 기술과 자연의 관계와 함께 기술 자체에 대한 비판적 반성 가능성도 사라지게 된다(Hubig 2006, 184, 256).

후비히가 이야기하는 어려움은 단순히 보이지 않는 작은 기술뿐 아니라 거대한 기술 체계의 복합체에도 해당된다. 이미 칼 맑스에게서 우리는 예를 들어 뢸로, 카프, 카시러, 베버와는 다른 기계 기술에 대한 다른 상을 발견했다. 기계가 다른 기계를 조립하거나 작동하는 순간 기계는 복잡한 유사 자기 활동적 유기체와 결합하게 되고, 이는 순수 합

---

5 우리는 기술을 일정한 수단–목적–관계 속에서 제작한다. 기술은 의도한 대로 작용해야 한다. 이것이 바로 "의도한 인과성"이다. 하지만 기술은 항상 의도한 대로 작동하지 않는다. 그래서 항상 "물질적 실현"과 "의도한 인과성" 사이에는 "불일치"가 발생한다. 그렇게 되면 기술은 기술로서 경험되지 못하게 된다.

리적인 기계 논리를 넘어 마법적이고 악마적인 특징을 지니게 되며 그 것의 고유한 노동 기관, 즉 공장 속 노동자가 주문(呪文)이 섞인 숭배적인 춤을 추도록 한다.

> "기계 운행은 중앙 자동 동력 전달 기계를 통해 움직이는 노동 기계의 분화된 체계라는 가장 발전된 형태를 얻게 된다. 개별 기계 자리에 기계적 괴물이 들어서며, 이것의 신체는 전체 공장 건물을 채우고 그것의 악마적 힘은 거대 기관의 대규모로 측정된 운동을 통해 숨겨져 있다가 수많은 노동 기관의 열렬한 춤사위 속에서 터져 나온다."(Marx 1867, 402)

맑스가 여기서 서술하는 것은 합리적인 지배 체계가 자립화되어 이것 자체를 더 이상 볼 수 없게 되고, 개별자가 이를 합리적으로 파악할 수 없다는 것이다. 원천적으로는 마법과 대립해 있던 기술이 이제는 마법적으로 주문에 걸릴 것을 요구하고 있다. 이는 인류학자인 브로니스라프 말리노프스키(Bronislaw Malinowski, 1884-1942)가 기술과 마법에 대해 제시한 반성의 도움으로 더 정확히 파악할 수 있다. 말리노프스키에 따르면 기술 작동을 위한 가장 유리한 조건들이 갖춰지지 않아 기술이 더 이상 작동하지 않을 때 비로소 마법 실천이 작동한다. 소위 원시 문화는 기술적 수단을 통해 적시에 쟁기질하고, 씨를 뿌리고 물을 댄다. 하지만 유리한 날씨 조건을 일으키기 위해서는 샤먼을 필요로 했다. 오늘날 기술 작동을 위한 유리한 조건들은 그 자체가 대부분 기술적이다. 날씨 대신 복잡한 네트워크와 사회 기반 시설이 들어섰고 그것을 유지했지만, 이들의 붕괴에 대한 공포가 예를 들어 2000년으로 넘어갈 때 가시화됐다. 즉 많은 프로그램에서 연도 표기가 두 자리로만 이루어졌기 때문이다. 행동론과 숙명론을 왔다 갔다 하면서 전문가들

2. 친숙과 낯선 불안감 – 자연과 기술에 관한 물음 91

은 오로지 주문을 걸며 기다리는 수밖에 없었다. 기술 체계의 복합성이
자연적 특징을 지닐 때, 컴퓨터 사용자의 기술 관계는 샤먼의 자연 관
계의 마법적 특징을 지니게 된다.

특히 귄터 안더스(Günther Anders, 1902-1992)는 이 한계를 주제
로 삼는다. 이 한계에서 계산적 표상은 더 이상 작동하지 못하고, 이 표
상으로 만든 기술은 더 이상 나아가지 못한다. 이 한계의 감각상으로
안더스는 핵폭탄을 든다. 우리의 전통적인 기술 이해에 따르면 의도가
제작보다 앞선다. 이는 후비히가 헤겔을 의지하면서 전통적 기술의 수
단-목적-관계에 관해 이야기한 바다. 하지만 핵폭탄 제작으로 하나의
가능성이 생겨났는데, 이 제작은 우리의 의도에는 없던 것이고, 그래서
우리가 이를 감당할 수도 없다. 안더스에 따르면 이는 끔찍하게도 "우
리는 스스로 행하는 것을 더 이상 알지 못한다"는 것을 의미한다. 이는
지식적 실행이 알려지지 않은 자연 사건 대신에 놓고자 하는 기술에도
해당된다(Anders 1972, 73 f.). 그렇기 때문에 기술에 의해 촉발된 비
지식은 기술철학적 반성의 본질적 대상이 되었는데, 이는 비지식이 항
상 주어지던 예기치 못한 부작용보다 심층적이고 더 심각할 때 그렇게
되었다(Gamm/Hetzel 2005).

우리가 기술적으로 이미 행한 것과 관련한 지식의 이러한 불확실성
은 낯선 불안감의 중심에 놓여 있으며, 지그문트 프로이트(Sigmund
Freud)와 에른스트 옌취(Ernst Jentsch)는 이를 서술하고 있다(Jentsch
1906; Freud 1919). 프로이트는 공통의 시작점을 이야기한다.

"우리가 우리 안에 낯선 불안감이라는 감정을 매우 강렬하고도 명확하게 일
으키는 사람들, 사물들, 인상들, 사건들, 상황들의 범례를 이제 찾으려 한다
면, 훌륭한 첫 번째 예를 선택하려고 할 것이다. 옌취(E. Jentsch)는 '살아

있는 듯한 존재에 영혼이 없을 것 같다는 의심, 거꾸로 생명 없는 대상에 영
혼이 있을지 모른다는 의심'을 탁월한 사례로 강조했고, 이를 밀랍 인형, 훌
륭히 제작된 인형, 자동기계에서 받은 인상과 연관시켰다."(Freud 1919,
250)

이러한 의심을 우리는 실험용 쥐에서 만난다. 이것이 영혼이 있는 실
험 체계 혹은 기술 체계에 불과한지, 아니면 실험 목적으로 제작된 세
포 배양인 살아 있는 피조물인지 의심하게 된다. 기술 체계의 진보와
관련해 정말 현실 부합하게 우리 의심을 키우고 있는 실험용 쥐는 매우
주목할 만하다. 프로이트 자신은 우리의 현대적이고 기술적-과학적 직
관이 원시적-애니미즘적 세계상을 아직도 극복하지 못한 곳에서 낯선
불안감이 생겨난다고 본다.

"우리는 낯선 불안감을 사유의 전능, 재빠른 소원 성취, 비밀리에 해를 가
하는 위력, 죽은 이의 회귀로부터 만난다. 여기서 낯선 불안감이라는 감정
이 생겨나는 조건을 오인할 수는 없다. 우리 또는 우리의 원시적 선조들은
일찍이 이 가능성을 현실로 간주했고, 이 사건들의 실재성을 확신했다. [물
론] 오늘날 우리는 더 이상 이들을 믿지 않으며, 이 사고방식을 **극복했다**.
하지만 이 [극복했다는] 확신이 확실하다고 느끼지 않는다. 옛 선조는 아직
도 우리 안에 살아 있으며 우리의 인정을 기다리고 있다. […] 반대로 자기
에게 있는 이 애니미즘적 확신을 철저히 궁극적으로 없앴던 이에게 이런 종
류의 낯선 불안감이 밀려온다."(Freud 1963, 270)

우리가 프로이트를 믿어도 된다면, 실험용 쥐의 경우를 보자면 낯선
불안감의 감정은 극복했다고 믿었던 미신의 회귀가 아니라 오히려 기

술 발전을 통해 스스로 [이를] 극복했다고 자부하는 기술 발전 탓에 생겨난다. 그래서 실험용 쥐에서 실현된 진보적 기술이 [아직] 마법적이고 애니미즘적 표상에 의존하고 있고 재빠른 소원 성취를 추구하고, 사유의 전능을 확인하고자 하며, 인간이 경험하는 [미신과 현실의] 경계를 허물고자 한다는 의심조차 생겨날 수 있다. 이는 얼핏 보면 당연히 무시무시한 의심이지만, 다시 보면 오늘날 "트랜스휴머니즘", 특이점, 두뇌-기계-인터페이스, "인간 향상", 지속 가능한 구원 약속, 임박한 사회혁명 등의 기술 담론에서 이 의심은 되살아나는 것처럼 보인다. 머지않아 자연 속으로 사라지고 자연을 드높이는 기술이라는 이상이 도대체 일관적으로 실행 가능하며, 우리와 사물의 공생을 구조화할 수 있는지는 다음 세기가 증명할 것이다.

고고학과 유토피아
─ 기술과 역사에 관한 물음

브라흐트 산파술과 기술화된 세계의 발굴

이전 장에서 "기술"이 인간과 사물의 협력을 가리킨다면, "언어"는 인간 간의 상호 협력을 나타내는 단어라고 했다. 기술과 언어의 이런 유비의 틀을 삶의 형식이란 개념이 제공했다. 삶의 형식은 인간과 사물이 세계 속에서 어떻게 배치되는지, 이들이 공간을 어떻게 조직하는지를 나타낸다. 이는 인간들 상호 간의 의사소통적 질서로 또는 기술적 행위 프로그램의 구축을 통한 행위 과정의 구조화로 이루어진다. 이전 장에서 공간 속 기술의 확장을 다뤘다면 이제 우리는 시간 속 기술의 진보를 다룰 것이다. 여기서는 소위 말하는 "진보"를 이야기하는 것이 아니라 이전 삶의 형식이 이후 삶의 형식을 통해 제거되는 것을 가리킨다.

역사적 발전 경향을 서술하는 것과 이 의미를 평가하는 것은 역사철학과 문화철학의 일이다. 여기서 발전 경로를 성급하게 규정하는 것을 피하려면 경험적이고 철학적인 연구 방법인 "고고학"에 의지해야 한다.

이 신중하고 유익한 방법이 우선 중심에 놓여 있어야 한다.

이에 대한 근거는 매우 단순하며, 이전 장에서 이미 막스 베버와 관련해 이야기했다. 베버는 연속적인 기술 진보의 발전 경향을 우리가 이전보다 오늘날 분명히 더 많이 알고 있다는 것에 두는 견해에 반대했다. 반대로 베버는 전차의 사례를 통해 현대인이 "원시민족"보다 자신의 생활 세계를 더 잘 알고 있지 못하다는 것을 보여줬다. 나아가 기술적 완성도의 "성장"은 다른 기술적 완성도를 사라지게 한다고도 생각할 수 있다. 달 착륙이 몇십 년 전부터 가능했지만 오늘날까지 몇몇 고대 유물이 어떻게 구조적으로 실현 가능했는지 또는 많은 도자기 색채가 무엇으로 이루어졌는지는 수수께끼로 남아 있다. 오늘날 누가 야생 구역에서 [현대적인 기술적 도구 없이] 아직도 불을 지필 수 있는가? 미국은 강철을 수입한 이후 제작을 중단하여 이에 대한 어떠한 설비도, 제작도, 제작자도 없는 상황에서 이를 제작하는 법을 망각했다. 기술적 진보에 관해 말하는 이는 성장만을 볼 뿐 상실을 보지 않으며 고고학적 심층구조 속에 숨겨진 기술 세계 또는 삶의 형식의 여러 측면들을 지각하지 않는다.

기술적 진보라는 표상은 일종의 시간 논리를 역사에 강요하는 것일 수 있다. 즉 많은 것을 보이게 하면서 동시에 다른 많은 것을 안 보이게 만드는 폭력을 가하는 것일 수 있다. 이는 이 개념을 규범적으로 평가하는 의미뿐 아니라 이를 순수 기술하는(beschreibende) 의미에서도 그렇다. 기술적 진보라는 표현은 적어도 두 가지를 의미한다. 하나는 모든 것이 항상 좋게 된다는 것이다. 다른 하나는 기술이 성장한다는 것, 항상 더 자신을 확장하거나 또는 우리 삶에 항상 더 깊이 파고든다는 것이다. 전자는 여기서 간접적으로만 다룰 것이다. 이전 장에서 봤듯이 각 삶의 형식과 관련해 이것이 어떤 방식의 공생을 가능케 했고,

그래서 이 삶의 형식이 어떻게 평가받아야 하는지 물음을 제기했다. 후자와 관련해 우리는 하나의 문제를 만나게 된다. "항상 더"라는 표현은 기술화의 경우에는 기술적 인공물의 개수와 관련된다. 하지만 지금까지 이야기한 바에 따르면 기술을 셀 수 있는 사물로 환원할 수는 없다. 사물의 개수가 문제되더라도 무엇을 셀 것인지의 물음이 곧바로 제기된다. 타자기를 펜대처럼 셀 것인가? 가죽 털을 긁어내는 부싯돌을 셀 것인가? 해시계를? 사진기이면서 전화기인 경우는 한 번씩 셀 것인가? 혹은 두 번씩 셀 것인가? 기술이 계속 심층으로 파고들어 우리 공생의 형식을 한층 더 강하게 규정한다는 주장도 마찬가지다. 기술을 일관적으로 삶의 형식이라고 생각한다면 표면 뒤에 심층적인 것은 존재하지 않는다. 각 삶의 형식은 이미 최고도로 기술화되어 있다. 왜냐하면 각 삶의 형식은 각각의 기술을 통해 형성되어 있기 때문이다. 무엇이 물소 사냥 기술보다 더 심층적일 수 있는가? 이 기술은 한 공동체의 종교의식과 공생의 방식을 규정하며, 이는 아마도 물소 떼와 함께 이동하면서 항상 영양 공급이 가능한 곳에 천막을 치는 것이다. 현대의 도시들은 주택과 슈퍼마켓을 통해 자유로운 이동을 가능케 했고, 인간의 공생을 덜 또는 다르게 심층적으로 구조화하고 있다고 말할 수 있다.

브뤼노 라투르는 베를린 열쇠의 역사를 이야기하면서 더 단순한 사례를 제공한다. 이 열쇠는 말하자면 소위 번호키가 지속적으로 등장하던 시간 동안 사라졌다. 여기서 기술적 진보 또는 점증하는 "사회의 기술화"는 어디에 있는 것인가? 베를린 열쇠의 등장은 전기 번호키의 등장보다 덜 기술화된 것인가? 사용자 브뤼노 라투르의 경험에서 이는 무엇보다 하나의 삶의 형식이 다른 삶의 형식으로 대체된 것이고, 모든 기술 중재자들의 연약함의 상징일 뿐이다. 한 기술이 삶의 형식과 행위 프로그램에서 중심적인 역할을 가졌다 해도 이는 다른 한편으로 불확실하며 무엇보다 대체될 수 있다.

> "[…] 노하우-경비-열쇠-자물쇠-문이라는 삶의 형식 연쇄의 견고함은 항상 일시적이다. 왜냐하면 전기 코드를 통한 문 열기는 관리인의 감시를 전기적 시계 신호로 대체할 수 있고, 강철 열쇠를 내가 기억해야만 하는 숫자 코드로 만들 수 있기 때문이다. 무엇이 더 허약한가? 아름다운 베를린 강철 열쇠 또는 '45-68E'(파리에 있는 내 집 현관 코드)인가? 둘 중 어느 것이 기술적인가? 강철 또는 내가 집에 들어가려면 기억해야 하기 위해 밤마다 읊조리는 '전쟁 종식, 68년 5월, 유럽'이라는 문구인가? 둘 중 어느 것이 지속적인가? 단단한 열쇠인가? 아니면 내 뇌세포에 저장된 기억술의 문구인가?"(Latour 1996, 50)

라투르의 경험은 먼저 개별 삶의 형식들을 각 층위마다 재구성하고 무엇보다 각 층위 간의 이행이나 층위 간 격차에 대한 어떠한 이론도 세우지 않는 고고학적 방법에 부합한다. 한 층은 다른 층 위에 있고 하나는 다른 것 뒤에 오며 각각은 적어도 자신의 시대엔 충분했다. 미셸 푸코(Michel Foucault, 1926-1984)는 이 방법을 기술철학에 도입했다. 이 방법에 따르면 우리는 경험적으로 파고드는 고고학자가 채굴해 가져오는 사물들로부터 아무것도 전달되지 않는 경우에도 과거로부터 정보를 얻는다. 고고학은 침묵의 가장자리에서 일한다. 왜냐하면 "주어진, 실증적 자료는 알려지지 않은 언어를 말하며 말하긴 하지만 자기 자신에게만 말하기 때문이다"(Gehring 2004, 34). 고고학자가 그의 발굴 현장에서 찾는 것은 역사적인 깊이를 가진다. 하지만 그것은 병렬적으로 놓여 있고 모든 층이 동시적으로 놓여 있다. "고고학은 동시성의 체계를 정의한다"고 푸코는 말하고 그러한 체계를 재구성하면서 이를 항상 반복적으로 보여줬다(Foucault 1974, 26). 한번은 기호와 사물의 다양한 질서를 다루며, 병원의 탄생 및 육체의 새로운 종류의 이용 가능성을, 그리고 일정한 감옥 구조 건물에서 실현된 모든 것을 감시하는 시선의 권력을 다룬다. 이 모든 경우에서 푸코는 결합, 포함, 배제, 통제나 범주화라는 기술적 측면을 보여준다. 이들은 그 자체로 보면 언어 없는 원천과 발견물로 구성된 동시성의 기술적 체계이며, 이는 오로지 자기 자신에게만 말한다. 이전 시대를 바라보면서 우리는 결코 현재 이전 역사만을 보는 것이 아니라 모든 고고학자처럼 죽은 자들로부터 소식을 기대한다. 여기서 죽은 자들의 증언을 언어로 가져오고 사물의 다소간 폭력적인 질서를 지각하기 위해서는 고유한 예술 또는 기술이 필요하다.

법률가, 영화감독, TV프로그램 제작자, 무엇보다 철학적 이야기꾼인 알렉산더 클루게(Alexander Kluge, 1932–)는 오스카 네크트(Oskar Negt)와 함께 한 이론을 전개했는데, 이는 특히 고고학의 기술적(be-schreibende) 방법을 넘어선다. 이 이론은 개입하고 자기화할 때 드러나는 폭력 사용을 문제 삼으며, 이는 다양한 방식으로, 말하자면 강하게 또는 약하게 이루어질 수 있다. 클루게는 약한 개입을 긍정하는데, 이를 통해 인간은 상호 간 어울리게 되고, 또한 사물과도 어울리게 된다. 그는 다양한 힘의 관계와 영향력을 조심스럽게 다루는 고고학을 작동시키는 이야기 방법을 추구한다.

여기서 기술의 감각상은 이미 소크라테스가 실천한 산파술이다. 클루게와 네크트는 덜 알려진 약한 개입을 강조한다.

"자궁 속 아기가 거꾸로 되어 있는 소위 둔위 자세로 있다. 이 아이는 분만

시 질식할 수 있다. 산파는 아이를 자궁 속에서 돌려야 하며 이를 '폭력 사용을 통해' 한다. 하지만 강한 개입이 아니라 약한 개입을 통해서다. 즉 대상의 상황에 맞춰 '대상'의 약한 지체와 생명에 일치하도록 말이다. 아이의 어깨를 잡는 것을 산파들은 '브라흐트 산파술'이라 부른다(이는 오랫동안 알려진 개입 방법을 산파들이 범주화한 표현이다). 아이의 팔은 이 시점에 출산에 맞지 않게 위로 뻗어 있다. 여기서 산파들이 순조로운 출산을 위해 자신의 손으로 아이 팔을 강제적으로 아이 가슴 위에 교차시키는 것은 불가능할 것이다. 하지만 산파의 개입은 아이의 자기운동을 자극한다. 산파들이 전문적으로 사용하는 이 폭력은 망치, 낫, 괭이, 톱이 가하는 폭력과는 구별된다."(Kluge/Negt 1981, 25f.)

플라톤의 대화록을 읽은 이는 대화 상대자가 아는지 모르는지 미리 알지 못한 채 그 상대자가 무엇을 알고, 알지 못하는지를 소크라테스가 물음의 약한 개입을 통해 드러내면서 폭력을 성공적으로 사용한다는 것을 알고 있다. 그래서 소크라테스가 숨겨진 것을 드러내는 물음의 기술을 산파술이라고 부른다. 이것이 부드러운 조작적 폭력임에도 불구하고 소크라테스의 산파술은 무엇보다 도움 또는 "능숙한 물음과 대답을 통해 인간 속에 놓여 있는 올바른 인식을 드러내는" 기술로 통한다(Schmidt 1969, 378). 소크라테스적인 도움과 브라흐트 산파술을 통한 도움은 무언가를 언어로 드러내며, 이는 하이데거의 탈은폐와 직접적으로 같다. 여기서 이 도움은 무시간적인 기술처럼 보이며, 이것의 원천은 알려져 있지 않지만 오늘날에도 여전히 작동하며 시대에 뒤떨어진 것이 아니다. 몇몇 기술화 경향은 이러한 기술을 지나쳤지만 아마도 제왕절개술과 집단 시위와 같은 경쟁 기술들은 여전히 작동하고 있다.

브라흐트 산파술을 완전히 다르게 서술할 수도 있다. 그러면 클루게가 산파의 개입을 이상화한 것과는 관련이 없어진다. 이 출산법은 오랜 전통의 산파 지식으로 거슬러 올라가는 것이 아니라 산부인과 교수 에리히 브라흐트(Erich Bracht)가 1935년에 명명했을 뿐 아니라 개발한 것을 가리킨다. 적어도 미국에서 엉덩이를 밑에 둔 아이 출산을 위한 오늘날 산부인과 지침은 제왕절개술이다. 그래서 기술의 감각상으로서 브라흐트 산파술은 다음처럼 다양한 서술과 평가를 받게 된다. 한번은 공격적인 기술화된 제왕절개술과 반대로 고대적인 비기술화된 경험 지식을 지칭한다. 다른 한번은 강한 개입으로서의 제왕절개술과 함께 변하지 않고 지속되고 있는 약한 개입을 통한 폭력 사용을 지칭한다. 브라흐트 산파술이 기술화 과정에서 시대에 뒤떨어진 게 아니라 기술화의 또 다른 층위라 한다 해도, 그것은 '약한 개입'이라는 이름하에 항상 상기되어야만 한다. 왜냐하면 그것은 아마도 사용되지 않게 되어 제왕절개술이란 엄청난 기술 뒤로 사라질 위험에 처해 있기 때문이다. 그래서 브라흐트 산파술은 기술화된 삶의 형식의 고고학이 침묵의 가장자리에 놓여 있으며 경향상 유창한 진보 이야기 뒤로 사라지고 있음을 보여준다. 그래서 브라흐트 산파술은 결국 침묵의 기술을 위한 감각상이다. 이 기술은 그 조심스러운 약한 개입을 통해 강력한 힘을 지닌 기술에 가려지기 때문에 주목받지 못한다. 통계적으로 보면 제왕절개술은 "자연" 분만보다 덜 복잡하며 이는 정상적인 의사 영업 시간에 포함되어 실행되기 때문에 이성적인 방식으로 미국에서 모든 여성에게 추천되는 규범이 될 수 있다.

클루게와 네크트의 서술을 보면 브라흐트 산파술은 아기의 자기운동을 촉발한다. 이를 통해 아기가 출산 시 힘을 더하게 된다. 산파의 개입은 어느 정도 박자 감각에 따라 이루어지며 아기가 할 수 있는 것과 원하는 것에 주목한다. 다른 약한 개입에서는 손가락 끝 감각을 이야기한다. 이 감각은 아기의 섬세한 지체와 움직임에 민감하다.

> "인간 육체를 움직여 이를 도구와 기계에 가하는 방식으로 인간과 노동 대
> 상 사이에서 작동하는 대개의 기계 노동의 기초 형식은 직접적 폭력을 적용
> 하는 것이다. […] 차이는 이런 폭력을 직접적으로 적용하느냐 아니면 간접
> 적으로 적용하느냐, 또는 폭력이 타자의 반응을 필요로 하는지 여부, 즉 덫
> 을 놓거나 속이느냐에 달려 있다. […] 바로 종의 역사에서나 개인의 역사
> 에서나 노동의 기본적인 특징은 이 원칙을 적용하는 것이다. 이를 위해 엄
> 청난 양의 도구들이 놓여 있다. 이들은 모두 튼실하다. 문제는 이들의 배합
> 에 있으며, 폭력적인 노동의 특징은 이것을 정확히 통제하는 데에 어떠한
> 기준도 제공하지 않는다는 것이다."(Kluge/Negt 1981, 20)

올바른 배합, 정확한 통제, 박자 감각, 손가락 끝 감각 때문에 클루게
의 기술 역사는 『감정의 연대기』(*Chronik der Gefühle*)(Kluge 2000)
다. 감정만이 인간과 사물 간의 섬세한 일치를 가능케 하며, 육체보다
감정이 더 스스로 변하지 않으며, 재난적인 환경에 빠져도 굴복당하려
하지 않는다. 자신의 영화 〈감정의 힘〉(Die Macht der Gefühle)에서
클루게는 두 쌍의 인간의 이야기를 보여주고 그들 감정의 균형을 이해
하려 노력한다. 한 쌍이 자신의 열정적 소망을 이루기 위해 서투르게
살인을 저지른다. 다른 쌍[강도와 한 명의 매춘부]은 이미 죽었다고 믿
는 희생자를 [스스로 살인하지 않았음에도 불구하고] 범죄자의 세심함
을 가지고 보살핀다. 그는 바로 강도이며, 그녀는 매춘부다. 이들은 매
춘의 기술을 사용한다: "1. 부드러움, 2. 지식, 3. 특별한 감정 없음. 이
들을 모두 유지하려면 많은 감정이 필요하다."(Kluge 1984, 145)

"〈협동을 통한 범죄의 은폐〉 이야기에는 두 사람이 스스로 하지도 않은 살인을 은폐한다. 한 쌍은 다른 쌍과 무엇이 다른가? 살인을 저지른 쌍은 바르셀로나의 호텔 방에 갇혀 있다. 이는 입센(Ibsen)의 고전적 드라마에서 드라마적인 근친상간과 일치한다. 이들은 매우 뜨거운 감정을 지닌다. 만프레트 슈미트[연인 중 남자 주인공]는 무조건 브라질로 가려고 한다. …. 맥스헨[연인 중 여자 주인공]은 그를 모든 감정을 다해 **홀로** 가지려 한다! 그리고 그를 2.28×3m의 공간에서 얻는다. 이 감정의 조직화에서는 냉정함이 없다. 사랑과 냉정함의 통일을 얻는 것이 중요하다면 나는 감성적일 수 있다. 두 프로 범죄자인 크나우취-베티(Knautsch-Betty)[매춘부]와 쿠르트 슐라이히(Kurt Schleich)[강도]는 이 냉정함을 이해한다."(Kluge 1984, 215)

우리가 지닌 고유 감정의 섬세한 기술은 대개 우리에게 숨겨져 있다. 발명 또는 공학기술(Technologien) 연속의 역사인 기술사는 이 기술을 무시한다. 이런 방식의 역사 서술에서는 [감정을 통제하는] 섬세한 기술이 등장할 수 없다. 기술사는 기술적 진보의 로망스와 비극만을 다루며 이는 사랑과 냉정함의 관계, 손가락 끝 감정과 폭력 적용의 관계를 지나쳐 버린다. 이번 장에서 한편으로 고고학, 다른 한편으로 기술화 과정이 주제인데, 이는 이 시대 아니면 다른 시대에서 발견되는 기술을 말하는 게 아니다. 오히려 고고학과 진보 서사는 기술적 과정을 다루는 완전히 다른 기술이다.

약한 개입의 기술에서 강한 개입의 기술로의 역사적 이행은 요청될 수 없다. 반면에 제왕절개술은 점증하는 기술화의 로망스나 비극 담론과 어울리는데, 왜냐하면 이는 손에 의한 개입이 아니라 대상적인 기술적 도움 수단, 장비, 도구들로 작업을 하며, 침입하며 폭력적이며 반자연적이기 때문이다. 하지만 이 [진보사라는] 해석적 개입이 얼마나 문제 있고 억지인지는 금세 알 수 있다. 의사, 특히 외과의사는 손으로 능숙하게 개입하고 있으며, 자신의 도구는 카프의 기술철학에서처럼 (1877, 41) 자기 손의 단순한 연장에 불과하다고 주장한다. 당연히 섬세한 감정, 경험, 수공예적 능숙함은 외과용 메스로 인간 몸 속에 파고들 때에도 필요하다. 이런 반성을 한다면 단순히 손으로 하는 것과 외과용 메스처럼 추가적으로 도구를 사용하는 것 사이의 차이는 사라지게 된다. 브라흐트 산파술과 제왕절개술은 침입하는 것이며, 클루게와 네크트가 보여주는 것처럼 이는 항상 폭력의 사용이며, 이 폭력 사용의 방식이 다를 뿐이다. 차갑게 계산하고 거칠고 열정적으로 하든, 아니면 사랑과 냉정함으로 하든 등의 차이다.

진보하는 기술화의 역사는 현대 병원에서 일상이 되어 버린 제왕절개술보다는 전래된 산파 지식을 이전의, 아마도 더 나은 아니면 더 나쁜 시대에 포함시킨다. 이와 반대로 클루게는 브라흐트 산파술과 제왕절개술을 위한 동시성의 체계를 구성하고 대안과 결정의 체계 또한 구성하려 했다.

점증하는 기술화와 가속화의 역사는 특히 오늘날 우리의 의사소통 매체와 관련해 이야기된다(Virilio 1993). 하지만 여기에 침묵의 가장자리에서 죽은 이의 목소리에 귀 기울이는 고고학적 관점이 제시하는 대안이 있다. 매체화의 시대에 말하자면 텔레비전 시청자를 위한 전쟁이 연출되고 있다(Baudrillard 1991). 여러 치명적인 결말을 지닌 [걸프만 전쟁이라는] 실재 사건은 이미지 소비자를 위한 스펙타클로 가상화되고 이 현실 관련의 붕괴는 포스트 모던한 현재의 상징이다. 하지만 12월 24일 헨트에서 이루어진 평화협정의 소식이 2월에서야 전해져서 1815년 1월 8일에 뉴올리언스에서 발발한 전쟁에서 2100명의 사상자가 난 사건을 우리는 어떻게 기술할 것인가?¹ 두 경우 모두 가용한 의사소통 매체가 현실에 도달할 수 없음을 보여주며, 매체가 소통을 가능케 하기도 하면서 방해한다는 점을 보여주지 않는가?

베를린 열쇠와 번호키, 브라흐트 산파술과 제왕절개술, 걸프만 전쟁과 뉴올리언스 전투는 모두 기술적 진보 이야기의 시간적 구성을 이야기하며, 이는 동시성의 체계를 로망스나 비극의 형식 속에 구겨 넣으면서 이 체계를 파괴한다. 거의 거부할 수 없는 [동시성의 체계라는] 이야기 범례를 의심함으로써 푸코적 의미에서 고고학적 재구성뿐 아니라 경험적 고고학에 대한 도전이 생겨나게 된다. 우리 사회를 기술화되었다고 여기고 이전 사회를 덜 혹은 전혀 기술화되지 않았다고 한다면, 이는 과거에서 출발한 소식이 아직 우리에게 오지 않은 것은 아닐까? 이에 대한 약간은 피상적인 증거로는 안티퀴테라 기계(Antikythera-Mechanismus)로 이는 기원전 1세기에 있던 아마도 가장 오래된 아날로그 컴퓨터다. 그 톱니바퀴 역학은 천문학적 계산에 사용된다. 조정하는 링을 통해 달의 모습이 선택되면 해와 달의 위치가 별자리로 표시된다(Freeth/Bitsakis/u.a. 2006).

하지만 이 기계처럼 예외적인 발견물이라는 소식으로는 동시성의 체계를 가져오기에 충분치 않다. 원칙적으로 브뤼노 라투르는 중재자로 기능하는 언어 없는 대상을 사회 기술 체계 속에 수용하는 것을 보여주기 위해 고고학적 발견의 사례를 이용한다.

---

1 뉴올리언스 전투는 뉴올리언스에서 1815년 1월 8일부터 1월 26일까지 미국와 영국 사이에서 벌어진 전투다. 이는 둘 사이에서 벌어진 1812년 전쟁의 연장선 상에 있다. 1812년 전쟁은 벨기에 헨트에서 1814년 12월 24일에 이루어진 헨트 조약에 의해 종결되었다. 하지만 이 조약의 소식이 미처 전달되지 않은 채 두 진영은 전쟁을 벌였던 것이다.

"고고학자만이 현대 철학자가 대상이라고 이해하는 것과 어느 정도 유사한 인공물을 관찰한다. 인종학자, 인류학자, 민속학자, 경제학자, 공학자, 소비자와 사용자 모두 대상을 안 본다. 이들은 오로지 계획, 행위, 행위 방식만을 본다. […] 고조할머니의 저장소, 벼룩시장, 쓰레기장, 고물상, 멈춘 공장, 박물관에서조차 […] 대상들은 기억, 관습, 지시들로 가득 차 있는 것처럼 보인다. […] 이처럼 죽은 자를 깨우는 것은 고고학자에게는 물론 금지되어 있다. 왜냐하면 자신의 대상을 생산하고, 이 대상으로부터 생산된 사회는 인간 및 물건과 함께 사라졌기 때문이다. […] 고고학자가 보잘것없는 화석 또는 먼지 묻은 대상을 손에 쥐자마자 이 유물은 대상이길 그치고 인간의 세계로 되돌아온다. 발굴 현장에서 이미 유물들은 손에서 손으로 이동하며 교실 또는 학문 서적 속으로 들어오게 된다. 이런 활동 계열에서 조금은 반발력 있는 부분을 '대상'이라고 부를 수 있다. 하지만 이때 이 부분이 아직 묻혀 있고, 알려지지 않은 채, 내버려져 있고, 던져져 있고, 덮이고, 알려지지 않고, 비가시적이며, '홀로 있는' 한에서만 그렇다. 다르게 말하자면 가시적인 대상은 없으며 그런 것은 결코 없었다. 대상은 오로지 비가시적으로만, 화석으로만 존재한다."(Latour 1996, 38f.)[2]

그러므로 언어 없는 비가시적 대상은 자기화의 출발점이다. 대상은 기술화된 삶의 형식에서 자기화된다. 이 지점에서 처음 보기에 기술 사회학적, 학문 사회학적 역사는 철학적 의미를 지니게 되는데 이 의미에

---

2 대상이 가시적이 되자마자 인간은 대상을 인식하게 된다. 대상이 땅에 묻혀 있으면 대상은 비가시적이며, 인간이 이를 인식할 수 없다. 인간이 대상을 인식하지 못한다는 것은 대상이 인간의 인식에 반발하기 때문이다. 하지만 인간이 대상을 인식한다는 것은 인간의 인식이 대상의 반발력을 극복했다는 것이다. 대상을 인식하는 과정이 바로 '자기화'이다.

따르면 여러 관점에서 "여성적인" 기술과 공학기술(Technologien)의 비가시성이 문제가 된다.

이미 브라흐트 산파술과 제왕절개술의 동시성을 위해서는 산파 및 산파의 지식과 기술을 억압한 남성 직능 계층의 오래된 기술에 대항해 여성적인 코드의 산파 기술을 가시화하는 것이 중요했다. 비가시적인 기술을 가시화하는 것에서 문제되는 것은 소위 고대 인도 고고학에서 나온 연구들을 통해 제시된다. 이 연구 영역에서 고고학자들은 대상들을 발굴하고 이것에 역사를 부여한다. 이들은 돌도끼, 활촉을 즐겨 발견하고 여기서부터 수렵 공동체의 삶의 형식을 재구성한다. 이를 위해 이들은 자신의 실험실과 학문적 모임에서 화살촉 제작을 시험해 보고 표본화된 동물 털에 쏘아본다. 우연치 않게 아마도 이 고고학적 특수 영역에 있는 연구자들은 거의 남자들이고, 이들은 여기서 수천 년의 간격을 두고 남성적 수렵 공동체와 동류화되어 있다.

사실상 고대-인도 고고학은 들소 수렵을 위한 화살촉의 발견으로 시작됐고 이 기술적 인공물을 통해, 그리고 이것과 연결된 수렵 활동을 통해 자신의 연구 영역뿐만 아니라 연구되는 삶의 형식을 규정했다. 고고학자 조안 게로(Joan Gero)는 이를 다음처럼 문맥화한다.

"남성 고고학자들은 동시대 유사한 활동의 틀 내에서 복원한 도구를 표준화해 도입하고, 여기서 특히나 '남성적인' 활동에 중점을 뒀다. […] 특히 발사체를 던지는 것에 대한 연구는 현대에 유사한 거대 야생동물, 특히 코끼리와 코뿔소 및 이들의 해체에 기초를 두고 있다. 연구자는 이를 홍적세의 사냥꾼에 직접 적용한다. 반복 가능한 실험의 남성 학문과 마초 드라마 사이를 오가는 좁다란 지점만을 고찰하는 것은 매력적이거나 불쾌한 것이다."(Gero 1993, 36)

게로는 수많은 여성 배제를 언급한다. 먼저 여성은 이 학문 연구자 공동체의 논의 대상에서 배제된다. 연구 대상인 삶의 형식에 여성들이 한 기여, 무엇보다 이 삶의 형식을 구조화했던 여성들의 공학기술도 볼 수가 없다. 결국 여성들은 이 운명을 다른 시대 다른 여성들과 공유한다. 이 여성들의 노동과 공학기술 전부가 가려져 있다. "고대-인도 연구에서 여성이 지배하는 연구 영역, 즉 사용을 통해 발생한 미세한 손상에 대한 연구도, 표준화되지 않은 도구에 대한 여성 연구자들의 관심도 들어서지 못한다. 그렇게 여성들은 다시 보이지 않게 되며 이번에는 신석기 여성 연구자가 보이지 않는다."(1993, 37)

사실상 이 기술을 드러내려면 특수한 주의가 필요하다. 고대-인도 수렵인이 높은 재인식 가치를 지니는 화살촉과 같이 비교적 표준적인 도구를 통해 활동한 반면, 다른 기술적 장치들은 비표준적인 돌 도구에 속하며, 이는 가죽 재단이나 목재 노동에 투입됐다. 이들은 예를 들어 사용 흔적 등 세심한 분석의 대상이며, 이를 통해 그 기술적 연관에서 적절히 평가받을 수 있게 된다.

이렇게 연구한 공동체는 사냥이 매우 커다란 공동체적 연관에 있음을 보여주는 들소 사냥 분석처럼 매우 "기술화"되었다고 할 수 있을까? 가능한 전체 그림은 남자들이 사냥이라는 어려운 노동을 하고 여자들의 기술은 역사적으로 보존되지 않는 대상처럼 부드럽다고 할 수도 있다. 요리나 직물 짜기와 활동들은 미세한 흔적만 남길 뿐 실제로 현재까지 단단한 흔적을 남기지는 않는다. 지금까지 여자들이 했다고 간주되는 가죽 씻기는 남자의 사냥 활동에 속하며, 거꾸로 누가 무엇을 언제 사냥하는지를 결정하는 의식 또한 이 사냥 활동에 속한다고 재구성할 수도 있을 것이다. 여기서 이 노동 분업이 이루어지는 것과 상관없이 동물 사냥이 최고의 문화적 중요성까지 지니는지 여부는 고고학적 수단으로는 결정할 수 없다. 이 물음의 의미가 오늘날까지 중요하다는 것을 마르시아 앤느 도브레스(Marcia Anne Dobres)는 강조하고 있다.

"전역사적, 신석기 시대의 공학기술이 남자들의 영역이었다는 표상은 이미 […] 전역사적 남자 또는 여자의 내적인 모습보다는 현재 우리의 (서구적) 성 이데올로기를 표현하고 있다. 여성의 출산 기술은 전형적으로 내재적이고 자연스럽고 생물학적인 것으로 기술된다. 오늘날에도 오직 소수만이 첨단 기술 장비가 필요 없는 '자연적인' 피임, 임신, 출산 방법 또는 수유 전략을 기술이라고 부를 것이다."(Dobres 2000, 15f., vgl. 105f., 118)

진보 이야기와 고고학적으로 재구성된 동시성의 체계에 대한 일반적 물음과 연관해 고대 인도 고고학을 다시 언급하는 것은 중요하다. 사냥의 "남성적" 기술은 기술적 진보 과정에서 계속 극복되었긴 하지만, 이는 하나의 역사를 지니며 특수한 문화적 성과다. 반대로 진보 이야기에 포함되는 것은 그만큼 높이 평가된다. 고대 인도인에서 특이한 것은 이들이 (이미) 돌 무기를 사용했다는 점이다. 이들의 화살촉과 그것의 특수한 형식과 숙련 기술은 사냥 무기의 발전과 함께 다른 민족, 이후 시대의 서사적 계열로 이어진다. 이에 반해 요리, 옷감 짜기, 출산, 수유, 설화 낭독은 자연적 상수로 간주되어 아무런 기술적 특수성도 없으며, 그래서 기술적 진보 역사의 틀에서 평가받을 가치도 없다.

카메라와 기술화의 진보

고대 인도 고고학자는 사냥 기술에만 한정할 것이 아니라 신석기 시대 삶의 형식의 기술화 전체를 파악해야만 한다. 이는 어떤 규범을 표현하고 있는 요구다. 이는 진보 서사의 틀 내에서 새롭고 대단한 기술을 강조하는 대신 무엇이 우리의 전통, 우리의 일상을 기술적으로 구조화했는지에 주목해야만 한다는 것이다. 하지만 우리는 왜 그것에 주목해야 하며, 왜 기술화 과정이 어떤 방향으로 진보하고 있고 우리 공생에 점점 더 깊이 파고드는지에 대해서는 주목하지 말아야 하는가?

이 당위에 관한 물음에는 두 가지 답변이 있다. 하나는 인식론적 답변이고 다른 하나는 윤리적인 당위다. 인식론적으로 말하자면 진보의 매혹적인 전설은 본질적 연관에 대한 시선을 왜곡하지 말아야 한다. 인터넷과 새로운 의사소통 기술의 관점에서 우리는 예를 들어 소위 지식사회에 살고 있으며, 이 사회의 경제적 기초가 상품 교환이 아니라 이념과 서비스의 자유로운 순환이라고 자부하고 있다. 하지만 사회 조직은 그 위계질서와 대표 형식을 포함해 고전적 산업사회의 조건과 일치하며 우리의 가족적 공생은 항상 전산업적 문화의 특징을 지니고 있다. 그래서 우리 자신이 [이미] 동시성의 체계 속에서 [살고 있기 때문에] 비교적 새로운 것에 우월적 역할을 부여할 권리를 가지고 있지는 못하다. 인식론적 관점을 넘어 우리가 어떻게 기술 및 기술 발전에 대해 자유로운 관계를 맺을 것인지, 그리고 대안을 인식하고 이를 추구할 수 있는지 등 기술에 대한 적절한 관계, 즉 윤리-정치적 문제가 있다.

당위의 두 측면에 대해 긍정적 또는 부정적으로 평가하는 진보 서사는 서론 장에서 논의한 로망스와 비극처럼 신비주의적이다. 한편으로 이 서사는 우리의 시선을 왜곡하고 다른 한편으로 이를 자유롭지 못하게 한다. 바로 진보 서사에 대한 비판이 정당하다 해도 이 비판은 똑같이 기술사를 서로 이어지는 삶의 형식들의 층들로 고고학적으로 파악하는 방식에도 해당된다. 각 삶의 형식이 이미 최고도로 기술화된, 즉 적어도 그 시대에 있어서는 자족적인 전체라고 한다면, 모든 삶의 형식이 조화로운 균형을 이루고 있고, 각 사회가 자신의 기술에, 이 기술이 자신이 속한 사회에 적합하며 항상 공생의 형식이 요구하는 기술적 구조를 지니고 있으며 이는 이 공생의 형식이 이 구조에 의해 규정되기 때문이라고 주장하는 것 또한 신비주의적인 것 아닌가?

이 비판은 얼핏 보면 정당한 것처럼 보여도 이는 브뤼노 라투르, 더 명확하게는 알렉산더 클루게에 적용될 수 없다. 특히 클루게는 게오르크 루카치(Georg Lukács), 테오도르 아도르노(Theodor Adorno), 에른스트 블로흐(Ernst Bloch)와 같은 이론가들로부터 난공불락의 총체성 내에서 미세한 균열과 단층을 어떻게 찾아낼 수 있는지, 그리고 모든 것이 반발 없이 전체 속에 드러나는 게 아니라는 것을 추론하는 법을 배울 수 있다. 적어도 자기 신체에서 경험한 네 가지 서로 다른 폭력을 우리는 알렉산더 클루게에게서 만난다.

먼저 모든 노동과 모든 기술은 폭력의 작용이자 문명화된 반자연 건설에 기여하는 것으로 이해된다. 두 번째 단계에서 이는 차이화를 요구한다. 왜냐하면 기술적으로 강한 개입인 제왕절개술을 통한 폭력 작용은 산파술의 약한 개입과는 다르기 때문이다. 이 차이는 상황적이고 생생한 대상의 섬세한 자기 규제를 어떻게 바라보고 이것을 기술적 행동으로 이어지게 하는지의 방식에서 발생한다. 세 번째로 이러저러하게 자기 규제하는 자연 및 생생한 상황에 폭력이 가해진다. 이는 조심스러운 약한 개입이 효과적일 때 인간이 남아도는 힘을 사용하게 되면서 인간 스스로에게 가하는 폭력이다.[3] 마지막으로 육체, 소원, 감정 등 자기 감각과 그것의 지속성에 가해지는 역사성의 폭력이다. 이 폭력은 로망스와 비극, 거대 서사와 작은 서사로부터 출발하며, 이들의 도움으로 우리는 기술적 진보를 서술하게 된다. 강한 개입과 약간 개입의 폭력이 지배하는 곳에서는 커다란 전체의 신비화가 불가능하다. 왜냐하면 여기서는 차이화와 정치적 분열이 요구되기 때문이다. 이제 진보적인 기술화 과정의 거대 서사로부터 의미를 얻어내려 한다면, [이 서사에 대한 원천적 불신을 버려야 한다. 왜냐하면] 이 불신은 이 서사 또한 새로운 인식을 가능케 하고, 비판적 거리를 생성하여 실현의 여유 공간을 열 수 있다는 전망과 맞지 않기 때문이다.

고고학은 기술사를 삶의 형식의 계열로 고찰하는데, 이 고찰은 기술적인 것의 경험에 들어맞는다. 우리가 몽유병자처럼 기술화된 세계에서 길을 잃지 않으려면 친숙한 과정과 행위 방식을 구조화하는 이 기술을 가시화해야 한다. 이 주장은 새로움을 배제하기에, 이 주장에 반해 기술적인 것의 경험이 새로움, 인위적인 것, 반자연적인 것의 기대이자 경험이라고 논증할 수도 있다(Kaminski 2004). 오래전부터 알려진 기술은 제2의 자연이 되며 이것이 [제대로] 기능하지 않을 때에야 비로소 눈에 띈다. 이에 반해 새로운 경험과 생산물은 우리를 놀라게 하고 즐겁게 하며 일깨운다. 이 새로움과 관련해 기술화 과정에 관해 의미 있게 다음처럼 이야기할 수 있다. 본질적으로 새로움 없는 세기들, 광대한 시대들이 있었다. 반면 우리는 오늘날 기술적 발명을 지속적으로 기대하면서 살아간다. 기술화 과정은 발전 방향을 제공하며 우

---

3   약한 개입을 위해 인간은 자신의 힘을 조금만 보태면 된다. 그러면 남는 잉여 힘이 있을 것이고, 이를 자기 자신에게 가한다는 뜻이다.

3. 고고학과 유토피아 - 기술과 역사에 관한 물음   113

리는 더 작고, 더 빠르고, 더 값싸고, 더 친숙한 공학기술을 기대하게 된다. 이 새로움을 통해 기술과의 만남이 일어날 수도 있다. 우리는 새로운 기술을 통해 기술을 경험하고 반성하게 되면서 특수한 방식으로 이 기술을 지각하게 된다.

이러한 기술화 과정의 의미에 대한 감각상이 카메라다. 이는 사진 장비로서 처음에는 삼각대 위에 놓여 있다가 언젠가 손에 쥐여지고 필름 카메라로 발전하여 사진을 처음에는 아날로그 방식으로 기록하다가 오늘날은 디지털 방식으로 생산한다. 이 장비는 이미 긴장으로 가득 찬 역사를 지니며 다양한 기술화 과정에 참여했는데 그 세부적인 면 모두를 여기서 다룰 수는 없다. 이는 매체화, 가상화, 디지털화, 정보화, 소형화의 발전이며, 이 과정을 나타내는 "기술화"라는 단어에 해당하는 영어 표현은 없다.

사진 장비는 단순히 기술적 발명이 아니라 기술화 과정의 증인이다. 19세기 이후로 이 장비는 기술적 새로움과의 만남을 연출하고 이를 객관화하며, 개별 눈이 파악할 수 없는 것을 본다. 사진 장비에서 기술은 자기 자신을 만나며 어느 정도 반성적이 된다. 이 기술의 반성화는 우리의 오늘날 생활 세계의 기술화를 "덜 기술화된" 시대와 구별할 때 존재하는 가장 깊은 단절점이다. 사진 장비를 통해 우리는 시각을 기술적 과정으로 의식하게 되고 동시에 기술을 매개로 한 우리의 지각 장비의 확대를 의식하게 된다. 왜냐하면 사진 장비 자체는 어둠 속에서도, 우주 공간으로부터도, 물체의 내면 속에서도 항상 무언가를 "볼" 수 있기 때문이다.[4]

---

4   즉 우리 주위에는 일상화된 많은 기술이 존재한다. 의복, 망치, 톱 등이 그렇다. 이들을 우리는 기술이라고 의식하지 않고, 자연물처럼 자명하게 존재하는 사물의 종류로 지각하고 사용한다. 이에 반해 발전하는 카메라는 다르다. 우리는 카메라를 보고 이 새

  기술화 과정이 기술의 반성화로 나아간다는 것을 더 정확히 이해하기 위해 우리는 "역사적 과정"의 이념을 짧게 해명해야만 한다. 기술화 과정은 어떻게 기술화된 삶의 형식의 단순한 나열과 구별되는가? 둘은 모두 시간 속에서 진행되지만 단순히 시간 공간과 상관없는 변화는 아직 역사적 과정이라 할 수 없다. 또한 단순히 물리적인 운동 과정은 시간을 필요로 하여 이전과 이후를 형성한다. 물리적 과정의 특성은 어떤 것이 공간-시간적 선에 따라 움직이면서 변화되지 않은 채 남아 있다는 것이다. 포탄은 포물선에 따라, 원자는 한 분자적 구성에서 다른 구성으로 움직인다. 위치, 화학적 소재, 에너지 상태는 변하지만 포탄과 원자는 그대로 남아 있다. 이들에게 물리적 변화는 그냥 일어나는 것이다. 반면 역사적 과정에서 역사적 주체나 대상은 세계 변화에 참여하면서 스스로 변화한다.

  기술화 과정은 단순히 기술적 발전, 기술의 성장과 확장을 의미하는 것이 아니다. [예를 들어] 정보화는 우선 정보 기술의 진보를 의미하며 이는 무엇보다 이 기술에 따른 사회의 변화를 초래한다. 사회의 정보화는 정보 기술이 투입되지 않은 곳에서조차 문맥적 지식과 끝없는 지식 추구가[5] 고립된 정보 및 정보교환의 형태로 이루어지는 것을 의미한다. 이는 소위 사회의 의료화(Medikalisierung)의 경우에도 분명해진다. 여기서 의학에 의해 대표되는 병과 건강에 대한 기술 모델은 의학과는

로운 것을 기술이라고 자각하게 된다. 즉 '기술'이라는 존재가 있음을 상기하고 이에 대해 반성하게 된다. 그래서 기술화, 즉 기술적 발전을 통해 우리는 기술이라는 존재에 대해 반성하게 된다. 다시 말해 기술화는 기술의 반성화를 이끈다.

5   예를 들어 어떤 말을 들었을 때, 이 말을 이해할 수 있는 이유는 우리가 이 말을 똑바로 들었을 뿐만 아니라 이 말이 발화되고 있는 상황, 문맥에 대한 이해를 함께 가지고 있기 때문이다. 이를 문맥적 지식이라 한다. 우리는 의사소통할 때 항상 문맥적 지식을 활용한다.

전혀 상관없는 사회 영역까지도 포괄한다. 의료화는 점점 더 행위 방식 또는 사회적으로 주목되는 사건들을 병으로 정의하고 이를 다루기 위해 전문가 지식과 약학적-기술적 해결을 투입하는 것을 의미한다. 연약한 경제 체계, 집중력 없는 학교 아이들, 전체 경제 부문을 병들고 치료가 필요한 것으로 진단하고 이에 적합한 조치에 대한 토론이 사회의 비판적 자기반성의 역할을 하게 된다. 그래서 정보화와 의료화는 특히 시선의 변화를 일으키고, 시각, 즉 역사적 주체의 변화를 일으킨다. 우리 지각은 기술적 모형을 통해 훈련되고 이를 이제 모든 생활 영역에 투사한다. 자연 속에서 즐기는 산책은 일종의 약탈 행위가 되어 무엇보다 경험을 사진에 담아 집에 가져오는 것이 된다. 그래서 카메라의 시각은 이에 맞는 감각상이다. 우리가 카메라를 집에 둔다 해도, 즉 그의 독재적인 영향력으로부터 벗어나기 위해 의식적으로 집에 둔다 해도 기술화된 시선은 여전히 우리를 지배한다. 우리는 어디서나 아름다운 그림, 시나리오, 풍경을 보게 되면 여전히 무의식적으로 카메라가 있었으면 하는 소망을 지닌다. 자연 속에서 즐기는 소풍의 기술화는 이제 다음 단계로 나아간다. 사진 장비, 인터넷, GPS는 협업한다. 걷는 도중에 이미 컴퓨터는 모든 걸음을 지도상에 그리며 약탈한 풍경 사진을 일정한 전망 장소로 분류하고 여행 잡지를 생산해 낸다. 그래서 자연 속에서의 소풍은 그림자처럼 우리와 동행하는 또 다른 나를 지닌다. 매체화를 통한 여행의 이중화는 반성적이 된, 즉 자기 관계적이 된 세계 속에서 이루어진 기술화의 또 다른 특징이다.

하나의 또는 다양한 역사적 기술화 과정이라는 명제는 다음을 의미한다. 인간, 사회, 문화, 아마도 기술 자체가 이 과정에서 변화하며, 이들은 점점 더 기술화되며 모든 것이 그대로 머무르지 않는다. 다양한 기술적 조건들하에서 예를 들어 시선은 다양한 방식으로 기술화될 수

있다. 신석기 시대 사냥꾼과 흔적을 쫓는 자의 날카로운 시선, 위계질
서로 구조화된 산업 사회에서 시민의 자세히 관찰하는 시선, 대중매체
소비자의 흩어진 시선, 디지털 취미 사진가의 동기를 유발하는 시선.
각 지각 방식은 기술의 발전과 보급으로 생겨나며 이를 넘어 사회적 관
계 속에서 작용한다.

　지각의 기술화는 문화철학적이고 기술철학적으로 인기 있는 주제다
(z.B. Böhme 2008; Baudrillard/Böhringer/u. a. 1989). 이 주제와 연
관해 발전한 몇몇 주장들은 오랜 발전 기간에 적용될 수 반면, 몇몇은
특수한 공학기술과 짧은 시간 공간과 연관된다. 게르노트 뵈메(Gernot
Böhme, 1937-)는 근세 학문이 감각적 지각으로부터 벗어나려 했다는
중요한 특징을 지닌다고 생각한다. "학문적 자료는 감각 지각에 주어진
것이 아니라 장비를 통해 드러나는 것이다."(Böhme 2008, 245) 반면
학문적 객관성 개념의 역사가 밝혀주듯 이 개념의 선형적 발전이란 없
으며, 예를 들어 물리학에서 장비에 의존한 19세기 역학적 객관성은 집
단의 판단과 배치되며, 20세기에는 안개상자 실험을 통해 여기저기서
관심 끄는 물리학적 현상을 가시화해야 했다(Daston/Galison 2007).
오늘날 물리학의 가시화 전략에서 무엇보다 중요한 것은 기술적 비용
을 최대한 들이더라도 적어도 직접적 감각성의 환영이라도 산출해야
한다는 것이다. 역사적 기술화 과정에 관해 이야기하려면 뵈메가 회의
적으로 평가하듯이 넓은 범위의 역사철학은 필요 없다. "역사철학적 기
술철학은 오늘날 대단히 환상적인 사변으로 다가온다. 그것은 기술 발
전을 무의식적인 과정 또는 강력한 운명으로 간주하기 때문에 누구의
마음도 끌지 않는다. 그래서 그것은 악마적 기술을 형이상학적으로 위
장한 것과도 같다."(Böhme 2008, 31)

　이런 의미에서 이제 다양한 기술화 과정에서 기술이 자기 자신과 관

계하여 반성적이 된 어떤 단절점을 표시할 수 있는지 조심스럽게 물어야 한다. 이에 대한 출발점은 이동 수단의 기술화 역사다.

다름슈타트에서 파리로 가는 여행은 그 자체가 오래전부터 어떠한 역사적 과정도 아니며, 여행자는 그대로 머무르며 오로지 시공간 좌표만 바뀐다. 여행자는 순수 물리적 노선 위에서만 움직이지만, 이는 여러 다양한 수단을 통해 이루어진다. 걸어서 갈 수도 있고, 말로, 마차로, 철도로, 자동차로, 그리고 비행기로 갈 수도 있다. 여행자는 다양한 교통수단에서 어떻게 변하는가? 기술은 어떻게 변하는가? 이 물음들에 답하기 위해서는 교통수단을 봐야 하며, 우선 최대 도달 거리와 그 속도를 봐야 한다. 이제 최대 도달 거리는 긴 거리를 이동해야 하는 육체와 관련된다. 이 육체는 기술을 통해 연장된다. 여기서 육체 자체는 변하지 않으며 육체에 대한 권한과 기술적 수단만 변한다. 이를 통해 우리는 항상 육중한 자기 신체를 이동하는 플랫폼에 놓고 자신의 목표를 향해 가속한다. 에른스트 카프는 이 기술적 연장의 방식을 기관 투사라고 부르며, 인간학자 아르놀트 겔렌(Arnold Gehlen)은 기관의 부담 완화, 기관 대체 또는 기관의 극복이라고 부른다.

다른 관점이 이 내용과 연결된다. 그렇게 기술적으로 연장된 육체는 원래 그랬던 것처럼 육중하고 무기력하며, 또한 더 육중해지고 무기력해질 수 있다. 하지만 육체가 이제 기술적 껍질 속으로 들어가게 되면 갑각류가 된 인간은 다른 경험을 하게 되고, 다른 욕구를 발전시키며 다른 사회적 관계로 들어선다(Arendt 1967, 411). 얼마나 빨리 풍경이 우리 앞에 지나쳐 가는지에 따라 우리는 이를 다르게 경험하며, 도시 간의 간격도 다르게 경험한다. 예를 들어 자동차라는 껍질을 덮고 있는 자는 휘발유에 대한 갈증을 지니며 충분한 숫자의 주유소가 설치된 더 넓은 도로를 필요로 한다. 도보자의 세계와 자동차 운전자의 세계 사이의 충돌에 관해 서론 장에서 인용한 랭던 위너의 글 내용을 상기해 보자면 사회적 관계의 차이는 분명하다.

　하지만 이제 비행기로 넘어가면 다른 관점이 들어서게 된다. 여기서 우리는 육체의 연장 또는 극복이 아니라 육체에 대한 과도한 요구와 만나게 된다. 파리 여행자가 비행 중 10000미터 높이에서 살아남으려면, 기술이 비행 공간에서 필요한 압력 균형을 유지해야만 한다. 이 압력 균형 기술은 인간을 기술의 조건에 적응케 하고, 반대로 기술을 인간의 조건에 적응케 하는 것을 위해 필요하다. 이 기술은 더 이상 자연 지배가 아니라 기술 지배를 위해 존재한다. 이 지점에서 기술은 반성적이 된다.[6]

　귄터 안더스는 이 순간을 역사철학적 전환점으로 해석한다. 기술이 더 이상 역사라는 매체 속에서 이루어지는 것이 아니라 역사가 기술이라는 매체 속에서 진행된다(Anders 1961, 276-293). 이에 대한 그의 준거점은 매체 사회, 특히 핵폭탄이다. 우리가 지난 장에서 이미 보았듯이 핵폭탄 시대에 의도는 그대로 제작으로 이어지지 않는다. 우리는 스스로 무엇을 하는지 더 이상 알지 못한다. 왜냐하면 이미 제작한 것

6　자동차를 예로 들어 이를 다시 설명해 보자. 자동차가 눈에 띄지 않게 작동하면 상관이 없다. 이 때 자동차는 나의 육체의 연장이며, 나의 몸과 자동차는 한 몸같이 작동한다. 하지만 자동차 기술이 발전하면서부터 속도 증가와 사고 위험 때문에 어느 순간 인간과 자동차 기술이 한 몸으로 있던 상태가 깨어진다. 한편으로 자동차의 기술에 인간의 육체가 적응해야 한다. 이제 인간은 자동차의 속도와 소음에 적응해야 한다. 다른 한편으로 자동차 또한 인간의 육체에 적응해야 한다. 즉 육체를 보호하기 위해 안전벨트 등 안전장치가 필요하게 된다. 인간과 기술은 직접적인 한 몸이 아니라 서로 견제하고 보충해야 하는 관계에 들어서게 된다. 인간은 기술을 끊임없이 견제하고, 이에 적응하거나 이를 수정해야 한다. 기술 또한 인간을 의식하면서 자신을 수정하거나 개선해야 한다. 기술은 자기 자신을 통제하고 견제해야 한다. 즉 인간이 기술을 의식하면서 이를 견제해야 한다. 이로써 기술은 인간에게 의식적인 존재가 된다.

과 할 수 있는 것의 범위를 더 이상 의도할 수 없기 때문이다. 이제부터 역사적인 기획은 우리가 수단을 가지고 달성하려고 하는 것을 더 이상 앞서지 않는다. 핵폭탄과 관련해서 보자면 우리는 기술적으로 가능하게 된 재난을 막으려는 행위에 집중하게 된다. 우리가 제작한 것이 가진 파괴 잠재성은 "미래가 가능하기" 위해 사회가 적응해야 할 틀이 되고 말았다. 미래 또는 인간의 역사가 이어질지 여부는 이제는 기술의 물음이며, 특정한 무기가 투입될지 또는 우리가 재난적 지구온난화를 아직도 막을 수 있는지 여부도 마찬가지다.

하지만 기술의 반성화는 정치–역사적 행위가 기술적 강제에 복속된다는 의미의 재난적 전환점으로 이해해선 안 된다. 이 반성화를 무엇보다 새로운 정치적 상황으로 이해하기 전에 교통수단의 역사를 다시 살펴보고 우리의 기술 감각상에 맞게 좀 더 논의를 진행해 보자.

나는 발로 가고 마차로, 그리고 철도로, 차로 이동하며 비행기로 날아가고, 마침내 카메라를 들고 파리를 여행한다. 나는 텔레비전의 여행 프로를 보거나 전기통신으로 또는 원격 통신으로 "가상적으로" 파리에 있거나 또는 물리적으로 카메라를 들고 도시를 돌아다닐 수 있다.

이는 우선 경험의 이중화, 육체로부터 지각이 분리되는 것을 의미한다. 이를 통해 나는 이중적 존재로 생물학적 눈과 기술적 눈을 가진다. 기관 연장은 여기서 일종의 기관 외화 또는 기관 대리로 나아간다. 기술이 감관 기능을 대체해 버리고 더 이상 근육 힘을 보조하는 것에 머물지 않는다. 카메라 눈을 통해 나는 여러 관점, 주체 중심적 관점, 그리고 말 그대로 세계를 훑어보는 산발적인, 유동적인 관점을 가진다.

카메라, 카메라 눈은 기술의 반성화를 표시하며, 기술화된 세계를 시선에 담는 기술적 눈이다. 이는 지가 베르토프(Dziga Vertov)의 1924년도 영화 〈나는 카메라다〉가 영화의 눈을 중심에 두는 것과 같다. 카

메라는 아마도 우리의 이동 수단의 진보 역사에서 마지막 지점을 표시
한다. 이제 우리의 생각만이 날개를 다는 것이 아니라 우리의 지각도
날개를 단다. 이는 다른 기술화 서사를 낳게 되는데, 이것이 지금까지
의 서사와 이어지는 아르놀트 겔렌의 기술화 역사다.

1964년의 논문집은 기술의 반성화를 제목 그대로『기술적 시대의 기
술』(*Technik im technischen Zeitalter*)로 명명하고 있다. 여기서는 더
이상 세계 속 기술이 아니라 이미 기술화된 시대에서의 기술적 발전과
기술적 사유를 다루고 있다. 이는 안더스가 진단한 단계의 전환과 일치
하는 것 같지만 그렇지는 않다. 이 책에서 "역사적 상황에 대한 관점들"
을 종합하는데, 여기서 상황이란 유사-생물학적 진화의 역사로부터 유
래한다. 아르놀트 겔렌(1904-1976)에 따르면 우리는 이 생물학적 진화
의 역사를 말 그대로 받아들여도 된다.

겔렌의「기술의 인간학적 관점」(Anthropologische Ansicht der
Technik)은 카메라를 다루지는 않지만 이를 포함하고 있다. 겔렌은 기
술적 발전의 "법칙"을 다룬다. 그는 이 법칙을 확신하고 있는데, 이 법
칙에 따르면 기술은 카프처럼 내면을 바깥으로 전이시키고 객관화한
다. 이는 부담 완화로 이끈다. 힘든 육체노동은 이제 도구나 기계가 넘
겨받을 수 있다. 이 내면과 외면을 교체했다는 것을 개념적으로 표현하
기 위해 이미 인간을 "사이버네틱스"의 기계나 자동기계로 서술하고 있
다.[7] 사이버네틱스로 표현한 인간의 특징은 기술적 규칙 범위 또는 피

7　"사이버네틱스"란 표현은 1948년 노버트 위너(Nobert Wiener)가 쓴『사이버네틱
스, 또는 동물과 기계에서 제어와 통신』(*Cybernetics or Control and Communication
in the Animal and the Machine*)에서 유래한다. 조종, 통제를 의미하는 그리스어 퀴베
르네시스(κυβέρνησις)에서 유래하는 말로 자동 조절 체계를 지칭한다. 예를 들어 자동
조절하는 난방기엔 설정 온도가 있다. 온도가 설정 온도보다 더 낮으면 난방기가 작동
하여 온도를 설정 온도에 맞춘다. 온도가 올라가게 되면 난방기는 이를 측정하여 다시

드백 메커니즘으로서 이는 "가장 단순하게는 [상호작용하는] 노동하는 손과 통제하는 눈을 통해 표현할 수 있다"(Gehlen 1965, 107). 손이 뻗는 것과 눈이 보는 것, 어떻게 손이 눈으로 보는 것에 반응하는지, 눈이 손의 움직임을 보는 것 등 각 개별 행위의 상호간 피드백은 가장 단순한 일을 할 때 발생하는 정신적 비용과도 일치한다. 기술 발전 과정에서는 바깥으로 노동하는 손의 움직임만이 기계로 이전되는 것이 아니다. 전체 규칙 범위의 기술화 및 그것의 바깥으로의 이전을 통해 "주체의 정신적 비용은 기술 수단을 통해 불필요하게" 된다(1965, 107). 여기서 자동화된 노동과정을 통제하는 카메라 눈이 등장하여 관찰과 통제를 넘겨받고 조절까지 할 수 있게 된다.[8]

이미 기술적으로 "탈주체화된" 눈과 손 간의 피드백은 [사실상] 모든 인간 행위를 규제하는 것으로 "인간적 근원 현상"(108)이라 할 수 있다.[9] 이 피드백은 이제 바깥으로 이전된다. 이 피드백이 "탈주체화"되었다는 것은 여기서 [주체가] 기대한 바와 그 결과를 통제하고 조율하는 것이 아니라 기대하지 않던 것, 즉 제공된 자료 값에 최적의 반응을 하

금 이 정보를 자신의 자동 조절 체계에 전달한다(피드백). 만약 온도가 설정 온도보다 높다는 피드백이 있게 되면 난방기는 멈추게 된다.

8 겔렌은 헤르만 슈미트(Hermann Schmidt)의 논의를 요약하여 받아들인다. 슈미트는 역사를 "기술적 수단을 통해 인간 노동을 **객관화하는 것**으로" 파악한다. 이 과정은 세 단계로 이루어진다. 첫 번째 단계는 "도구의 단계"로서 여기서 인간은 노동을 위해 자신의 물리적 힘과 정신적 비용을 제공한다. 두 번째 단계는 "노동 기계의 단계"로서, 여기서 인간은 자신의 물리적 힘을 기계에 맡긴다. 세 번째는 "자동기계의 단계"로서 정신적인 비용까지 기계가 떠맡는다(Arnold Gehlen, "Die Seele im technischen Zeitalter. Sozialpsychologische Probleme in der industriellen Gesellschaft", in: *Gesamtausgabe*, Bd. 6, hrsg. von Karl-Siegbert Rehberg, Frankfurt am Main 2004, 19−20쪽.).

9 헤르만 슈미트에 따르면 눈과 손 간의 상호작용은 말하기와 듣기 간의 상호작용처럼 인간의 모든 행위를 통제한다.

는 것이 중요하다는 것이다. 이 자동화된 반응 및 적응 연관을 통해 인간의 정신적 활동이 활성화될 필요가 없게 된다고 볼 수 있다. 겔렌은 이제 이 발전의 수혜자가 누구인지 묻는다. 역사적이고, 행위하고, 정신적으로 활동적인 주체가 기술을 통해 진보하는 부담 완화의 이름 아래 사라짐으로써 누가 이득을 취하는가? 이 수혜자는 개별 인간이 아니고 "강제적인 과정"으로서 인구가 폭발적으로 두 배로 늘어나고 있는 종으로서의 인간이다(106, vgl. 114). 이를 강제적인 과정이라고 부르면서 겔렌은 진화론적 법칙의 맹목적 작용을 고발한다. 이 법칙은 다소간 연속적으로 작용하고 "순수 생물학적이고, 파토스를 상실한 의미에서" 인간 종을 이끌고 있다(106). "이 법칙은 기술 내부적 사건이자 그 과정을 증언하는데, 이는 전체로서의 인간이 원한 것은 아니다. 오히려 이 법칙은 배후에서 또는 본능적으로 전체 인간 문화사를 이끌고 있다."(107)

이 "기술 내부적 사건"이 가능성의 공간 또는 자유의 공간을 마련하며, "인간적 생은 생물학적 의미에서 틈새마냥 이 공간 속으로" 들어간다(114). 이 공간은 인간에게 적응을 요구한다. 이 적응은 의식적으로 이루어질 수 없고 인간의 육체와 욕구, 그의 규정과 자기 사명을 규정한다. 인간이 서로 식민지화한 것처럼 인간은 기술적 발전에 의해 식민지화된다. 겔렌은 이런 의미로 농업 사회에서 산업사회로의 이행을 서술한다.

"당사자의 전체 익숙한 사유 및 감정 방식이 궤도를 벗어나게 되어 새로 일어난 욕구 외에 수많은 쇼크 반응이 일어나는데, 이는 노이로제, 집단 히스테리, 공포 상태에서 둔감함, 무감각 상태에 이른다. […] 선로에서 벗어난 인류의 적응 시도는 의식만으로는 성공할 수 없다. […] 자신의 자연적-유기적 도움 수단과 자기 손으로 만든 것만 가지고 개별 인간이 거친 자연에서 생존했을지 몰라도 이런 것이 제대로 기능하지 않는 기술적-산업 체계에서는 3일도 버틸 수 없을 것이다."(111f.)

이 진화적 과정에 강한 문자 표현을 부여하기 위해 겔렌은 한나 아렌트의 표현을 극단화한다. "그래서 한나 아렌트(『인간의 조건』)의 표현을 빌려온다면 우리가 일찍이 다루던 장비는 이제는 우리의 생물학적 생에 속하기 시작했고, 인간 종은 더 이상 포유류에 속하는 게 아니라 일종의 갑각류로 변하기 시작했다."(113)

한나 아렌트는 초기 근세 정신사로부터 인간을 기술적으로 무장한 갑각류 동물로 표현하고 있다. 기술 발전의 "본능적이고 무의식적 과정"이라는 가정을 통해 겔렌은 여기서 한 걸음 더 나아가고 있다. 그가 그리는 인간 갑각류 동물은 정신적으로 사유하는 걸 멈췄기 때문에 동물이다. 이 의미에서 겔렌은 아렌트에게서 발견한 하이젠베르크의 문장을 인용하는데, 이에 따르면 기술은 "거대한 생물학적 과정이다"(113).

이 기초 위에서 겔렌은 1964년 진단과 예견을 제시하는데, 냉소가들은 이를 선견지명이라고 여길 것이다. 기술 시대에 우리가 기술에 정신적으로 맞추는 것은 말하자면 실재적인 생활 실현을 위해 자유 공간을 요구하는 우리 욕구를, 그리고 19세기에 작동했던 모험적 정신을 포기하는 것이다. 자족적인 자유의 퇴보는 권리, 즉 치료 및 확실한 일자리에 대한 권리 등 모든 보편화 가능한 요구가 비판받을 것이라는 기대로 이어진다. 개인은 "거대 산업사회의 엄청난 수단들로부터 이용당할" 수 있다(114f.).

자신의 문화 염세주의적인 진단에 대해 겔렌은 아무런 대안도 제시하지 못하며 그의 기술화 서사는 아무것도 전해주지 않는다. 유사–자동적 기술 발전이라 하면서 이 발전이 인간의 공생에 미치는 영향만을 전하는 다른 서술들도 마찬가지다. 여기서 전제된 결정론에 따르면 우리가 기술을 실현하는 게 아니라 우리가 기술에 자신을 맞출 수만 있다. 왜냐하면 기술 발전은 자신의 내부 논리에 따르며 "우리 배후에서" 이루어지기 때문이다.

기술이 기술화 과정에서 점점 더 자기 자신과만 관계함으로써[즉 자동화됨으로써] 기술과 사회가 어떻게 변화하게 되는지에 관한 물음에 베를린 열쇠가 그 실마리를 제공한다. 이 열쇠가 번호키에 의해 사라진 것은 하나의 삶의 형식이 다른 삶의 형식으로 사라진 것 이상이다. 번호키의 승리를 이끈 기술화 과정은 도대체 무엇이며, 번호키 어디에 기술의 "향상"이 놓여 있는가? 번호키의 구조 속에는 베를린 열쇠보다는 좀 더 많은 공학적 지식이 있으며 그 발전에는 더 많은 수의 공학 분과가 관여했을 거라는 답변이 가능하다. 제작 측면에서 보면 번호키는 좀 더 기술화된 세계를 필요로 하며 그래서 "지식사회"의 산물이다. 여기서 기술의 "기술화"에 관해 이야기할 수 있으며(Häußling 1998, 120), 즉 자기반성적인, 기술 반성적인 지식사회의 삶의 형식에 속하는 기술에 관해 이야기할 수 있다.

지식사회에서 기술의 기술화란 인간 관계와 기술 관계가 점점 더 복잡해지고 이 복잡성이 서로를 촉진하고 극대화한다는 것을 의미한다. 인간들 사이의 관계, 사물들 사이의 관계를 유지하기 위해 점점 더 기술에 대한 지식과 사회 조직이 필요하다. 여기서 "공학기술"(Technologie)이란 개념이 중요하다. 기술의 "논리"(logos) 또는 이성은[10] 기술을

---

10   이 책은 기술(Technik)과 공학기술(Technologie)을 분리해 번역했다. 여기서 저

지배하고 기술 발전을 이루기 위해 반성되고 학문적으로 표현된다. 기술에 이미 포함된 원칙은 계속 발전할 뿐 아니라 기술 발전의 예상과 그 평가를 가능케 하기 위해 계속 세분화된다. 이 기술 지식은 작업장, 실험실, 연구소에 머문다. 지식은 기술적 인공물로 외화되지 않는다. 기술 발전이 지식에 더 의존할수록 우리는 점점 더 지식사회에 대해 이야기할 수 있게 된다. 이 사회는 제작된 생산물이 자신의 소유자를 바꾸는 것이 아니라 인간과 사물에게 면허증을 발급하며, 이 면허증은 축적된, 양도할 수 없는 지식에 대한 접근을 보증한다. 이에 대한 모범이 컴퓨터 및 프로그램 공학기술에 관여하고 있는 대개의 소프트웨어다. 사용자는 단순히 이를 사는 것이 아니라 일시적인 사용을 위한 면허증만을 받는 것에 불과하다.

지식사회에서 기술은 기술화된 세계에서 점점 더 기술 지배를 하게 되며, 현존하는 기술과 관련해 반성적이 된다. 기술화된 세계가 기술이 만들어낸 새로운 문제들과 불확실성을 다루도록 요구하는 한 우리는 울리히 벡(Ulrich Beck)이 말한 "반성적 현대" 속에 있다. 반성적 현대는 현대화의 결과를 다룬다(Beck/Giddens/Lash 2003).

안더스, 특히 겔렌의 기술결정론적 시각과 반대로 벡과 그의 동료들의 분석은 기술적 복잡성과 사회적 복잡성이 낳은 공동 산물로부터 출발한다. 이 산물은 기술 발전의 고유 논리가 아니라 자본주의의 성장 위주의 생산 논리의 결과다. 이 생산 논리는 자연적이 아니라 정치적이

자는 'Technologie'란 표현이 Technik과 Logos의 합성어라는 점에 주목하고 있다. 독일어에서는 이 두 표현의 구별이 존재한다. 영어로 'technology'가 '기술(Technik)'이란 표현과 일치한다. 'Technologie'란 표현에 대응하는 영어식 표현은 없다. 여기서 'Technologie'란 기본적으로 기술에 대한 학문(Logos)을 의미하는 것으로서 자연과학적 지식을 활용하는 기술의 반성성을 표현한다.

고 예를 들어 민주적 과정에서 실현 가능하다. 이에 따르면 기술의 반
성화 또는 기술화는 "운명"(Geschick)이 아니라 민주주의적 지식사회
에 등장한 특수한 과제다. 지식사회는 지식 생산의 변화된 형식을 강렬
하게 반성하면서 이 과제를 분명히 의식하게 된다(Nowotny/Scott/
Gibbons 2004).

　이번 장은 우선 우리가 한 가지 방식으로 진행되는 기술화 서사를 이
야기하는 대신 오히려 기술적인 삶의 형식의 시간적 나열을 생각해야
만 한다는 점을 보여줬다. 우리는 기술화가 모든 삶의 연관을 점차적으
로 가속한다고 가정하지 않으면서도 엄청난 속도의 삶에 대해 이야기
할 수 있다.[11] 우리는 점증하는 매체화를 주장하지 않으면서도 각 삶의
형식의 매체적 조건에 대해 물을 수 있다. 더욱이 우리는 진보사와 기
술화 분석이 시사하는 바가 많으며 우리가 일반적으로 기술에 관해 이
야기할 때 생각하고 있는 바를 드러낸다는 점을 봤다. 여기서 우리는
원칙적으로 다양한 기획들을 살펴봤다. 한편으로는 맹목적인 발전 의
지 또는 인간 종의 죽음 충동으로 인한 탈역사화, 부담 완화, 탈주체화
라는 디스토피아적 명제를 봤고, 다른 한편으로는 유토피아적인 기대
도 봤다. 이에 따르면 우리의 민주주의적 사회는 매우 복잡하게 기술화
된 세계가 지니는 불확실성에 대처하는 법을 배우게 된다.

11　즉 기술의 진보가 계속 삶을 가속한다는 일반적인 명제를 주장하는 대신, 어떤
기술은 삶을 가속하는 측면을 가지고 있으며, 어떤 기술은 그렇지 않은 측면을 가지고
있는데, 현대 기술은 특별히 삶을 가속하는 측면을 지닌다고 생각할 수 있다.

4

도구적 또는 의사소통적
― 기술과 지식에 관한 물음

이번 장에서는 서론에서 제시한 네 번째 주요 물음이 중심이 된다. 즉 포괄적인 합리성의 형식으로서의 기술을 다룬다. 단순히 설계자 또는 발명가가 어떤 지식을 활용했는지를 다루며, 나아가 어떤 사유가 기술 속에서 표현되고 기술을 규정하는지를 물어야 한다. 그래서 한편으로 기술적 합리성이 학문적 사유와 맺는 관계를, 다른 한편으로 기술이 사회적, 역사적, 윤리적 반성 형식과 가지는 차이를 다룰 것이다.

　이 물음 또한 두 부분으로 다룰 것이다. 하지만 이번에는 두 가지 대립되는 관점 모두를 동등하게 여기지는 않을 것이다. 대신 우리는 여기서 이어져 온 관점을 새로운 관점으로 대체함으로써 상대적으로 새로운 발전 방향을 제시할 것이다. 이 궁극적으로 유지 불가능한 관점은 매우 심층에 자리 잡고 있다. 그에 따르면 기술적 사유는 도구적인 목적-수단-사유이며, 이는 문제 해결을 찾거나 주어진 목적 실현을 위해 적합한 수단을 찾는다. 기술이 기술적 인공물이나 합목적적인 도구 이상을 의미한다 해도, 기술적 사유는 항상 잘 정의된, 한정된 과제만을 목표로 한다.

만약 이렇다면 기술적 사유는 이중적 관점에서 제한되어 있을 수밖에 없다. 첫 번째로 이는 학문적 사유보다 못하다. 즉 기술은 응용 학문에 불과하며, 이에 반해 학문은 무엇보다 더 많이 할 수 있고 하려고 한다는 것을 의미한다. 기술은 응용 학문만이 아니라 암묵적 또는 분명한 공학 및 설계 지식을 필요로 한다. 이러한 기술 자체를 가능케 하는 공간을 마련하고 확장하는 것은 학문의 과제다. 그래서 기술 역사학자 폴 포먼(Paul Forman)은 약 1980년까지는 새로운 기술이 항상 학문 덕분이며, 기술적 진보가 학문적 진보에 힘입었다고 말한다. 실천을 중시한 사상가 칼 맑스나 존 듀이, 마르틴 하이데거의 독자들은 학문의 지위와 역할에 우위를 인정했다(Forman 2007). 이 모든 것은 이제 기술적 사유가 두 번째이자 더 보편적인 관점에서 제한적이라는 사실을 말하고 있다. 말하자면 도구적인 이성이 목적 합리적으로 전제된 목적을 위해 수단을 찾을 수 있는 반면 기술적 사유는 자신의 목적을 소통 과정에서 반성하고 정당화하기 위해 더 많이 갖춘 포괄적인 소통적 이성을 필요로 한다. 이 기술적 사유의 이중적 제한성을 이제 소개할 것이다.

진공펌프 또는 사회의 공동화(Entleerung)

기술적 도구가 도구적인 기술적 이성의 감각상이라면 이는 너무나 당연하다 할 수 있다. 그럼에도 불구하고 여기서는 17, 18세기 특히 중요한 과학적 도구가 반성의 출발점이다. 공기 또는 진공펌프를 통해 우리는 한편으로 과학적 도구가 인식 목적에 도달하기 위한 수단이며 이 도구의 도움으로 측정하고 관찰한 사물 또는 유기체가 도구화되는 것, 원래 연관으로부터 분리되어 이들이 과학적으로 해석 가능해지는 것을 보게 된다. 제한적인 도구적 이성이란 개념에 따라 도구는 매우 경시받던 위치에서 과학에서 중요한 위치에 오르게 된다. 도구는 인식 획득 과정에서 가지는 특권적인 위치 덕분에 특별한 권위를 얻게 된다. 도구가 보여주고, 실험이 시연하는 것은 물론 옳다. 그럼에도 불구하고 도구의 권위는 항상 도전을 받는데, 이는 특히나 진공상태에 도달하기 위한 펌프의 경우가 그렇다. 기술적 사유가 지배하게 되면 사회적 소통 과정이 공동화된다. 바로 펌프가 이런 사태를 잘 보여주고 있으며, 그래서 펌프는 이러한 사태에 대한 은유가 될 수 있다. 하지만 결국 진공 펌프에 대한 반성은 도구를 단순히 도구적인 것으로 간주하는 관점이 유지될 수 없음을 보여주게 된다.

진공펌프의 역사를 여기서는 짧고 가볍게만 이야기할 수 있다. 진공 펌프가 오토 폰 귀리케(Ottto von Guericke)에 의해 1657년에 발명되었고 로버트 보일(Robert Boyle)에 의해 자연과학의 일반 실험에 도입된 후, 그것은 "공기펌프"라고 불렸다. 왜냐하면 공기를 유리 용기에서 빼낼 때 실제로 진공이 생겼는지를 결정할 수 없었기 때문이다. 엄밀한 의미에서의 도구는 명확한 인식 목적을 달성하는 데 도움을 줘야 한다. 하지만 이런 의미에서 펌프는 도구가 아니었다. 그래서 18세기에 펌프는 공기 압축 기계로 표현되었고 여러 새로운 현상들을 생산해 내는 일종의 동력으로 간주됐다. 왜냐하면 다음은 명확했기 때문이다. 공기를 유리 용기로부터 빼내면 자연에서는 발견될 수 없는 조건들이 생겨났다. 초, 시계, 살아 있는 동물, 다양한 유기물과 무기물 표본들을 유리 덮개 아래 가두면 작은 무대처럼 수많은 새로운 반응과 결과들이 나타났기 때문이다.

공기펌프가 세련된 증명 과정을 통해 빈 공간인 진공의 존재를 증명

할 수 있을 때에야 비로소 좁은 의미에서의 진공펌프, 즉 과학적 도구
가 되었다. 로버트 보일은 1660년에 "진공 속 진공"(Vacuum-in-vac-
uo) 실험을 보여줌으로써 이 증명을 해냈다. 유리[용기의] 덮개 아래
기압계, 즉 위가 막혀 있는 수은으로 채운 유리관을 놓았는데, 이는 밑
은 열려 있고 수은에 담겨 있다. 기압에 맞춰 수은기둥이 자연스레 떨
어지고 유리관 상부에는 빈 공간이 생기는데, 이는 과학적으로 매우 논
란이 됐다. 왜냐하면 많은 자연과학자에 따르면 자연에는 현실적인 빈
공간이 존재할 수 없었기 때문이다. 이 논란의 물음에 대해 공기 펌프
가 답해야 했다. 말하자면 공기를 유리 용기에서 빼내면 수은기둥은 항
상 밑으로 떨어진다. 실험에 사용된 공기펌프들 중 어느 것도 진짜 진
공을 만들어 내기에는 역부족이었지만 이는 의미 있는 균형으로의 경
향을 보여줬다. 유리 용기가 진공화(Entleerung)됨으로써 기압이 내려
가고 수은기둥은 결국 밑으로 떨어지게 된다. 그러면 유리관 속 진공은
유리 용기의 진공으로 이어진다. 진공과 진공 속 진공은 그래서 하나이
자 동일한 것이며, 이들은 빼낸 것의 부재에 다름 아니다.

　곧바로 진공에 대한 이 직관적인 논증이 좋은 논증인지, 우리에게 뭔
가를 보여주는 이 기구에 얼마나 권위를 부여할 수 있는지 물음이 당연
히 생겨난다. 공기펌프가 보여준 현상은 진공의 유무에 관한 어떠한 지
식 체계에도 속하지 않는다. 이는 단순한 사실이며, 이에 대한 적합한
이론은 이제 비로소 연구해야만 하며, 이는 다른 기계적으로 산출된 사
실에도 해당한다. 수단은 그것이 자신의 목적을 달성할 때 권위를 가진
다. 하지만 실험에서 발생한 사실에 이성이 별다른 검증 없이도 인정할
수 있는 확실한 권위를 부여해도 되는가? 단순한 사실이 먼저 있고 사
유가 사실을 통해 자의적이지 않은 해석을 비로소 구해야만 한다면, 이
때 이 사실은 어떤 권위를 가지는 것일까? 이처럼 자연과학자 로버트

보일과 철학자 토마스 홉스(Thomas Hobbes) 사이에서는 공기펌프와 "진공과 진공 속 진공 실험"에 관한 논쟁이 벌어졌다(Shapin/Schaffer 1985). 진공의 존재 혹은 비존재가 논란이 아니라 중요한 이론적이고 정치적 함의를 가진 기초 물음에 관한 철학적 논쟁을 기술적 도구를 통해 해결할 수 있는지 여부가 논란이었다. 도구가 단순히 목적을 위한 수단이라는 점이 문제시되었고 여기서 그 물리적 특성, 즉 예를 들어 유리가 실제로 투명한지 여부도 논의됐다. 스티븐 셰핀(Steven Shapin)과 사이먼 셰퍼(Simon Schaffer)가 인상 깊이 재구성한 논쟁은 공기펌프가 단순한 도구 이상을 의미하는지에 맞춰져 있다. 논쟁이 기술적 도구를 통해 해결될 수 있는지가 논란이었다.

이 논쟁에서 철학자 토마스 홉스는 로버트 보일 및 도구적 이성을 비판하는 자로 등장한다. 그는 포괄적인 소통적 이성이 질서를 부여하는 힘을 바탕에 두고 있다. 이 이성의 경험으로부터 도출되는 좋은 근거가 법칙적 기초를 제공하며, 이 기초만이 사회의 유지를 보증할 수 있다. 단순한 기술적 사유에 대한 이런 종류의 비판은 20세기 기술철학 논쟁에서 다시 등장한다. 이전 장에서 우리는 아르놀트 겔렌의 주장에서 이 비판적 입장을 만났다. 겔렌에 따르면 우리가 실재적 삶의 실현을 위해 자유공간에 대한 욕구를 가지는데, 기술 시대에 기술에 자기 자신을 정신적으로 맞추다 보면, 결국 이 욕구를 포기할 수밖에 없다. 이 논문이 들어 있는 책에 프리드리히 요나스(Friedrich Jonas)의 논문 「이데올로기로서의 기술」(Technik als Ideologie)이 실려 있다. 그는 겔렌의 명제를 분명하게 수용하면서 이를 일반적인 이데올로기 비판으로 확장한다. 이에 따르면 기술적 사유는 시민사회를 합리적으로 구성 가능한 사회 기계로 기획한다(Jonas 1965, 125). 합리적으로 규정 가능한 사회라는 이 표상의 기초 위에서 기술 관료주의가 생겨난다. 목적 달성 및 사회적 문제의 기술적 해결이라는 소망이 전제되어 있다면 목적에 도달하기 위한 필수적인 수단만 규정하면 된다. 예를 들어 정의로운 재산분배를 보증하고 우리 요구를 어떤 방식으로든 충족시키는 기능적 사회 기계가 존재한다면, 이는 합리적이고 필연적으로 실현 가능한 질서의 총괄이 될 것이다. 여기서 아무리 질서 표상이 철저히 비합리적이라하더라도 상관없다. 하지만 [진정한] 합리적 태도는 "필연성 아래 복종하는 것이 아니라 발견되는 모든 필연성으로부터 거리를 두는 것이다." 그러므로 기술적으로 상상한 사회 이상을 실현할 필연성에 관해 말하는 자는 "자신이 현실이 아니라 부담 완화에 대한 욕구로부터 생겨난 표상에 관해 말하고 있음을" 보여준다(1965, 134, 136).

프리드리히 요나스는 자신이 진단한 기술의 비합리성을 이데올로기로 규정한다. 그는 이 비합리성을 학문적 이성과 대비시키면서 르네상스 공학에 기초한 포괄적인 공학 문화를 요구한다(1965, 120-122). 최적화 가능한 사회 기계라는 표상의 기초에 있는 기술-유토피아적 사유와 반대로 학문은 비판적-회의적 태도를 지닌다. 기술적 사유는 어떤 사태의 경험이 바로 이 사태의 본질과 진리라고 본다. 반면 참된 학문적 사유는 지식과 진리, 지식과 현상, 정의와 유용성[을 구별하면서 이둘]의 관계에 대해 반성한다(1965, 120f.). 요나스가 비판한 기술 관료들은 현상과 존재가 일치하는 세계 연관을 구성할 수 있다고 주장하면서 학문 이전 상태로 퇴보해 버린다. 하지만 요나스가 보기에 현실을 바로 진리라고 여기선 안 된다. 진리는 감관에 직접 드러나지 않는다. 자연과학은 우리의 감각적 인상이 진리로부터 온 것인지를 항상 물어야 한다. 자신을 규정하고 때때로 변화시키는 사회에서 현실적인 것과 진짜로 실현해야 하는 것 사이의 차이는 중요하다. 이 차이에 기술의 합리적 질서 이상과 구별되는 이성의 과제가 숨겨져 있다.

겔렌과 요나스의 문화 염세주의적 기술 비판은 헤르베르트 마르쿠제 (Herbert Marcuse)로 이어진다. 그는 기술을 이데올로기로 분석하며, 여기서 기술은 체념적이지 않고 정치적 변화를 목표로 하며, 이것의 가능성은 전제되어 있다. 마르쿠제(1898-1979)는 사회의 기술 관료주의 개념보다는 사회 문제 전반을 다루는데, 이 문제는 다름 아니라 기계 또는 기술적 문제이다. 요나스가 비판하듯이 마르쿠제도 기술적 사유를 현상과 존재, 현실과 진리를 동일시하는 일차원적 사유라고 비판한다(1967, 140). 나아가 그는 기술적 목적 합리성이 이미 세워진 목표와 주어진 상황을 전제하면서 지배권을 행사한다는 점을 강조한다. 그래서 기술적 합리성은 정치적이고 경제적인 지배 요구를 관철하고 있는데, 이 요구는 인정받은 것도, 반성의 대상이 된 것도 아니다. "기술적 이성이란 개념 자체가 이데올로기다. 그것의 적용이 아니라 그 기술 자체가 (자연, 인간에 대한) 지배이며, 방법적, 학문적, 계산된, 그리고 계산하는 지배다. […] 사회 및 사회의 지배적 관심들이 인간과 사유를 어떻게 대하는지가 기술에 투사되어 있다."(Marcuse 1965, 176)

여기서 요나스와 마르쿠제의 차이, 그리고 마르쿠제와 하이데거의 차이를 논할 수 있다. 마르쿠제가 말하는 계산하는 지배는 기계체계 (Gestell)의 보편적인 요구만이 아니라 구체적인 경제적이고 정치적인 관심을 자체 내 지니면서 이를 관철시킨다. 여기서 이데올로기로서 기술은 학문과 분리되어 있지 않다. 반대로 학문은 기술의 계산과 지배를 구현한다. 학문의 가상적인 중립성과 탈목적성은 모든 가능한 지배 요구를 기획하고 관철할 수 있는 기술적 이성과 일치한다. 그래서 "기술의 해방적 힘"은 "해방의 족쇄"로 뒤바뀌며, 사물의 도구화는 인간의 도구화로 역전한다(1967, 147, vgl. 168, 180, 245). "개념적 수단인 현대 학문의 원칙들은 자동적으로 돌아가는 생산적 통제 세계에 봉사할 수 있도록 아프리오리하게 구조화되어 있다. […] 계속 강해지는 자연 지배로 나아가는 학문적인 방법은 이제 순수한 개념들을 제공하는데, 이 개념들은 자연 지배를 매개로 더 강화되는 인간에 대한 인간 지배를 위한 수단처럼 작동한다."(Marcuse 1967, 172f.)

마르쿠제의 비판은 이제 기술 자체에 대한 거부를 목표로 하는 것도 아니며, (프리드리히 요나스의 비판처럼) 르네상스 공학자의 자연과학에 기초한 기술을, (하이데거의 비판처럼) 원천적인, 시적으로 생산하는 비현대적인 기술을 또는 그 기술로의 회귀를 목표로 하지 않는다. 대신 마르쿠제의 비판은 대안적인 학문과 기술을 제시하려 한다. 이는 인간화된 자연을 창조하면서 기술적 이성을 넘어선다.

위르겐 하버마스(Jürgen Habermas, 1929-)는 마르쿠제의 이러한 목표 설정으로부터 논의를 시작하면서 이를 비판한다. 여기서 둘은 사회적 영역들의 분리를 진단하는데, 이에 따르면 기술과 생산이 목적 합리성 또는 도구적 사유에 의해 지배되고 있다. 하버마스는 마르쿠제와 동일한 진단을 내리지만, 일종의 이데올로기로서의 기술 또는 기술적 이성 개념에 의문을 제기하고 이를 끝내 거부하면서 마르쿠제와는 다른 결론을 내린다.

하버마스에 따르면 마르쿠제에 있어 기술과 학문의 지배 연관 속에서 "합리성이 비판의 척도로서는 무디어지고 사회 체계의 교정자 역할로 전락했다. 즉 사회는 '잘못 프로그램화되어 있다'는 것이다"(Habermas 1968, 51 f.). 이러한 마르쿠제의 주장은 하버마스가 보기에 충분치 않다. 이 주장이 타당하다 해도 이는 정치적으로 영향력을 미쳐야 하는 기술 비판, 학문 비판으로는 충분치 못하다는 것이다.

마르쿠제에게 "해방은 학문과 기술의 혁명 없이는 […] 생각할 수 없다"(Habermas 1968, 54). 자연에 대한 기술적 지배 대신 마르쿠제가 생각하는 다른 학문은 자연의 잠재성을 해방시키고, 이를 품고 가꿔야 한다. 이는 에른스트 블로흐(Ernst Bloch)가 "동맹 기술"이라고 표현했던 요구이며(1973, 807), 우리는 이미 두 번째 장에서 이에 대한 귄터 로폴의 비판적 목소리를 보았다. 하버마스 또한 여기서 한계를 본다. "대안적인 새로운 학문은 새로운 기술에 대한 정의를 가져야만 할 것이다. 이 반성은 우리의 냉정함을 일깨우는데, 왜냐하면 기술이 일반적으로 어떤 기획으로부터 나오는 것이라면, 그것은 분명히 인간 종 전체의 "기획"에서 나온 것이지 역사적으로 지나간 것에서 온 것일 수는 없기 때문이다."(Habermas 1968, 55)

하버마스는 두 종류의 기술적 폭력 명제를 제시한다. 한편으로 억압적인 폭력이 있고, 다른 한편으로 해방시키는 폭력이 있는데, 전자에는 망치와 낫, 후자에는 산파술이 속한다. 한 가지 모양으로 전세계에 퍼진 기술(핵발전소)은 억압적이다. 반면 상황에 민감한 기술(지역에 특수한 지열 또는 태양 조건에 따른 에너지 생산)은 해방적이다. 인간과 자연의 관계에 있는 가상적인 차이 대신 그는 이러 저러한 반자연을 건립하는 통일적 프로그램으로서의 기술 개념이 현실적이라고 본다. 기술 프로그램이 구체적인지 아닌지와 상관없이 우리는 항상 인간 종 전체의 프로그램과 관계하며 이 프로그램의 다소간 폭력적인 실현을 목도하고 있다. "마르쿠제는 자연에 대한 대안적 태도를 지니지만, 이로부터 새로운 기술 이념을 얻을 수는 없다." 예를 들어 우리가 자연을 기술을 통해 해방시키고 더 이상 지배하지 않으려 한다 해도 인간이 포기할 수 없는 기술의 성취는 동일하게 머무를 것이며, 그 성취는 다소간 인간적이지 않을 수 있다. "우리가 자연에 대해 목적 합리적으로가 아니라 상징적으로 자연과 연계해 행위한다 해도 이 성취는 동일하게 남을 것이다. 우리는 노동과 언어의 표상을 자연 속에 이러저러하게 투사한다. 이는 인간 종 전체의 기획이며, 어느 시대, 즉 '뒤떨어진 상황'의 기획이 아니다."(1976, 57f.)

마르쿠제는 새로운 사유를 요구한다. 이 새로운 사유는 기술적 이성을 파악하고 새로운 학문과 기술을 가져와야 한다. 이러한 요구는 "이데올로기"로서의 기술에 대한 정치적 의미 부여로 이어진다. 사회 비판은 무엇보다 기술 관료주의 사회에 대한 비판이며, 그것의 일차원적이고 모든 것을 축소하는 기술적 이성에 대한 비판이다. 반면 하버마스는 기술적 이성을 개혁할 수 있다고 생각하지 않으며 현실적인 대안적 기술을 염두에 두고 있지 않다는 점에서 겔렌과 의견을 같이한다. 그 대신 그는 이데올로기적으로 공동화된 사회를 비판한다. 이제 방치를 통해 생긴 진공 속에서만 사물을 강제하려는 기술적인 목적 합리성과 "이데올로기로서의 기술"이 논의의 주제가 될 수 있다. 소통적 이성이 사라지는 곳에서만 기술적 사유 모범에 사로잡힌 사회의 어두운 측면이 생겨나게 된다. 이 사회에서 행위는 어떠한 역할도 수행하지 못하는데, 왜냐하면 전문 지식을 갖춘 제작 실행자가 이제부터 전권을 가지기 때문이다(Arendt 1967, 279, 287-293).

홉스와 보일의 논쟁과 마르쿠제와 하버마스의 논쟁은 거의 정확히 300년의 시차를 두고 있다. 홉스는 과학적 도구와 기술적 이성이 지성적인 진공상태를 만들어 관심들의 충돌이 벌어지고 법칙적 기초 위에 서 있는 사회의 안정성이 파괴되는 것을 염려했다. 반대로 하버마스와 마르쿠제는 사회적 논쟁이 일어나지 않는 것을 비판했다. 왜냐하면 기술적 이성이 결정 과정을 독점하게 되면 그것의 목적 설정과 지배 요구는 논의의 대상조차 되지 않기 때문이다. 여기서 마르쿠제는 기술적 이성의 확장을, 하버마스는 소통적 이성에 기초한 소통 과정의 강화를 요구한다. 홉스가 진공펌프가 사회의 안정성을 해칠 수 있을 거라고 본

반면 마르쿠제와 하버마스에게 도구는 한정된 과정적-기계화된 사유를 위해 존재하며, 이 사유의 정치적이고 문화적인 의미는 무엇보다 관심, 목적 또는 지배 요구에 대한 소통의 배제에 있다.

민주주의 사회에서 소통 과정의 질을 측정하는 것은 매우 중요하다. 이에 못지않게 기술공학적 프로그램 사이에 있는 차이를 평가하는 것도 중요하다. 이를 위해 기술-도구적 이성과 소통적 이성 사이의 차이가 기준이 될 수는 없다. 그래서 공기펌프를 통해 실험자들이 이미 인식한 '기술적 개입 가능성의 상징적 의미'가 오해되고 이에 따라 사회적 소통 과정에서 기술의 의미가 오해된다. 이런 의미에서 앤드류 핀버그(Andrew Feenberg)는 마르쿠제의 논의를 이으면서 이를 기술사적이고 기술 사회학적인 분석과 종합한다(Feenberg 2002).

사회적 소통 과정에서 기술이 어떤 의미를 지니는지 알아보기 전에 우선 진공펌프와 같은 도구를 통해 분명해진 것은 기술적 사유 표상이 도구를 목적 합리성 또는 도구적 이성으로 환원하려 하지만 도구는 이것에 갇혀 있지 않다는 것이다. 이를 위해 특히 18세기 진공펌프라는 외적 현상을 보는 것만으로 이미 충분하다. 그 현상에 따라 보자면 펌프는 결코 사물적 특성으로만 규정되는 것이 아니라 이미 그 정교한 형태와 가치 있는 구성을 통해 감각적-상징적 의미를 지니며, 이는 문화적 의미까지도 포함한다. 나아가 진공펌프가 도구적-기술적 사유의 제한성을 넘어섰다는 것을 적어도 다음 네 가지 점으로 이야기할 수 있다.

첫째, 모든 실험 과학에서는 실험의 기술과 같은 것이 있으며 길들임의 기술, 안정화 기술, 현상의 서술 등이 이에 속한다. 진공펌프는 입력에 따른 출력을 내놓는 기계도 아니며 또는 어떤 이론의 증명 또는 반증을 보여주는 기계도 아니다. 진공펌프를 사용하기 위해서는 내밀한 지식, 수공예적 트릭, 육체적 조화(Rasmussen 1997)가 필요하다. 주체와 객체, 수단과 목적 구별을 불가능하게 하는 인간과 사물의 조화는 무엇보다 과학 실험에서 관찰할 수 있다.

두 번째로 공기펌프 실험은 이 실험이 전략상 한 가지 인식 목표를 향해 있는 것이 아니라 체계적으로 구성된 "진공 속 진공 실험"을 유희적-탐구적으로 넘어서고 있다는 점을 보여준다. 공기펌프로 항상 테스트되고 시연되거나 검증되는 것은 아니다. 실험이란 모든 가능한 것을 조합하고 시험해 보는 것이다. 문자 그대로 공기펌프로 이루어지는 실험만이 볼거리가 아니다. 공적인 시연에서 이 실험이 그대로 진행되면 그것은 단순한 사실의 위력에 끌리는 많은 이들을 감동시키고 즐겁게 한다.

이를 통해 세 번째로 기술적 간섭의 자율성 및 간섭 속에 있는 위력 시행의 자율성이 증명된다. 기술적 개입은 자율적이며 우리의 정신 또는 학문적 이해가 이보다 앞서거나 이것과 동시적일 필요는 없다. [즉 기술적 실험은 어떤 이론을 전제하지 않으며, 그 자체가 의미를 지니며, 이 실험이 성공하면 비로소 이에 대한 이론적 탐구가 시작될 수 있다.] 그래서 진공펌프는 이론적으로 서로 다르게 파악해야 할 호흡과 연소 현상을 증명할 수 있다. 기술적 개입이 개입의 성공의 증명을 통해서만 정당화된다는 점은 그것의 시연이 가지는 아우라에 속하며, 이 실험에 기술적 사유를 넘어 우리의 자기 이해 과정에 영향을 미치는 상징적 의미를 부여한다.

마지막으로 우리의 도구, 실험은 현실 확장(Heidelberger 1998), 특히 감관 확장에 기여한다. 목적에 대한 수단으로 기여하는지와 상관없이 학문적인 장비들은 세계에 대한 감관이며, 이는 매체 기술과 소통 기술처럼 "더 나은 화질", 더 큰 민감성, 계열 형성, 체계적인 변이 등을 제공한다.

자전거 또는 열린 구성 과정

이전 절에서 살펴본 순수 목적 합리성의 표상을 최적화하려 했던 기술 관료인 공학자의 이미지는 최근 근본적으로 사라지고 말았다. 폴 포먼에 따르면 예를 들어 1980년 이후 과학과 기술의 관계는 근본적으로 변했다. 그때까지 과학은 높은 특권을 누렸고, 우리 삶의 조건과 관련된 모든 개선은 과학적 진보로부터 오는 듯했다. 상대성 이론, 진화론적 생물학, 양자역학이 어떤 기술적 의미를 지닐지는 물론 의문스럽지만 현대 기술이라 함은 과학의 결실을 뜻했다. 반대로 포먼에 따르면 오늘날 과학은 기술적 발명 잠재성을 의미하며, 이는 예를 들어 나노 기술 또는 바이오 기술 연구와 연관되어 있다. [즉 학문과 기술의 관계가 역전하여 이제는 기술이 우위에 있고, 학문은 기술을 보조하는 역할을 하고 있다.] 동시에 마르틴 하이데거와 프랜시스 베이컨의 과학철학과 기술철학은 새로운 주목을 받았다. 이제 우리는 과학이 응용기술이며, 특히 사회적 유용성을 산출해야 한다는 말에 귀를 기울인다(Forman 2007). 이미 첫 번째 장에서 봤듯이 현대 과학이 세계를 계산 가능한 힘들의 존재로 전제하는 한, 하이데거는 현대 과학을 응용기술로 간주한다. 실험실에서 현상의 기술적 통제는 이 계산 가능성을 최대한 이용하면서 동시에 이를 증명한다. 이론적 이해는 무엇보다 현상 통제를 확장하기 위한 수단에 불과하다. 근대 과학의 시작 단계에서 이를 프로그램으로 세운 이가 프랜시스 베이컨(Francis Bacon, 1561-1626)이다. 그가 표현한 건 아니지만 그의 유명한 구호 "지식은 힘이다."는 생성되는 과학을 수공업자의 지식과 비교하고 있다. 메커니즘을 한 기계 장비 속에 실현해 사물과 그 과정을 장악하는 힘을 획득한 이는 이들을 이해한 것이고, 이에 해당하는 지식을 획득한 것이다. 수공업적

힘은 획득한 지식의 상징이 되며, 이는 과학 실험으로 이어지며, 실험
을 통해 과학은 무엇보다 반복 가능한 현상에 대한 지배를 스스로 검증
하게 된다(Bacon 1620; Smith 2004).

기술이 과학을 앞선다면 1933년 시카고 박람회의 유명한 다음의 구
호는 더 이상 맞지 않게 된다. "과학은 발견하고 천재는 발명하며 산업
은 적용하고 인간은 새로운 사물에 적응하거나 사물에 의해 주조된다."
(science discovers, genius invents, industry applies, and man adapts
himself to, or is molded by, new things.) 기술에 관한 완전히 다른
이해의 감각상이 자전거다. 과학과 아주 상관없는 건 아니지만, 자전거
는 과학적 발명도, 천재의 발명에 힘입지도 않았다. 자전거에 자신을
맞추거나 자전거에 의해 영향을 받는 대신 사용자는 항상 자전거 설계
에 참여했다. 공학기술적으로 처음에는 가능성이 없었지만 점점 더 기
술화된 자전거는 설계가 단순히 도구적 이성만의 몫이 아니라는 것을
보여주는 감각상이다. 그래서 예를 들어 공기를 넣은 타이어는 튜브와
지속적인 수리 필요성을 지니기에 특별히 효율적이진 않다. 특히 이에
대해 내구성 있는 대안으로 경화고무 타이어를 떠올리면 더욱 그렇다.
거의 탄력이 없는 타이어에 부당하게 적응하는 대신 사용자는 수십 년
동안 펑크 나는 타이어와 수리 도구를 선호했다. 그 사이 한편으로는
계속 개선된 타이어가 발전했고 다른 한편으로 대개의 자전거 사용자
는 잘 정비된 자전거 도로에서 자전거를 탈 수 있었다. 그래서 기술적
발전은 동시에 사용자이기도 한 설계자의 요구에 적응해 왔다. 자전거
의 역동적인 발전의 두 번째 사례는 여성 안장이다. 승마의 모범과 유
행을 본받아 안장은 여성들이 자전거를 몰 때 옆으로 앉을 수 있게 했
어야 했다(Pinch/Bijker 1987, 38). 이 생각이 관철될 수 없었던 건 놀
라운 일이 아니다. 그 대신 자전거는 여성 옷이 자유로워질 수 있는 구

실 역할을 했고 현대 여성이 권리를 찾을 수 있게 했다. 두 사례는 자전거 발전이 얼마나 사회 관계를 반영하는지를 보여준다. 기술과 사회의 상호적 설계는 성 역할, 가족 구조, 노동과 자유 시간과 관계되면서 기계의 최적화를 넘어선다.

다양한 논증들이 이 설계 과정과 그 속에 있는 다양한 지식 형식을 이해하기 위해 제시됐다. 이 논증 중 하나를 우리는 이미 귄터 안더스와 공기펌프에 관한 반성에서 봤다. 이 논증은 모든 기술공학이 설계를 넘어서며, 바로 이 특징이 기술공학을 본질적으로 구성한다고 주장한다. 이 순수 도구적 이해에 따르면 기술적인 인공물은 자기 기능만 하면 된다. 하지만 자전거를 구성하는 물질들은 자전거 설계에 [반드시] 속하지 않는 특성과 기능을 지닌다. 그래서 [예를 들어] 핸들바 그립의 고무는 온도에 따라 다양한 속성을 가져 여름에는 부드럽고 자주 땀으로 인한 습기 때문에 손에 감기는 반면 겨울에는 딱딱해서 조그마한 균열을 내 추울 때는 상하게 된다. 또한 그립은 돌기도 가지며, 이것이 값이 비쌀 경우 멋지게 보일 수도 있다. 사실상 이 그립 때문에 선택한 교통수단의 물리적 외관이 중요하게 돋보이게 되지만, 이 외관은 가장 적합한 교통수단으로서의 자전거를 고를 때는 중요하지 않으며 자전거 기능과도 상관없다. 이는 크리스토프 후비히가 말한 것과 같다. 그에 따르면 현실적인 기술적 수단은 목적을 위해 항상 이상적이라고 상정한 수단과 생산적인 긴장 관계에 놓여 있다(Hubig 2004).

두 번째 논증 방식은 놀랍게도 기술을 나중에야 고찰한 과학철학으로부터 온다. 공기펌프와 같은 도구는 항상 과학철학자들의 관심을 끈다. 하지만 여기서 이들은 물질적 수단과 기술적 설계를 간과했다. 과학철학자들은 과학자를 특히 가설과 이론, 교과서 지식의 생산자로만 봤기 때문에 실험을 실험 방법의 구성 부분으로만 간주했다. 그래서 한 실험은 자연과 관련해 예측이 이론에 일치하는지 여부를 묻는다. 실험은 자연이 이에 대해 대답하도록 한다. 이는 다음처럼 이야기하는 것처럼 보인다. "그래, 이 실험은 이론과 일치해." 또는 "아니, 현상을 잘 이해하려면 이 실험은 개선된 이론을 필요로 해." 하지만 무엇이 실험실에서 일어나고, 실험에서 실천적으로 극복해야 할 어려움이 무엇이며, 확증과 반증 외 실험이 어떤 결과를 가져올지에 관해 과학철학은 관심을 기울이지 않았다.

이런 상황에서 독일에서 특히 유명한 구성주의적 과학철학은 아무것도 바꿀 수가 없었다. 그것은 측정이라는 기초 방식을 중심적으로 고찰하면서 이 방식을 통해 연구의 기초 개념과 대상이 확정된다고 주장한다(Janich 1993 u. 1998).[1] 하지만 예를 들어 여기서 저울은 이상적인 형식으로만 등장한다. 구성주의는 저울을 무게 측정을 위한 순수 행위 프로그램으로 고찰한다. 이처럼 이상적인 고찰 방식은 과학철학이 과학자를 현상의 제작자로 파악하기 시작할 때에야 변하게 된다. 이언 해킹(Ian Hacking, 1936-)은 과학에서 두 가지 평행적인 활동이 일어난다고 주장함으로써 이를 시작했다. "자연에는 복잡성만이 존재하며, 우리는 놀라울 정도로 이를 분석할 수 있다. 이는 우리가 정신적 수단으로서로 다른 수많은 법칙들을 구별할 때 성공한다. 또한 우리가 실험실에

---

1 구성주 또는 방법적 구성주의는 과학자들이 일정한 측정 도구를 사용하여 자신의 이론을 세운다는 점을 강조한다. 여기서 과학자들은 측정 도구가 잘 기능할 것이라는 점을 전제하고 자신의 연구를 진행한다. 말하자면 과학 이론은 측정 도구를 통해 구성된다. 그래서 방법적 구성주의는 측정 도구가 제대로 기능하는지 여부를 검증한다. 측정 도구가 제대로 기능했다면 이를 통해 구성된 과학 이론은 옳을 수밖에 없다. 여기서 방법적 구성주의는 측정 도구를 이상화하는 측면이 있다. 이에 반해 '공기펌프'라는 측정 도구는 이것이 어떻게 기능하는지조차 불투명하다. 구성주의 과학철학에 대해서는 다음을 참조할 것. 페터 야니히, 『구성주의 과학철학』, 이기홍 옮김, 철학과 현실사, 2004.

서 고립된 순수한 현상들을 시연할 때 성공한다."(Hacking 1996, 374)

그래서 과학은 두 가지 활동[즉 이론 구성 활동과 실험실 활동]으로 이루어지며, 이 둘은 서로 관계 맺고 있지만 자율적으로 발전했다. 과학이 지성적 수단을 가지고 목표로 삼는 것은 충분히 인정되어 왔다. 이에 반해 실험실 안에서 현상이 수공예적으로 제작되고 이를 통해 생겨난 지식 형식들은 주목을 받지 못했다. 실험실에서 일어나는 것은 말하자면 단순히 가설 검증이라는 목적을 위한 수단일 뿐 아니라 공기펌프의 경우처럼 새로운 것의 제작으로 이어지며, 이때 이 새로운 것의 의미는 처음에는 전혀 가늠이 되지 않는다. 실험실 속에서 변칙과 정상이 산출되며, 유희적 본능이 깨어나며 기준과 규범이 비로소 세워진다.

실험실 활동은 정신의 활동[즉 이론 구성 활동]으로부터 자율적인데, 이 자율성은 무엇보다 언어적으로 표현된 법칙과 반대로 실험을 통해 한 번 안정화된 현상이 수정 불가능하다는 점에서 나온다. [언어적으로 표현된] 이론과 법칙들은 자연력의 계산 가능한 연관을 전제하며 자연력을 일정한 방식으로 이해하지만 새로운 이론과 법칙 가설을 통해 전복된다. 하지만 실험 방식이 새로운 현상을 발견하고 기존 현상에 매번 새로운 것을 덧붙이는 경우에는 전복이 없다. 실험 속에서는 지배 가능하지만, 이론적 목적의 관점에서 보면 항상 다소간 계산 불가능한 현상들은 새로운 도구 및 실험 체계와 함께 연속적으로 계속 발전하면서 지속적으로 과학에 따라다닌다.

이론 발전과 실험적 탐구의 이 비동시성을 입자물리학자 피터 갤리슨(Peter Galison, 1955-)이 밝혔다. 이론 발전의 단절이 전체 과학을 변화시키지는 않는다. 실험적 능숙함, 발견과 현상들은 계속 남는다. 다른 한편으로 새로운 도구의 발명은 과학적 실천을 근본적으로 변화시킬 수 있다. 새로운 기술은 생산적이며 새로운 대상 영역을 열며, 지

식의 새로운 형식을 가능케 한다. 어떤 개별 섬유소도 밧줄의 전체 길
이에 도달하지 못하는 꽈배기 밧줄처럼 전체 연속적인 과학 발전은 이
론, 도구, 실험의 묶음에서 모두가 결코 동시적으로 끊어지지 않기 때
문에 이루어진다(Galison 1988 und 2000).

기술철학적 물음에서는 무엇보다 실험이 다소간 체계적이고 다소간
목적에서 자유로운 시연으로서 과학의 인식 형식 그리고 기술적 설계
의 인식 형식에 기여한다는 점이 중요하다. 특이한 과학적 지식으로 무
엇보다 데이비스 베어드(Davis Baird, 1954-)는 "사물 지식"을 다뤘다
(Baird 2004). 사물 지식의 특이함은 이것이 머리나 책이 아니라 사물
에서 나타난다는 것이다. 한 문장이 서로 다른 개념들을 연결하면서 이
론적 지식을 표현하는 것처럼 납땜질한 회로는 지식을 구현하고 있다.
이는 종종 이미 수공업자가 가지고 있는 명시적인 또는 함축적인 지식
이며, 이는 한 대상 속에 새겨져 있다. 하지만 이는 어떤 현상을 발생시
키고 안정화시켜야만 얻을 수 있다. 예를 들어 18세기 발전기의 도움으
로 새로운 충전 및 방전 현상을 지배할 수 있게 되면서 실험자들은 자
신의 성공이 습도에 달려 있다는 점을 배웠고, 비록 이와 연관된 이론
적 내용에 대해서는 대충의 감만 가지고 있었음에도 불구하고 이 습도
의존성을 실험 상황 속에 구현했다. 특히 증기기관 사례는 유명하다.
이는 열을 효율적으로 일로 이전하며 이는 수치 도표로 표시된다. 증기
기관 속에서 구현된 대규모 열과 일의 관계에 관한 지식은 기술적 연관
속에 보존되고 시간이 흐름에 따라 계속 개선됐다. 이것과 상관없이 오
늘날 통용되는 열과 일에 대한 열역학적 이해는 증기기관과 그 수치 도
표를 기초로 획득됐다. 증기기관의 발명자 또한 일이 어떻게 생산되는
지에 대한 표상을 가지고 있었다. 물론 열소(熱素) 표상은 오늘날 거짓
으로 판명됐다. 아무튼 이렇게 이해되든 저렇게 이해되든 증기기관 자

체는 아무런 상관이 없다. 이것 속에 기술적으로 구현된 지식은 사물에 대해 사유 세계 속에서 발전하는 과학적 이론과 상관없거나 이것으로부터 자율적이다. 그래서 이처럼 기술적으로 구현된 지식이 무엇이며, 이것이 어떻게 획득되고 전수되는지, 이것이 어떻게 증명되는지의 물음은 더욱 더 긴급하게 제기된다.

사물 지식은 분명히 언어적으로 표현할 수도 없고, 그럴 필요도 없는 지식이다. 베어드는 "사물 지식"이 무엇보다 자연과학의 언어로 표현된 이론 지식보다 못한 지위를 지니지 않는다고 밝힌다. 베어드, 해킹, 갤리슨은 무엇보다 자연과학에서 주목받지 못하는 실험과 도구를 인정하고 있다. 기술적 지식 형식의 탐구는 이에 맞게 이 [실험과 도구] 형식들이 이론적 지식과 어떻게 어울리는지를 파악하는 데로 나아간다. 무엇보다 이런 방식은 우리가 기술적 지식을 얼마나 모르고 있는지를 드러낸다. 과학자의 지성적 활동을 정확하게 표현할 수 있는 인식 이론이 있는 반면 기술적 연관을 통해 구현된 지식은 아직도 제대로 기술할 수가 없다.

이에 대한 고전적 사례가 바로 자전거다. 마이클 폴라니(Michael Polanyi, 1891-1976)는 1950년대와 60년대에 암묵적 지식, 개인적 또는 표현되지 않은 지식 이론을 정식화하려고 노력했다. 출발점은 우리가 어떻게 자전거 타는 법을 다른 이에게 설명할 수 있는지의 물음이었다. 균형을 어떻게 잡고 회전을 어떻게 하는지 등등에 관해 우리가 설명을 할 수 있는가? 자전거 타기를 신체를 위한 규칙 체계로 파악하는 것이 가능하다 해도 이 규칙은 배울 수 있는가? 혹은 지속적인 타 보기, 반복적인 타기와 쓰러짐이야말로 유일한 방법은 아닌가?(Polanyi 1958, 49 f.) 폴라니는 주목의 형식들을 구별해 지각에서 전면과 후면의 관계를 규정하면서 암묵적인 지식을 분석한다. 하지만 표현되지 않은 지식의 내용, 신뢰성, 상호주관적 타당성과 관련해 폴라니는 이미 공기펌프 실험이 가지는 특별한 권위에 대해 이야기한 것과 동일한 내용을 반복한다. 즉 이 지식은 성공적인 실행 또는 그 증명의 사실을 통해서만 증명된다는 것이다.

특별히 공학자의 사유를 분석하는 시도도 비슷한 어려움을 보여준다. 인식론을 연구하는 세 명의 공학자가 이에 대한 명제들을 발전시켰다. 월터 빈센티(Walter Vincenti)는 『공학자는 무엇을 알며 이를 어떻게 아는가』(*What Engineers Know and How They Know It*)에서 공학자가 과학자와는 반대로 부정확한 방법의 목록을 가지고 있으며, 이는 계산 불가능한 복잡한 현상을 충분히 커다란 관용의 한계 내에서 지배할 수 있게 한다고 지적한다(Vincenti 1993). 『설계 공학자』(*Designing Engineers*)에서 루이스 부치아렐리(Louis Bucciarelli)는 물질적 사물의 속성과 기능성이 어떻게 공학적으로 중요해지고 이를 통해 변하는지를 탐구한다. 예를 들어 물리학적-화학적 물질 속성이 마찰 효과를 최소화할 때 이 속성은 공학자의 대상 세계로 "번역"된다(Bucciarelli 1994 und 2003). 마지막으로 에르네스트 페르구존(Ernest Ferguson)은 공학자의 **내적인 눈**(das innere Auge)을 강조하면서, 3차원적인 문제 기획으로부터 출발하면서 특히 스케치에서 이러한 기획을 찾는 시각적 사유의 역할을 강조한다(Ferguson 1992). 데이비드 베어드 및 위세 이론가와 연결되는 기술철학자 앤 존슨(Ann Johnson)은 공학자의 "설계 지식"(design knowledge)이 암묵적이고 명시적인 차원, 그리고 과정의 실천적 이해를 포괄한다고 말한다(Johnson 2009). 철학자들의 이런 분석이 아직 충분히 지각되고 발전되지 않았기 때문에, 기술철학은 구현된 기술 지식 또는 기술적 능력의 객관성과 관련해 아직도 걸음마 단계에 있다(vgl. Kornwachs 2004; Mildenberger 2006).

기술 사회학적 논제는 기술적 지식에 대한 다른 통로를 제공하고 있다. 이는 자전거 설계 과정 및 다른 기술 체계 속에서 이루어지는 개발자와 사용자의 협업을 이야기하며 그래서 "기술의 사회적 구성"(social construction of Technology(SCOT))을 제시한다(Bijker/Pinch 1987). 기술이 사회적으로 구성된다는 것은 무엇보다 기술이 기술적으로 구성되는 게 아니라는 것이다. 세 가지 가정이 이 논제의 바탕에 놓여 있다. 우리는 단순히 어떤 아이디어를 가지고 있고 이를 실현하려는 발명가를 통해 생산물, 발명, 발전을 설명할 수 없다는 것이다. 두 번째로 우리는 기술 결정론, 즉 사회가 기술에 의해 규정되고 기술의 발전이 우리 의지의 배후에서 작동하는 기술의 자기 논리에 따른다는 이론과 결별해야 한다. 세 번째로 기술적, 사회적, 경제적, 정치적 측면을 서로 구별해선 안 된다. 기술적 장비 또는 체계는 우선적으로 기술적 산물이 아니라 기술과 사회의 상호 협력으로 인한 것이다. 공학자가 우리의 공생을 일정한 방식으로 조직하는 개별 인공물을 만드는 것이 아니라 사회가 기술적 인공물 실현에 참여한다.

기술 발전과 기술적 사유를 이 바탕 위에서 이해하려 한다면 우리는 이 발전의 상세한 부분을 정확히 고찰해야 한다. 그래야만 겉보기에만 순수 기술적일 뿐인 기능에서 사회적, 경제적 또는 정치적인 참여 부분이 가시화된다. 구성 과정은 여기서 여러 결정들의 결과로 이해할 수 있으며, 각 결정은 기술적 기준에만 따르는 것이 아니다. 정확히 이 점이 자전거의 발전과 다른 기술 체계의 사례에서 기술의 사회적 구성을 보여준다.

이에 따르면 기술적 장비와 기술적 체계의 구성은 열려 있는 사회-기술적 실현 과정을 통해 이루어지며, 이 과정에서 사회적인 이용이 동시에 함께 이루어진다. 완성된 생산물 속에서 이 실현 과정은 겉으로만 종결된 것처럼 보인다. 왜냐하면 이 생산물을 문화적으로 습득하는 과정은 이제야 비로소 시작된 것이고 이는 생산물의 수용, 노후화, 발전을 함께 결정하기 때문이다. 이는 자전거의 매우 무한한 역사와 그 다양한 변종을 통해서도 보여줄 수 있다. 하지만 기술의 사회적 구성 논제는 랭던 위너가 지적한 한계에 부딪힌다(Winner 1993).

핵발전소, 로켓 방어 체계, 자전거 또는 컴퓨터가 사회적으로 구성된다는 것을 증명함으로써 우리는 이러저러하게 우리 삶 속에 파고들어 우리가 좋게 또는 나쁘게 평가하게 되는 그러한 완결되고 폐쇄된 체계로서 이들을 고찰하지 말아야 한다는 결론에 이르게 된다. 그 대신 우리는 이 장비들과 친숙해지고 이들을 깊이 살펴야 하며, 우리 자신이 이들의 실현에 간접적으로 기여했다는 점을 이들을 통해 인식해야만 한다. 예를 들어 기술 체계의 내부를 바라보게 되면 이 체계가 이 기술에 대한 잠재적인 반대자와 비판가의 의견까지도 반영하고 있음을 보여준다. 그렇기 때문에 이 체계는 특별히 사용자에 호의적이며 공공의 눈 뒤에 숨겨져 있어 지속 가능한 것이라 칭송된다. 기술을 이해하게 되면서 기술과의 이러한 거리에 관심을 기울이고, 여기서 항상 우리가 이 기술과 얽혀 있음을 인식하게 된다면, 특정한 형식의 비판 또는 책임 회피나 책임 수용 등은 불가능하게 된다.

기술의 사회적 구성의 정신에서 시작된 매우 흥미 있는 [다음과 같은] 사례 연구는 이러한 애매함을 보여준다. 이는 아마도 재난을 예고하지만, 결코 막을 수 없었던 단 한 번의 결정을 보여준다. 첫 번째로 상황은 단순해 보인다. 공학자들은 재료, 체계 속 약한 고리, 가능한 사고 원인에 대한 지식을 가지고 재난을 경고한다. 사회-정치적 관심들은 이 경고를 무시했다. 이는 1986년 출발 직후 폭발한 챌린저 우주선이다. "일반적 의견에 따르면 사태는 다음처럼 진행됐다. 나사 관리자는 생산 압력에 굴복했고 시간 계획에 맞추려 보니 위험 요소가 있음을 알고 있음에도 출발 준비를 강행했다."(Collins/Pinch 1998, 47)

두 번째로(Vaughan 1996) 예측하는 공학 지식과 책임감 없는 관리자 사이의 분리는 유지될 수가 없다. 우주선 출발에 대한 사회 기술적 결정은 만장일치였다. 염려했던 공학자들은 출발을 반대할 충분한 근거를 확신하지 못했다. 출발을 주장하는 책임자는 나름 기술적 논증을 제시했다. 관리자는 무엇보다 동의를 재촉했고, 이 동의는 모든 참여자가 피할 수 없는 불확실성과 관련해 책임질 수 있는 위험이 있는지 여부를 묻게끔 했다.

"공학자의 작업은 […] 불확실한 세계 안에서 할 수 있는 만큼 전문적이었고 괜찮았다. 이 사례는 위험이 없는 기술은 불가능하며, 기술의 기능 및 이것의 위험성에 대한 평가는 반드시 인간이 내리는 판단이라는 점을 상기시킨다. 나사는 여기서부터 교훈을 얻어야 한다. 나사는 과거에는 우주선을 확실성이라는 겉옷으로 감싸는 것을 선호했다. 왜 나사는 제거되지 못한 무형 공학 기술의 결점, 긁힌 자국, 접힌 부분이 보이도록 할 수 없는가? 아마도 대중은 우주선을 결국 인간 역사에서 특별하고 대단한 성취라고 평가하면서, 여기서 이 시도의 내재적인 위험에 관해 뭔가를 배우게 될 것이다. 우주 탐구는 공학 기술의 신화적인 과대 포장 없이도 충분히 긴장감이 넘친다."(Collins/Pinch 1998 79 f.)

기술적 예술 작품
— 욕망과 사랑에 관한 물음

예술과 기술의 관계, 그리고 아르스(ars)와 테크네(techné)로서 이들의 근원적인 통일은 이미 서론과 다른 장에서 계속적으로 등장했고, 우리는 이에 관한 결론적인 고찰을 시도할 것이다. 이제 만듦 또는 제작은 자연의 자기활동과 반대된다는 공통점을 지닌다. 이제는 예술과 기술의 분화를 추적할 것이다. 이를 위해 예술은 미학의 영역에, 기술은 실천의 영역에 놓을 것이다. 기술 없는 예술이 불가능하고 미학적인 실천이 존재한다 해도, 플라톤과 아리스토텔레스 이래 이어져 온 철학적 전통은 이 영역들을 체계적으로 구별하고 있다. 기술이 항상 현실화되어야 하고 기술적인 것의 미학이 존재한다 해도, 미학은 세계가 우리에게 어떻게 보이는지와 관계하는 반면 [기술적] 실천은 인간의 실행 영역과 관계한다.

기술철학이 처음부터 기술의 관점에서 본 철학 전체라는 점이 여기서 다시 한번 증명된다. 그래서 미적 경험 개념이 전면에 들어서며, 이는 이미 시선의 기술화, 카메라 눈을 통한 자연 관계의 기술화를 분명히 넘어서는 영역이다. 특히 매체 이론은 감각 지각이 단순히 직관의 미적인 형식들인 공간과 시간을 통해서만 제한되는 것이 아님을 보여줌으로써 이러한 기술화 형식에 주목한다. 우리의 지각은 우리 감관의 생리학을 통해서뿐만 아니라 영화나 책과 같은 기술적 장비를 통해서도 이루어진다(vgl. Mersch 2013). 미학, 매체 이론, 기술철학이 교차하는 이 지점에서 미적 경험은 무엇보다 지각이며, 다양한 매체는 세계가 우리에게 어떻게 보이며 어떻게 경험 가능한지를 기술적으로 유형화한다. 여기서 이미 지각 이론으로서 [즉 미학 속에서] 확정된 것을 더 폭넓게 반성하기 위해 기술과 매체적 조건을 함께 고려할 것이다. 기술을 나중이 아니라 처음부터 함께 고찰한다면 미적 경험 개념은 미학과 실천의 선행적 분리로부터 도출되는 것이 아니게 된다.

불꽃놀이 또는 비가상적인 것

불꽃놀이는 기술의 감각상으로 충분한데, 왜냐하면 불꽃 제작 기술은 길고 긴 기술사의 출발점이기 때문이다. 이는 권력의 상징이며, 화약, 전쟁, 로켓, 우주여행 등과 연계되어 있다. 하지만 불꽃놀이는 양다리에 걸쳐 있기 때문에 흥미롭다.

　도서관에서 불꽃놀이에 관한 책을 빌리려면 기술사 아니면 예술사 영역에서 이를 발견할 수 있다. 불꽃탄은 세계 여행 시대 로켓 동력의 전사 또는 초기사를 형성하거나 또는 특수한 예술 형식으로서 이는 풍부하고 음악적인 정확성으로 밤하늘을 배경으로 [여러 가지] 형식과 색을 그린다. 『던지는 불꽃: 역사를 통해 본 쏘는 기술』(*Throwing fire: projectile technology through history*, Crosby 2002)과 같은 책 제목이 대표적이다. 그리고 『불꽃놀이: 유럽사에서 불꽃제작 기술의 예술과 과학』(*Fireworks: pyrotechnic arts and sciences in European history*, Werrett 2010)이라는 책은 영역을 넘나드는 유일한 책이다. 이 책은 자세히 보면 불꽃놀이의 미적인 또는 예술사적인 평가뿐만 아니라 무엇보다 불꽃 제작 기술의 수공예품, 이 기술의 과학과 기술을 포함한다. 이 미적인 또는 예술사적인 평가는 테오도르 아도르노(Theodor Ador-no, 1903-1969)가 제시한다. 그는 불꽃놀이를 기술이 아니라 예술의 감각상으로 봤다. 이는 아도르노가 자신의 『미학 이론』(*Ästhetische Theorie*)에서 충분히 반성한 관계다. 아도르노는 예술 작품이 예술가가 예술 시장을 위해 생산한 대상이라고 규정하지 않는다. 오히려 작품은 미적으로 경험되는 일시적인 현상인데, 왜냐하면 우선 사물적으로 전체인 것은 파괴된 것이고 의문스럽기 때문이다.

> "예술 작품의 모범은 불꽃놀이 현상이며, 이는 그 일시성과 공허한 즐거움 때문에 이론적 시선에 걸맞지 않았다. … 경험적으로 현상하며, 지속이라는 경험의 짐으로부터 해방되었고, 하늘의 상징이자 재앙의 징후이며, 그 의미에 따라 읽을 수 없는 나타났다 사라지는 문자이다. … 예술 작품은 그 고차의 완전함 때문에 결점이 있는 존재자와 구별되는 것이 아니며, 빛을 내면서 표현하는 현상으로 드러나기 때문에 불꽃놀이와 유사하다. 예술 작품은 단순히 경험의 타자가 아니다. 작품 속 모든 것이 타자가 된다."(1970, S. 125f.)

여기서는 기술에 관해 이야기하는 게 아니다. 왜냐하면 예술 작품도 결점 있는 존재와 구별되긴 하지만, 기술은 이 결점 있는 존재와 다른 방식으로 구별되기 때문이다. 즉 기술은 제대로 기능함으로써 이 결점 있는 존재의 기능을 대체하며, 계산 불가능하고 반발하는 존재에 대해 합리적 질서이자 제2의 자연으로서 드러난다. 그렇기 때문에 기술은 아도르노가 보기에 낯선 불안감을(unheimlich) 안겨준다. 다른 한편으로 기술은 예술 작품의 조건이다. 왜냐하면 기술을 안 보이도록 할 때에 비로소 예술 작품이 등장하기 때문이다. 마지막으로 아도르노는 불꽃놀이가 우선 기술적인 것으로서 화약의 수단이며, 로켓 기술공학의 원천을 놀라운 정확함과 기술적 계산으로 가시화한다는 점을 부인하지는 않는다. "예술 작품은 확실히 '기술'이라는 단어 속에 포함된 작동 방식의 총괄 그 이상이며, 그래서 예술 작품은 객관적 내용이 작품 속에서 드러나는 만큼 이 내용을 확실히 지니며, 이 내용은 오로지 작품에 구현된 기술의 총괄 덕분이다. 기술의 논리는 미적 진리로 가는 길이다. [기술적인] 예술 규칙으로부터 미적 판단에 이르는 길에는 연속성이 없다.[1] 하지만 길의 이 비연속성은 [기술적] 강제에 순종해야 한다. 작품의 최상의 진리 물음은 그것의 [기술과의] 일치 범주로 번역할 수 있다."(1970, S. 419f.)

예술 작품 속 기술은, 이것이 예술 작품의 기술이기 때문에, 기술 [자체]와는 다른 것이 된다. 아도르노가 서술한 변증법적 운동은 장 팅겔리(Jean Tinguely, 1925-1991)의 불꽃놀이 또는 기계, 특히 그의 놀라운 〈뉴욕 오마주〉(Homage to New York, 1960)에 들어 맞는다. 모든 기계처럼 결점 없이 기능하고 조화로운 이 거대한 기계의 작동은 자신을 파괴하는 것에 있다. 이 파괴는 작동 후 27분 후에 소방관이 개입

---

1   예술 작품의 객관적 내용은 기술을 통해 구성된다. 하지만 예술 작품 전체가 이 기술로 환원되지는 않는다. 예술 작품은 기술로 구성된 객관적 내용 그 이상이다. 기술에서 미로 나아가는 과정에는 도약이 있다. 하지만 도약이 있다 해도 이 도약의 기초가 기술이기 때문에 예술 작품은 기술에 충실해야 한다.

해서 끝까지 진행되지는 못했다. 하늘에서 펼쳐지는 쓸모 없는 불꽃놀이를 팅겔리는 지상에 가져왔고, 기계를 단순히 기술의 감각상이 아니라 현대 산업사회의 감각상으로 제시했으며 우리 눈앞에서 기계가 폭발하고 타서 망가지도록 했다. 이 몰락의 미적 경험, 이 몰락의 현상 속에서 기계는 성취 및 작동 방식과는 다른 것이 되었다.

그래서 불꽃놀이 및 〈뉴욕 오마주〉는 예술과 기술, 미적 현상 영역과 실천적 실행 영역의 대립으로부터 이해할 수 있다. 하지만 기술이 그 자체로 그리고 처음부터 기술적 예술 작품으로 현상한다고 생각할 수는 없을까? 유용성에 봉사할 때에도 기술은 또한 소유, 조작, 명성, 외관, 실행에 대한 욕망 또는 비욕망을 자극한다. 기술이 조화롭게 규칙에 맞는 전체로서 사물로 그리고 지속적으로 드러날 때 이는 미적인 경험 계기를 제공한다. 이는 내용을 일시적으로 드러내는 예술 작품처럼 독특하고, 당황스럽게 낯설거나 놀랍도록 탁월하게 성공할 수 있다.

이에 맞게 팅겔리의 예술 작품 또한 다르게 서술할 수 있다. 이는 기계의 해방으로서 기쁘게 무질서한 원시 상태를 드러내고, 윙윙거리면서 비탄의 소리를 내는 것처럼 자신을 드러낸다. 이에 따르면 예술이 기술을 기술과는 완전히 다른 것으로 변화시키는 것은 아니다. 기술을 물질적으로 제작된 것 그 이상, 즉 내용 가득하고 정신적인 것으로 변화시키는 것은 아니다. 오히려 기술은 처음부터 기술이면서 또한 타자로서, 단순히 결점만을 보충하는 것이 아니라 잉여를 뽐내며, 세계의 합리화와 탈마법화에 기여하면서도 스스로 유희적으로 미혹하고 마법화할 수 있다. 그래서 기술은 미적 경험 및 미적 판단의 내용으로 가득 찬 영역 속으로 들어가 본질적으로 다른 비기술적 속성을 획득하는 게 아니라 오히려 이미 항상 미적인 세계 관계의 기초를 놓고 있다.

쾌락을 주는 기술에 관한 책에서 레이첼 메인즈(Rachel Maines)는 불꽃놀이 및 전면에 들어선 스펙타클한 기술에 관해서는 아무것도 쓰고 있지 않다.[2] 그녀는 뜨개질을 이야기하는데, 특히 양말 뜨개질이 주제다. 또한 다림질에 주목하는데, 이는 많은 이들에게는 여가 시간의 과제, 심지어 스포츠이기도 하다. 다른 이들은 여가 시간을 석탄 채굴로 보낸다. 석탄 위에서 고기를 굽는 것도 빠뜨리지 않는데, 이는 대개 남성들의 일처럼 보이며, 이들은 고대에는 불을 다스렸다. 하지만 미국의 바느질 전통에서 특히 어떻게 여성들이 서로 같을 수 있었는지도 중요했다. 이 기술들의 공통점은 무엇인가? 왜 이들은 검소하고 별것 아닌데도 "쾌락을 불러일으키는"이라는 명칭을 얻게 되었는가? 메인즈는 생산물의 가치 또는 의미 완성에 대한 욕구를 불러일으키는 모든 기술을 쾌락적이라고 정의한다(2009, S.3 und 9). 과거에 새로운 양말 한 켤레를 필요로 했던 이는 상대적으로 힘들게 뜨개질을 했을 것이다. 기술적 진보와 산업화를 통해 이 짐으로부터 해방되면서 우리는 오늘날 재빨리 적은 돈으로 양말 한 켤레를 산다. 전통적으로 일하던 광부들은 빨리 죽었고, 터무니없는 조건에서 일했다. 산업화된 국가에서 아무도 더 이상 그렇게 일하지 않아도 된다면 이는 커다란 성취다. 그럼 누가 여가 시간에 단순히 재미를 위해 그렇게 일하려고 할까? 스스로 말아 피우는 담배, 비닐-LP판, 돼지 스테이크 몇 조각을 위해 엄청난 비용을 치러야 하는 숯불 구이에 대한 기쁨은 순수하면서도 비합리적이다.

빵을 얻기 위한 과거의 수단이 여가 활동으로 이어지는 것을 볼 때 기술의 관성력은 쾌락을 불러일으킨다. 그것은 단순한 작업, 손으로 마무리하는 것에 대한 욕망을 일으킨다. 그래서 이 기술은 뜨거운 다리미가 습기를 머금은 천 위에 증기를 뿌리며 지나가는 경우에는 천과 냄새

---

2   레이첼 메인즈(Rachel Pearl Maines, 1950-)는 미국 기술 사학자다.

에 대한 동경이 되며, 특히 우리 이전 세대의 작업에 대한 참여이며 과거와의 연결 고리를 잇는다. 이렇게 쾌락을 불러일으키는 기술은 격정 (Affekte)을 불러일으키지만, 엄청나게 새로운 것의 마력 속에서 과도한 기대를 일으키기보다는 고요하게 머무르며, 강력하지만 비가상적인 리듬을 띤다.

대단한 연출이자 진정시키는 작업으로서 기술은 우리와 관계를 맺는다. 그래서 기술과의 관계에서 서로 대립하는 격정들이 일어나는데 이는 서로 다른 기술공학의 대립 때문만은 아니다. 불꽃놀이가 로켓 기술로 계속 발전하는 것을 보면서 우리는 이 기술공학이 대단한 방식으로 등장하여 지속적으로 후속작을 만들어내는 것을 확인했다. 달 착륙을 목표로 한 아폴로 프로그램은 일종의 정치적 불꽃놀이였고 특히나 냉전 시대에 능력과 권력을 공개적으로 증명했다. 여기서는 승리와 패배의 상징성이 중요한 것이지 다른 이득이 중요한 것은 아니며, 이 모든 것은 납득이 된다. 하지만 달 착륙의 엄청난 기술적 승리를 위한 과도한 비용은 정점을 찍었고 안개가 드리웠다. 그리고는 광대한 우주 공간에서 푸른색 행성인 지구를 처음으로 본 것만이 남았다. 이렇게 마리나 벤자민(Marina Benjamin)은 거대한 기술적 시도와 지구의 한계를 넘어서 인간에게 가용하고 거주 가능한 공간을 확대하고 골칫덩어리 지구를 떠나려는 기대가 가져온 역설적인 성취를 말한다. "향수병이 '더 멀리', '더 높이'라는 기술적 명령에 대한 지배권을 획득했다. […] 결국 아폴로 프로그램의 우주 비행사들은 달 착륙이 미래 세대에게는 우리 고향 행성의 파괴 가능성과 소중함을 일깨워주는 전환점이라고 정의했다." 아폴로 12호 우주 비행사인 리차드 고든(Richard Gordon)은 이를 다음과 같이 이야기했다. "사람들은 우리가 달 여행을 했을 때 무엇을 발견했는지를 묻는다. 우리가 발견한 것은 지구였다."(Benjamin 2003,

S. 47-49) 엄청난 비용이 광란의 기술적 경쟁 소용돌이 속에서 사라졌고, 남은 것은 욕망의 대상이자 향수의 대상, 염려의 대상인 푸른색 행성 우리 지구의 이미지다. 오만과 자의, 넘고자 하는 욕망은 돌아섬과 만족, 주어진 질서의 보존으로 역전한다.

『인간의 조건』의 처음 부분에서 한나 아렌트는 이제 우주 공간에 정착할 소망에 관해 이야기했다. 이는 인간의 일종의 자기 망각으로서 인간은 지구에 종속되어 있는 상태로부터 벗어나고자 하며 지구가 우리의 삶의 조건이라는 것을 인정하려 하지 않는다. 우주 비행사의 회고는 아렌트의 말을 확증하지만 또한 기술과 결합된 진보 및 가속의 강조, 자기 초월과 한계 극복의 환상, 새로움과 도구의 매혹에 대한 욕망은 기술의 다른 약속, 말하자면 단조롭고 신뢰가 가고 의식(儀式)적이고 친숙한 관습과 이어져 있다는 이 약속의 배경 위에서만 의미를 획득한다. 하나의 명제로 달리 표현하자면 다음과 같다. 과학사가인 알렉상드르 쿠아레(Alexandre Koyré)는 고전적-아리스토텔레스적 물리학에서 현대적-갈릴레이적 물리학으로의 이행을 코스모스적 세계 질서로부터 자연법칙적으로 파악된 우주로의 이행이라 서술했다. 코스모스에서는 의미 있는 질서 속에서 자신의 장소를 아는 것이 특히 중요하다. 현대 우주는 폐쇄된 질서가 아니며 무한하며 다른 형태를 가질 수 있다(Koyré 1969). 하지만 기술적 작품은 현대인에게 폐쇄된 세계, 제한된 전체를 제공한다. 그리고 이는 기술에 대한 쾌와 불쾌, 이 기술이 우리를 끌어들이는 작품 연관과 세계 연관에 대한 쾌와 불쾌의 근거다. 그리고 이것 때문에 이제 아도르노의 눈에는 기술적 불꽃놀이가 예술 작품으로 보인 것인데, 즉 불타는 순간을 통해 온전한 세계를 약속하는 것이 이미 의문스럽다는 것이다.

단두대, 온전한 세계와 망가진 세계

기술은 항상 미적인 세계 관계 또한 정초하며, 이 관계는 기술이 근원적으로 예술과 가깝다는 것을 증명한다. 이 주장은 물론 기술적 인공물이 얼마나 아름답게 또는 기능적으로 실현되는지를 말하는 게 아니다. 여기서 좋은 디자인과 나쁜 디자인의 가능성은 기술 작품 및 그 세계가 보여주는 미적인 특성의 조건 및 제한으로부터 온다. 오히려 위 주장은 [기술을 통해] 세계가 우리에게 어떻게 보이고 경험 대상이 되는지와 연관된다. 이는 매체 이론의 주제이며 이미 우리는 이를 기술의 감각상인 카메라 사례를 통해 논의했다. 또한 위 주장은 사물이 어떻게 중요한 것이 되며 우리 관심의 대상, 격정을 일으키고, 쾌와 불쾌를 일으키는 대상이 되는지와 연관된다. 이는 우리가 불꽃놀이에서 봤고, 이익 계산과 상관없이 의미 있거나 내용이 풍부한 사소한 비가상적인 기술적 실행들을 통해 관찰했다. 이 실행들은 인위적인 개입을 필요로 하지 않으며 미적으로 고양될 필요도 없다. 여기서 기술 작품이 다른 것을 드러내는 역할만 하는 수단, 어떤 목적을 위한 수단이 아니라 자체가 중요한 연관으로서 현상하며, 이를 더 자세히 관찰하면 아도르노가 예술 작품에 대해 보여준 것처럼 이는 매우 불안하게 하는 것이기도 하다. 마지막으로 위 주장은 프랑스 기술철학자 질베르 시몽동(Gilbert Simondon, 1924-1989)이 기술미학이라고 지칭한 것을 의미한다. 이는 구체적이고 개별적인 세계 연관에 친밀히 관여함을 의미하며 나아가 이 관여함에 대한 감정을, 이러 저러하게 기술화된 세계 속에서 제대로 된 것인지에 대한 지식과 염려를 의미한다. 쾌(와 불쾌)는 기술적 도구에 대한 감정적 관계를 의미한다. 이 도구를 자부심과 기쁨으로 고찰하면서 손으로 흡족하게 이 도구를 만지며, 전혀 지겹지 않게 우리는 그것을 오늘날 핸드폰처럼 최고의 친구, 포기할 수 없는 파트너, 오락의 끊임없는 원천으로 여긴다. 나아가 사랑(과 실망)은 전문가를 기술적인 작품의 상호작용 연관으로 구성된 세계 속으로 불러들이는 조심스러운 염려를 의미한다.

"친구여, 양심의 가책 때문에 속이 뜯기거나 조용히 교수대에 매달리는 것 중 어느 것이 낫다고 생각하는가?"[C 247] 여기서 우리 앞에 교수대가 있는 양자택일 상황을 게오르크 크리스토프 리히텐베르크(Georg Christoph Lichtenberg)는 말하고 있다. 하지만 단두대 앞에서의 양자택일은 지금까지처럼 머리를 잔인하고 부정확하게 찍어낼 것인지 아니면 깨끗하게 효율적으로 자를 것인지를 의미한다. 1795년 기술이론적 찬사 속에서 리히텐베르크는 다음처럼 썼다. "단두대가 긴 날, 큰 무게, 높은 낙차를 가지고 있어 머리를 몸통으로부터 분리할 가장 부드러운 수단이며, 그것만이 지성적으로 자른다. [반면] 도끼는 찍으며 꽂는다." 칼, 가위, 톱도 비교적 별로다(1972, S. 490). 이 방법은 다소간 오래 걸리고 사형 죄인과 그 친구와 친척에게 다소간 고통을 안길 수 있다. 그래서 리히텐베르크는 "그러한 상황에서 나는 이 어려운 과정을 모든 힘을 다해 경감시키는 실천적 역학을 사용하는 것이 의무라고 믿는다."

기술의 감각상으로서 단두대는 단순히 효율적인 사형 기계이자 임의의 목적에 적합한 수단을 찾는 비인간화하는 도구적 이성만을 의미하는 게 아니다. 그것은 그 발명가 조세프 이냐스 기요탱(Joseph-Ignace Guillotin)의 의료적이고 급진 민주주의적인 의무였다. 그는 모든 사회계층으로부터 온 범죄자에 대한 인간적이고 평등한 사형 방법을 찾았다(Arasse 1988). 그 출신 및 범죄 성격, 복수심 또는 기타 사항을 고려하지 않고 사심 없이 오로지 사안에만 집중하여 사형 판결을 집행하는 것은 인간적이다. 왜냐하면 이 사안에서는 인간과 기계, 이들의 성공적인 협업만이 중요하기 때문이다.

우리가 혁명적이고 전문적인 이 의사의 조심스러운 염려를 진지하게 받아들인다 해도 확실히 여기서 미적인 성공에 관해 이야기하는 것은 병적이거나 사악한 것으로 들릴 것이다. 하지만 도끼, 칼, 가위, 톱 등과 자르는 단두대의 차이를 달리 어떻게 표현할 수 있겠는가? 프란츠 카프카(Franz Kafka)가 상세히 표현한 기이하고 미적인 성공을 전혀 바라지 않는 사형 기계를 가진 유형지 속 써레와 제도기는 말할 것도 없다.[3] 이를 위해 기술은 예술 작품에 해당하는 선과 미라는 주관적 기준을 통해 판정해선 안 되며, 오히려 예술 작품을 기술 작품으로부터 사유하면서 기술 작품의 세계 속에서 제대로 된 것인지 여부 또는 언제 또는 어떻게 해야 제대로 된 것인지를 묻게 된다. 이를 통해 기술-미학적 판단력이 생겨나며, 이는 정치-도덕적 판단력을 대체하는 것이 아니라, 이 판단력에 도전하며, 이를 보충하거나 확장할 수 있다. 기술과 반대로 주관적 만족으로부터 사유한 칸트의 미적 판단은 공통감을, 그리고 단순히 주관적인 만족을 넘어서는 판단자들의 찬동을 목표로 한다(Kant 1790, §40). 반면 기술-미적 판단력은 시몽동에 따르면 사물적인 연관과 관계하며, 이 연관 속에서 기술은 익명적 권력이 아니라 구체와 개별화의 조건으로 현상한다. 서로 다른 지점에서 단순히 관찰

---

3 카프카의 〈유형지에서〉를 보면 사형 기계가 등장하는데, 밑 부분을 "침대", 윗 부분을 "제도기", 그리고 중간의 가장 무거운 부분을 "써레"라고 부른다. 써레는 원래 땅의 흙을 잘게 만드는 농기계다. 솜이 깔린 침대 위에 벌거벗은 죄수가 배를 대고 눕게 한다. 손, 발, 목을 매는 끈으로 고정한다. 기계가 작동하면 죄수의 입 가리개가 입을 막는다. 침대와 제도기는 2미터 간격으로 떨어져 있고, 제도기는 수많은 톱니바퀴 등으로 이루어져 있고, 이것이 작동하면서 써레가 움직인다. 동시에 침대는 상하 좌우로 흔들리면서 사형이 집행된다.

하면 똑같이 보이는 것이 예술가, 수공업자, 기계 관리자, 사용자의 감각 속에서 구체화된다. 여기서는 "노동을 통해 변형되는 소재와의 어떤 관계가 중요하다"(Simondon 2012b, S. 3). 즉 기술-미학의 첫 번째 범주는 사용, 실행에 놓여 있다. 왜냐하면 여기서 이 범주는 "성적인 절정, 만질 수 있는 수단, 흥분시키는 모터"기 때문이다. "움직이지 않던 나사가 풀리면 우리는 엄청난 기쁨, 일종의 도구화된 즐거움, 도구를 통해 매개된, 도구가 작동을 가한 사물과의 소통을 경험한다. 이는 대장장이 일과도 같다. 망치로 때리면 우리는 망치와 모루 사이에서 두들겨서 늘어나고 변형된 금속의 상태를 경험하게 된다."(2012b, S. 3)

지금까지 질베르 시몽동과 알렉산더 클루게 사이에 의견 일치가 있음을 알 수 있다. 소재 세계와의 친밀한 접촉 속에서 감정은 자신이 무엇을 신뢰해도 되는지, 무엇을 검증해야 하는지, 어디에서 잘 되고, 어디에서 잘못되고 있는지를 판정한다. 영화 〈감정의 힘〉과 관련한 인터뷰에서 클루게가 이 점을 상세히 설명한다.

"예를 들어 이 영화에서 출발점은 하나의 나사를 가진 남자이며, 이 나사에 다른 나사가 이어진다. 그는 이 나사가 오로지 수많은 감정으로만 돌릴 수 있다고 말한다. 나사를 너무 꽉 조이면 이는 극단적으로 되고, 너무 덜 조이면 나사가 풀리고 너트가 사라져 버린다. … 이제 당신은 일치하는 사례를 생각할 수 있을 것이다. 춤을 추거나 음악을 들으려 할 때 이를 지성으로 하려 한다면 당신은 잘하지는 못할 것이다. 하지만 당신이 이 나사 이미지를 성적인 것에 적용한다면 많은 여성 또는 많은 남자들이 말할 것이다. "신체 기관을 가진 나는 적어도 나사처럼 조심스럽게 대접받고 싶다." "나는 버릇없이 대접받고 싶지 않으며, 서툴게 대접받고 싶지도 않다." 그래서 단순한 감정들에 대해서는 여러 구별이 있다: 올바른 시점, 올바른 견고함, 올바른 느슨함."(Kluge 1984, S. 180 f.)

시몽동의 기술-미학적 관찰은 여기서 한 걸음 더 나아간다. 즉 기술을 통해 사물을 감각적으로 잘 다루는 것은 물론 기술적 구성 부분이 조화로운 상태에 있어야 한다고 주장한다. 예를 들어 많은 부분들을 통합한 전체이면서 다른 전체의 조화로운 구성 부분이기도 한 배터리, 당당히 모든 건물들 위로 솟아 있으면서도 한 마을의 거리망 속에서 수압을 균등하게 보존하는 물탑이 바로 참된 개체이다. 시몽동에 따르면 이러한 구조물과 관련된 기쁨은 "기술적이면서도 미적이다. 기술-미적인 감정은 미적인 감정 그 자체보다, 그리고 기능적 관점에 따른 (빈약한 관점인) 기능적 측면보다 더 원시적인 범주인 것처럼 보인다."(Simondon 2012b, S. 7)

기술적 대상과 그것이 [환경과의] 조화 속에서 개별화된다는 이 서술 속에서 우리는 기술적 예술 작품을 만난다. 이동 수단 작품, 시계 작품, 급수 시설, 네트워크 또는 함께 작동하는 사물들의 모든 조화에서 우리는 우리와 맞닿은 세계를 만나며, 이 세계 속에 들어가 여기서 지식을 쌓고 행위한다. 하지만 세계 속에 들어간다는 말은 찬성하기에는 너무 신비적으로 들린다. 특히 이 말이 우주적 통일을 느껴야 하는 명상 실행의 표상으로 이어진다면 더욱 그렇다. 하지만 이 말은 항상 신비적이긴 하지만 완전히 다르게 파악할 수 있다는 의미에서 그렇다. 여기서 이 말은 쿠아레가 말한 전현대적인 코스모스적 세계 관계를 의미하기도 하고 또한 우리가 들어가 있는 세계는 한정되고 질서 잡힌 전체로서 사물들을 올바른 자리에 배치하기에 아마도 삶의 형식을 의미하기도 한다. 이런 삶의 형식은 우리에게 리듬을 제공하는 산업 세계인 공장의 신비적 경험일 것이다. 또한 이는 현악 4중주의 놀라운 협주의 신비한 경험 또는 총체적인 대중 행진 속 신비적 변용 또는 집단행동 및 수영장, 춤 무대 또는 시장을 평화롭게 공유하는 낯선 인간들의 서로 간의 암묵적인 약속에 대한 신비적 경탄일 것이다. 이 모든 상황은 기술적으로 볼 때 잘 굴러가는 것이며, 이 조화로운 연관에 행위를 통해 참여함으로써 이 연관에 관한 지식이 생겨난다.

자연법칙으로 정의된 무제한적인 우주는 사실들의 집적으로 구성된다. 우연적인 사건 또는 현존하는 것의 총합이 세계를 구성한다. 이에 반해 제한된 전체, 즉 함께 작용하는 부분들의 총체라는 세계에 대한 "전체론적인" 직관은 부적절한 것처럼 보인다. 하지만 기술적 작품의 관점에서 보면 이는 부적절한 것이 아니다. "사물들 가운데 있는 사물로서 각 사물은 똑같이 의미 없지만, 세계로서 각 사물은 똑같이 의미 있다." 루트비히 비트겐슈타인은 한편으로는 톱니바퀴, 나사, 스프링의 단순한 집적과 관련해, 다른 한편으로는 이들이 구성한 시계 속 조합과 관련해 다음과 같은 말을 하고 있다. "제한된 전체로서의 세계에 대한 감정은 신비적인 것이다."(Wittgenstein 1922, S. 178, und Bemerkung 6.45). 선택한 기술적 조화와 관련시켜 보자면 제한된 전체로서의 세계에 대한 이 감정은 작품 속 사물들의 협업에 관해 판정하고 있다(Nordmann 2014, 2015). 이는 단순히 미적인 판단인데, 왜냐하면 이는 단순히 조화와 일관성만이 문제되기 때문이 아니라 또한 예술의 규칙과 관련되기 때문이다. 이 규칙에 따르면 사물은 한 작품 속에서 협업해야 한다. 이는 "원시적인" 판단인데, 왜냐하면 [아도르노 식의] 예술 이론으로서의 미학이 현상 속에서 이미 다시금 사라지는 예술 작품의 부서진 관계를 고찰하면서 비판적인 개입과 항상 주체를 통해 매개된 [주관적인] 미적인 판단을 내리는 반면, 이 판단은 미학이 일반적으로 다루는 것을 선행하기 때문이다. 그래서 더 원시적인 기술-미학적 판단은 기술적으로 성공한 구성을 출발점으로 삼아 예술 규정과 성공 기준을 따지도록 미학에 요청한다.

제대로 작동한다면 모터는 윙윙거리고 자동차는 자연스럽게 빠른 길로 목표에 이른다. 하지만 펑크가 나면 바퀴가 교체돼야 자동차가 갈 수 있다. 하나의 세계가 부서졌고, 조화, 작품 또는 작용 연관으로서의 자동차는 수리해야만 한다. 이 세계가 부서져 있기 때문에 이는 오로지 하나의 세계일 뿐이며, 나의 세계는 아니다. 그렇지 않은가? 베르톨트 브레히트(Bertolt Brecht)의 시 〈바퀴 교체〉(Radwechsel)에서 이 물음이 제기된다. "나는 길가에 앉아 있다./ 운전자가 바퀴를 교체한다./ 나는 떠나온 곳이 마음에 들지 않는다./ 나는 갈 곳이 마음에 들지 않는다./ 나는 왜 바퀴 교체를 보고 있는가?/ 초조하게?"(Brecht 1967, S. 1009) 어떤 것이 망가졌고 다시 복구해야만 한다. 초조함은 잘 작동하면 어떠해야 하는지에 관한 지식일 것이다. 이것 이상으로 기술-미학적 판단은 자신이 반성적임을 증명한다. 기술 작품이 불꽃놀이처럼 현상 속에 이미 불타 없어지는지 여부, 기술 작품이 단두대처럼 인간적-비인간적 작업을 정확하게 실행하는지 여부, 기술 작품이 언젠가 혹은 결코 고장 나지 않는지 혹은 고장의 가능성을 단순히 오점으로 가지는지 여부가 본질적인 것은 아니다. 제한된 전체, 기능적인 유기체, 작동하는 메커니즘의 고찰은 이러저러하게 '잘 굴러가야 한다'는 초조한 요구를 의미하지만, 우리가 어디서 왔고, 또는 어디로 갈지 모를 때에 그것은 기계 고장을 의미하기도 한다. "고장의 미: 약속으로서의 기술적인 거부"(*Die Schönheit des Kaputten: Technisches Versagen als Versprechen*)에 관한 강연에서 요아힘 란트카머(Joachim Landkammer)는 브레히트의 시와 그 밖의 사례를 통해 단순히 기술적으로 조화로운 온전한 세계가 망가졌을 때 무슨 일이 일어나는지, 이를 통해 어떻게 우리의 세계 관계가 중단되는지, 어떻게 정상적인 기술적 작용 연관이 형이상학적인 의미 물음으로 전환되는지, 어떻게 가상적으로만 제한된 전체가 드러나는지를 보여주고 있다(Landkammer 2015). 예술의 더 이상 그 근거를 묻지 않는 규칙들을 예술 속에서 묻게 되는 것은 예술 및 기술의 기술적 예술 작품으로부터 이루어진다. 즉 이 작품의 제한된 전체성이 문제가 되었을 때, 잘 작동하는 것이 올바르거나 거짓일 수 있을 때, 이 전체가 고장 났을 때 이 물음이 제기된다.[4]

---

4   기술에 대한 판단은 기술이 제대로 기능하지 않을 때에야 비로소 시작된다. 마찬가지로 미학은 예술 작품이 제대로 기능하지 않을 때에야 비로소 시작된다. 즉 기술과 예술은 이미 학문적 고찰 이전에 조화로운 전체로서 잘 작동하고 있다. 이 온전한 세계가 지속될 때에는 기술과 예술에 대한 고찰이 이루어질 필요가 없다. 하지만 망가진 세계가 등장했을 때 이에 대한 고찰이 시작되어야 한다.

존재와 당위:
결론적 고찰

회고: 적합한 관계

기술에 대한 열 개의 감각상을 다뤘다 해서 아직 완결된 것은 아니다. 즉 이 입문서는 아직 부족하며, 독자는 이제 기술의 다른 감각상들을 생각할 수 있다. 이에는 프로그램 가능하고 자동화된 베틀과 기계파괴 운동, 문화 기술로서의 글쓰기, 인터넷과 해당 네트워크 이론을 포함하는 컴퓨터 등이 속한다.

이처럼 임의적으로 계속 나열하는 대신 이제는 적어도 시도 삼아 다양한 관점들을 하나로 묶어야만 한다. 열 개의 반성 운동을 시작할 시점에 그룬발트(Grunwald)와 율리아르트(Julliard)의 질문을 다뤘다. "일반적으로 기술에 대해 이야기할 때 우리는 무엇을 생각하고 있는가?" 이들의 제안은 다음과 같다. "이 반성의 결과는 […] '기술'이란 개념을 통해 축약적으로 개념 파악"한다는 것이다. 그래서 우리가 일반적으로 기술의 어떤 감각상으로부터 논의를 시작한다면, 이는 기술에 대한 보편적 관점들을 포함하는 반성 개념으로 나아간다.

우리는 넓은 의미에서 두 가지 인간학적 반성으로부터 시작했다. 이 반성에 따르면 기술의 본질에 관한 질문은 인간에 관한 질문이다. 그래서 희생 은접시에 대해 일반적으로 말할 때 우리는 시적으로 제작하여 바깥에 세우는 존재를 생각한다. 우리가 제작한 사물과 우리 자신은 세계 속으로 들어서고 세계에 속하게 된다. 인간은 기술 속에서 자신을 제작하는 자로 탈은폐한다. 기계에 대해 일반적으로 말할 때 우리는 우리 스스로가 기술에 묶여 있다고 생각한다. 기계는 우리 스스로가 기계의 부분이 되고 전체 세계가 계산 가능한 힘의 관계가 되는 한에서만 작동한다. 거대기계이든 혹은 기계체계(Gestell)이건 간에 기술은 원료이자 부품인 자연과 인간을 필요로 한다. 인간은 자신을 대상으로 탈은폐한다.

삶의 형식으로서의 기술, 그리고 인간과 사물의 공생을 위한 기술에 관한 두 가지 반성은 고전적인 자연철학적 물음을 대체했다. 베를린 열쇠에 대해 일반적으로 이야기할 때 우리는 기술을 통해 그리고 기술을 넘어 공간 속에서 조직화되는 것을 생각한다. 인간 손이 움직이는 세계 속에서 기술적 체계는 행위 프로그램 및 행위 연관 자체이며, 이 속에서 인간 또는 비인간 중재자는 주체 또는 객체가 된다. 아마도 옛날 옛적에 자연 속에 있었던 것처럼 이제 우리는 기술적 연관 속에 있다. 기술은 우리와 세계 사이에 있는 것이 아니라 인간과 사물의 상호작용 가운데 있다. 실험용 쥐에 대해 일반적으로 이야기할 때 우리가 기술화한 자연이 실제로 탈마법화된, 합리적으로 계산 가능한, 다소간 투명한 반자연인지, 또는 기술과 자연이 서로 결합된 것이 아닌 마법적 관계 속으로 되돌아가는 것은 아닌지라는 열린 질문을 생각한다.

공간 속 사물의 조직화에 대한 자연철학적 물음이 있다면, 다른 두 가지 반성은 시간 속 기술의 확산에 대한 역사철학적 물음을 쫓는다. "브라흐트" 산파술에 대해 일반적으로 생각할 때 우리는 기술화의 등급이 아니라 그 방식을 생각한다. 그래서 각 삶의 형식은 기술화된 것으로서 힘들이 작동하고 이에 대한 반작용이 일어나는 폭력 연관에 다름아니다. 여기서 브라흐트 산파술과 제왕절개술의 대립은 이 폭력이 서로 다르게 조직되고 비판될 수 있다는 점, 이 폭력이 무조건 낯설고 낯설게 하는 것이 아니라는 점을 보여줬다. 고고학적으로 지층화된 삶의 형식의 순서가 있는가 하면 이와 반대로 지속적으로 누적적인, 진보하는 기술화 과정 이론도 있다. 카메라에 관해 일반적으로 사유할 때 우리는 항상 인간에게 더 큰 새로움 또는 장악력, 속도와 요구, 경감 또는 해방을 가져오는 멈추지 않는 운명적인 과정을 생각한다. 카메라는 단순히 육체적인 수행뿐 아니라 인지적인 수행이 기술 체계 속에 통합된다는 점, 그리고 기술화된 세계 또한 이제 기술적 수단 자체를 통해 스스로 반성한다는 점을 보여준다. 기술은 오늘날 기술 지배에 복무하며, 기술의 도움으로 인간은 기술을 자기화한다.

다음 두 가지 기술의 감각상은 기술의 합리성 형식에 관한 반성, 그리고 공학자의 사유와 지식에 관한 반성을 일으켰다. 진공펌프와 같은 과학적 도구에 관해 일반적으로 사유할 때 우리는 우선 실험실 속에서 자연을 복속시키고, 이를 반성하지 않은 목적을 달성하기 위한 수단으로 이용하는 도구적 이성을 생각한다. 기술은 사회적 기계의 관리와 최적화의 이데올로기로 등장한다. 하지만 자세히 관찰하면 진공펌프는 다양한 방식으로 수단-목적 도식에서 벗어나며 도구적 이성과 소통적 이성의 대립을 무너뜨린다. 반대로 자전거와 그 발전에 관해 일반적으로 이야기할 때 우리는 사회-기술적 실현 과정을 생각한다. 이 과정에서는 모든 것이 협의 가능하며, 어떤 것도 필연적이지 않다. 공학자의 결정을 더 가까이에서 보면 볼수록 이 결정은 훨씬 복잡하며, 명쾌하거나 개별적이지 않다. 따라서 공학자의 숙련된 지식은 문맥적이며 그럼에도 불구하고 객관적이며, 이는 구체적인 적용 연관과 유리된 교과서 지식이 아니다.

　기술의 보편적 측면들에 관한 이런 반성들은 [기술에 관해] 통용되는 표상들에 문제 제기를 하거나 이를 완전히 배제하면서 서로를 보충한다. 예를 들어 기술이 항상 목적을 위한 수단이며, 어떤 목적 달성을 위한 도구에 불과하다는 것은 명백히 옳지 않다. 즉 우리는 기술이 얼마나 우리 삶의 형식을 구조화하고, 이것이 때때로 목적 없는 방식, 상징적인 방식 또는 유희적으로 의식(儀式)화된 방식으로 이루어지는지를 고려해야만 한다. 그래서 기술은 인간과 세계 또는 인간과 자연 사이에 있는 매체가 아니며 오히려 인간과 자연을 매우 다양한 방식으로 바꾼다. 그래서 인간을 대상화함을 통해 혹은 인간을 둘러싸고 있고 우리 행위를 구조화하는 자연 속에 기술이 사라짐을 통해, 또는 인간, 기술, 자연의 행위 프로그램이 서로 구체적으로 연결됨으로써 인간과 자연은 더 이상 서로 대립하지 않게 된다. 오히려 기술은 모든 행위와 모든 교환이 일어나는 매체이다. 더 나아가 기술은 무엇보다 물리적이고 정신적인 힘의 성장, 인간 능력의 확장에 도움이 된다고 알려지게 된다. 하지만 이는 기술이 자신만의 문제를 일으키고, 그래서 의존적 관계를 만들고 인간의 자유를 촉진하는 동시에 이를 제한하고 길들인다는 오해를 일으킨다. 기술은 또한 생물학적 진화의 연장으로 이해된다. 인간은 기술을 통해 좀 더 나은 무기를 창조함으로써 더 잘 살아남는 갑각류로 바뀐다. 하지만 기술의 발전은 자연발생적인 것이 아니다. 이는 새로운 기술이 사회 속에 적용될 때 사용자가 얼마나 많은 기여를 하는지를 보면 명백하다. 최근 우리는 생존 투쟁에서 기술이 주는 장점보다는 기술 때문에 발생한 단점에 크게 주목하고 있다. 오랫동안 자명한 것으로 여기던 것이 오늘날엔 열린 물음이 되었다. 즉 소통, 건강, 에너지와 같은 영역에서 기술적 체계의 현재적인 발전이 더 나은 견고함과 신뢰를 제공할 수 있는가? 혹은 이 기술적 체계가 연약함과 무지의 정도를 높임으로써 우리 삶을 여러 관점에서 불확실하게 만드는 새로운 선택지를 가져오는 것은 아닌가?

또한 기술이 항상 자연 지배인지의 물음은 논란이 있다. 헤르베르트 마르쿠제 또는 에른스트 블로흐(Ernst Bloch)가 제시한 기술 개념이 있는데, 이는 자연을 복속시키는 자연 지배가 아니라 자연과 함께 가고 자연에 적대적이지 않은, 자연을 해방시키는 자연 지배라는 대안적인 개념이다. 자연 지배라는 기술 개념에 반대되는 개념은 기술이 상상적인 과잉을 산출할 수 있고 자신에게 고유한 현상들을 내어놓는데, 이는 단순히 자연을 갉아먹는 것이 아니라 이를 확장하고 드높인다. 끝으로 기술이 제작이나 생산 영역에 속하지 행위 영역에 속하지 않는다는 [아리스토텔레스의] 관점도 유지할 수 없다. 예를 들어 우리는 언어를 통해 다른 인간과의 관계를 규제하는 것처럼 기술을 통해 사물과의 관계를 규제한다. 제작과 행위는 우리가 대상을 주체와 깔끔하게 분리할 수 있을 때, 사물과 우리의 관계를 다른 인간과의 관계와 깔끔하게 분리할 수 있을 때, 그리고 언어가 기술이 아니며, 기술이 언어가 아닐 때에만 깔끔하게 분리할 수 있을 것이다. 하지만 기술은 이 모든 분리를 무너뜨리며, 그래서 기술은 이미 제작에만 한정할 수 없다.

불꽃놀이와 단두대를 통해 우리는 마지막으로 의문스러운 그 사용과 기능을 넘어서서 쾌와 불쾌를 일으키는 기술이라는 감각상을 다뤘다. 여기서는 감각적 만족을 일으키는 아름다운 디자인이 아니라 미적으로 성공한 사물과의 공생이 문제가 된다. 불꽃놀이는 단순히 낭비적인 경솔함과 규율적인 과도만을 보여주는 것이 아니다. 불꽃이 사라지면서 단순한 실행에 대한, 항상 동일한 과정의 비가상적 질서에 대한 단순한 기쁨이 그 잔상으로 남는다. 단두대에 관해 일반적으로 생각할 때 우리는 모든 것이 질서 있게 움직이는 세계를 불러일으키는 기술과 만나게 된다. 이 세계 속에서 모든 부분들은 놀랍도록 서로 맞으며 참수조차 부드럽고 매끄럽고 깔끔하게 진행된다. 기구가 망가지면 이 기구와 함께 세계 관계도 무너지게 된다. 늦어도 지금은 미적인 경험에서 기술 작품과 예술 작품 간의 가까움이 증명되었다. 이들 작품에서 우리는 세계와의 관계를, 사물의 질서를 경험하고 반성한다.

기술에 대한 많은 선입견은 구체적인 감각상을 가지고 진행한 반성 운동을 넘어서지 못한다. 하지만 지금까지 행한 다양한 반성 운동이 향한 지점에 대해, 즉 이제 "기술"을 어떻게 생각했는지 그 내용에 대해 긍정적으로 이야기할 수 있을까? 우선 반드시 구체화해야 할 삶의 형식이라는 기술 표상이 있다. 이 개념은 비트겐슈타인의 언어 철학에서 유래하는데, 이는 이미 언어와 기술 간의 유비를 제공한다. 기술을 통해 우리는 공간 속 사물을 조직한다.

하지만 삶의 형식이라는 기술 표상 또한 여기서 이야기한 [다양한] 기술 이야기들로부터 나오는 것이다. 여기서 기술이란 이 이야기들의 대상이다. 희생 은접시에 관해 예술이야기, 진공펌프에 관해 과학 이야기, 자전거에 관해 소비 또는 문화 이야기만을 할 수 있는 건 아니다. 기술이 무엇인지 알려고 할 때 우리는 어떤 것이 어떻게 기술의 감각상이 되고 특별히 어떤 기술 이야기에 속하게 되는지를 물어야 한다. 이 자리에서 비트겐슈타인의 다른 개념, 즉 가족 유사성 개념이 도움이 된다. 예술사에 관해 이야기할 때 우리는 희생 은접시를 모나리자와 베토벤의 현악 4중주와 함께 커다란 가족군으로 묶을 수 있다. 기계와 희생 접시, 베를린 열쇠와 실험용 쥐를 한 가족의 구성원으로 고찰한다면 우리는 이 가족의 각 구성원으로부터 전체 가족에 관한 이야기를 할 수 있을 것이고 "기술"에 대한 진술을 할 수 있다.

분명히 기술에 대한 이러한 순환적인 규정은 당연히 어떤 기준을 찾거나 모든 기술에 대한 하나의 범위를 확정하고자 하는 이를 만족시키지 못한다. 하지만 가족은 그렇다. 가족 구성원 간에는 유사성이 있지만, 모든 구성원이 공유하는 속성은 없으며, 누가 가족에 속하고, 누구는 속하지 않는지에 관한 명확한 경계는 존재하지 않는다. 이는 예술의 경우에도, 게임의 경우에도, 그리고 모델, 기계, 개념 등 더 구체적인 것으로 보이는 사물의 경우에도 그렇다. 기술이 기술 이야기의 대상이고, [이야기하는 각각의 기술들이 서로] 유사성의 관계에 놓여 있다면, 무엇이 기술적 해결을 요구하는 기술적 문제인지는 물음과 이야기 방식에 달려 있음이 분명해진다. 그래서 비만을 기술적 문제로 정의할 수도 있다. 고도한 소비[, 즉 과식]를 막기 위해 우리는 먹는 쾌락을 자동적으로 막기 위해 과식하게 되면 급격하고 강력한 고통의 경험을 불러일으키는 기술을 필요로 한다. 그렇게 되면 이미 비만인 시민은 줄어들 것이다. 하지만 이는 또한 논란의 여지가 있다. 우리가 오히려 경제적 문제, 교육의 문제, 미적이고 정치적이고 과학적인 문제를 기술적 문제로 정의해야만 하는가?

이 논쟁에서는 비만이라는 사실에 적합한 관계가 중요하며, 여덟 가지 서로 다른 기술 이야기에서 검증된 적합한 기술 관계가 중요하다. 비만도 언젠가는 어쩔 수 없이 하나의 기술적 문제로 정의해야만 하는가? 비만은 기술적 수단으로 대할 수 있기 때문에, 또는 기술화를 통해 생겨난 것이기 때문에 기술적 문제인가? 더 나아가 우리는 인간이 소비 지향적인 기술 세계에서 비만인 자로 탈은폐되고, 이 비만인 인간이 모든 결점을 보충하고 경감시키는 기술 발전의 비밀스러운 목적이라고 주장하려 하는가?

이러한 물음들에 대해 우리의 다양한 기술 이야기들은 서로 다른 대답을 할 것이고, 그러면 적합한 기술 이야기를 선택할 차례가 된 것이다. 그래서 우리는 결국 이 입문서의 출발점으로 되돌아간다. 즉 기술의 본질에 관한 물음은 예술의 본질에 관한 물음처럼 존재 물음이 아니라 당위 물음이며, 이는 반성을 통해 얻은 판단을 요구한다. 그래서 우리는 기술의 윤리적 차원에 다가서게 되며, 이는 지금까지 다룬 모든 것이 함축하고 있던 문제였다.

조망: 기술 윤리학에 대한 논제

결론적으로 이제 기술 윤리학에 대한 짧은 개관을 제공하려 하는 것은 아니다. 반대로 기술철학과 기술 윤리 또는 공학 윤리 간의 기초적 관계를 탐구하려 한다. 이 관계는 기초적인데, 왜냐하면 윤리의 공간은 우리가 기술적 행위를 어떻게 파악하는지에 따라서만 구성되기 때문이다. 윤리학은 말하자면 적어도 세 자리 관계를 전제한다. 먼저 행위하는, 또는 행위를 단념하는 자 [즉 행위 주체], 두 번째로 행위가 맞닥뜨릴 도덕적으로 의미 있는 존재 [즉, 도덕적 행위가 향하는 대상자], 세 번째는 행위 속에서 관철되는 것 또는 행위가 목적으로 하는 바 [즉 도덕적 행위의 책임 내용]이다. 구체적으로 말하자면 예를 들어 윤리는 누군가가 다른 이에게 어떤 것에 대해 책임이 있을 때 생겨난다. 그래서 어떤 공학자는 소비자에게 어떤 제품의 안전에 대한 책임이 있을 것이다. 하지만 (누군가가 누군가에게 어떤 것과 관련한다는) 이 책임의 세 자리 관계는 기술적 행위가 공학자와 소비자 사이에서 일어나고 제품의 특성을 공학자가 책임지는 것을 전제한다. 하지만 우리가 봤듯이 이는 기술의 윤리적 공간을 개념화하는 한 가지 방식에 불과하다. 한편으로 안전에 책임을 져야 하는 공학자라는 형상이 통상적이기보다 지금까지 우리에게 매우 드물게만 등장했다는 것은 놀랍다. 분명히 우리의 기술철학적 반성은 기술에서 본질적이라 할 수 있는 인간과 사물 간의 관계를 완전히 다르게 파악했다. 예를 들어 기술 발전과 기술화된 삶의 형식에 대해 이야기할 때 누가 행위하는 주체인가? 그리고 누구에게 영향을 미치는가? 여기서 무엇이 문제가 되고 있는가?

완전하다고 할 수는 없지만 기술 윤리학에 대한 다섯 가지 논제를 생각할 수 있으며, 이는 지금까지의 반성으로부터 나온 것으로서 현재적인 논쟁에서 일정한 역할을 하고 있다.

윤리학의 호황기에 우리는 먼저 여기서 다룬 이론가의 전체 이론 계열에서 좁은 의미의 기술 윤리학과 같은 것을 찾을 수 없다는 점을 상기할 필요가 있다. 이는 아리스토텔레스와 하이데거뿐만 아니라 한나 아렌트 또는 위르겐 하버마스에도 해당한다. 제작이 행위와 구별되며 기술이 제작 영역에 속하는 한 윤리학은 그 바깥에 머물 것이다. 사실상 제작은 우선 두 자리 관계로만 파악되며, 여기서 도덕적 주체들 간의 관계는 들어설 수 없다.

이 [기술을 제작으로 떠올리는] 표상에 따르면 제작 과정은 이미 주어진 재료를 모으고, 이를 형상 이념 또는 목적 설정에 따라 가공하며, 이를 통해 무언가를 내어놓는다. 기술적 사물은 세계의 빛을 응시하고 지금까지 가려진 것을 드러낸다. 이를 통해 기술적 발명은 과학적 발견에 가깝다. 둘은 무엇보다 어떤 것을 드러내고 앞에 내어놓기만 하기 때문에 스스로 윤리적으로 중립적이라고 요구할 수 있다. 둘은 연구자와 자연 또는 공학자와 자연이라는 두 자리 관계 속에서 이루어진다. 다른 인간 또는 인간 전체와의 관계는 아마도 처음에는 목적 설정에서, 나중에는 [작품의] 적용에서 일정한 역할을 담당하지만 창조적인 제작, 발견, 탈은폐라는 본질적 활동을 규정하지는 않는다. 일반적으로 기술과 과학의 윤리적 공간에 관해 이야기할 수 있다면 이는 보호 공간이며, 이 공간 속에서는 윤리적이고 사회적인 요구로부터 독립적으로 연구와 발전이 이루어져야 한다. 사회 및 그것의 요구로부터 분리된 보호 공간과 문자 그대로 일치하는 곳이 실험실이다. 일종의 윤리로부터 독립적인 구역으로서 실험실 속 활동은 모든 외적 혼합으로부터 보호받고 있어야 하며, 반대로 사회는 실험실에서 이루어지는 발견을 위한 실험들로부터 보호받아야 한다. 이에 따르면 실험실 문을 열어 발견과 발명을 문 바깥으로 가져와 이들을 어떤 것에 맞출 때 기술적 제작은 멈추고, 윤리적으로 의미 있는 행위가 시작된다.

　오래전부터 더 이상 호응을 받지 못하는 [제작이라는] 표상을 염두에 두고서 에른스트 카시러는 "기술의 윤리화"를 언급하고 있다. 이는 분명히 원래 윤리 영역에 속하지 않는 것을 포함한다(1930, 88-90). 이제 카시러가 기술의 윤리학과 같은 것을 제기했을 때 이는 발명가와 자연이라는 두 자리 관계로부터 결과되는 에토스(Ethos) 또는 윤리적으로 채색된 기초 관계이다. 이는 '복속을 통한 해방'이라는 도식 속에서 드러나는 봉사의 에토스일 것이다. 자연이 우리를 제한하는 힘을 인정하는 자만이 공학자로서 성공할 수 있으며, 더 커다란 관심을 인정하는 이 도식은 직업 에토스를 형성하는데, 이는 또한 공학자와 인류 간의 요구의 관계를 규정한다.

　카시러가 언급한 것은 공학 윤리학의 통상적인 형식의 기초를 이룬다. 기술 윤리학에 대한 두 번째 논제는 제작과 행위 간의 구별을 부정하지는 않지만, 발명가, 개발자, 설계자, 공학자의 활동이 제작에만 한정되지 않는다는 관찰로부터 시작한다. 자연 연구가는 오로지 사실 발견과 진리 탐구만 한다고 스스로 주장하는 반면, 어떠한 공학자도 스스로 과제 제공자, 소비자 혹은 법적으로 주어진 안전 규범이 자신의 작업에서 어떠한 역할도 하지 말아야 한다고 요구하지는 않을 것이다. 실제로 "윤리적 공간"이라는 개념은 공학자가 기초 이론 연구가와 달리 법적이고 윤리적으로 넓은 분쟁 지역과 관계한다는 관찰로부터 유래한다(Johnson 2005). 주의 의무, 과제 제공자, 소비자, 공적 안전에 대한 책임, 계약적 의무는 공학자의 직업적 일상에 속한다. 이에 따라 직업 윤리학의 윤곽이 구성되는데, 이는 개별 공학자의 행위에 맞춰져 있고 직업에 따른 의무를 나열한다. 이는 무엇보다 독일 공학자 협회(Verein Deutscher Ingenieure, VDI 2002)와 같은 직업 조직의 윤리 규범으로 드러난다. 여기서 함축적으로 전제되는 것은 공학자가 기술적 인공물을 설계하고, 이 인공물은 발전 실험실로부터 시장 및 더 커다란 사회적 연관 속에서 출시된다는 것이다. 이 개별적인 관점에 맞게 이처럼 이해된 공학 윤리학에서는 예를 들어 "내부고발"(whistleblowing)의 물음이 있다. 이는 때때로 자기 회사와 자기 동료를 배신하는 개별자의 의무다.

이제 기술철학적 반성은 공학자와 그 의무에만 머물지 않는다는 것이 명확하다. 예를 들어 랭던 위너 또는 브뤼노 라투르에 따르면 기술 윤리학을 위한 세 번째 논제에서는 시선이 설계자에서 설계된 인공물로 변하게 된다. 이 두 사상가의 기술철학적 관점이 매우 다르다 하더라도 이들은 설계된 사물이 어떤 점에서는 스스로 행위할 수 있다고 인정하고 있다. 인공물이 본래적으로 정치적이며 정치적 방향을 지닌다고 위너가 생각한 반면 라투르는 주체와 객체 간의 대립을 해소하고 지향성 대신 행위 프로그램을 추적한다. 설계된 대상들이 행위할 수 있기 때문에 나름 윤리적 공간 속에 있다는 것은 지금까지는 무엇보다 공상 과학의 영역에서 일반적인 견해이다. 예를 들어 로봇의 올바른 태도의 안전을 강조하는 다음 세 가지 법칙은 잘 알려져 있다.

"1. 로봇은 인간을 해쳐선 안 되며 또는 아무것도 하지 않음으로써 인간이 해를 입게 해선 안 된다.
2. 로봇은 인간 명령에 복종해야 하지만 이 때 이 명령은 첫 번째 법 칙과 모순되지 말아야 한다.
3. 로봇은 자기 존재를 보호해야 하지만 이 때 이 보호는 첫 번째 법 칙 및 두 번째 법칙과 모순되지 말아야 한다."(Asimov 1990, 471-474)

프로그램으로 심어야 할 이 규칙은 무엇보다 인간이 창조한 인공물 이 그 기술적 기능 외에도 항상 도덕적 특성을 부여받는다는 것을 의미 하고 있다. 이에 대한 사례들은 쉽게 열거할 수 있는데 베를린 열쇠도 그렇다. 이 열쇠는 인간에게 규칙을 제공하거나 어떤 태도를 요구한다. 그러한 위임권을 가진 자는 덕을 지녀야 하며, 이 덕은 공학자의 의무 에 속한다. 무엇보다 기술적 인공물은 오늘날 절약해야 하며, 경제적이 고 기능도 뛰어나야 한다. 결코 그것은 에너지를 낭비해선 안 된다. 또 한 기술적 인공물은 투명하거나 같은 의미는 아니지만 소비자 친화적 이어야 하며, 믿을 만하고 안전해야만 한다. 절약은 인간의 덕이기도 하고 기술의 덕이기도 하며, 이는 예를 들어 환경에 대한 염려 때문이 다. 이에 반해 책상은 자신의 소비자를 보호해야 한다. 그래서 하나 이 상의 서랍이 한 번에 열려선 안 된다. 모든 서랍이 동시에 열리게 되어 앞으로 넘어진 책상은 사용자에게 해를 주게 된다. 설계자의 의무에는 기술 제원만이 있는 것이 아니다. 계획한 설계물은 크고, 제작 단가도 싸고 다른 인공물과도 호환되고 특정한 속도로 맡겨진 과제를 수행해야 하며 절약, 안전, 보호 등의 덕을 지녀야 한다.

이런 의미의 윤리적 기술에 대한 요구의 사례로 오늘날 열쇠 기술 통합을 위한 유럽 위원회의 보고서를 들 수 있다. 이 보고서에 따르면 예를 들어 새로운 기술은 스스로 결정 과정을 수행하는 것이 아니라 결정 중인 사용자를 도와줘야 한다. 새로운 기술은 일자리나 노동자의 자질을 줄이는 대신 질 좋은 노동력을 필요로 해야 한다. 지구적인 기술 문화의 동종화에 기여하는 대신 새로운 기술은 지역적 사용 범례의 다양화를 위한 공간을 제공해야 한다(vgl. HLEG 2004, 45). 적어도 페터-파울 페어베크(Peter-Paul Verbeek, 2005)는 논제 형식으로 기술적 중재자 설계를 위한 윤리적 관점을 체계적으로 세우고 발전시키고 있다.

그래서 한편으로 공학자는 그 의무를 통해, 다른 한편으로 인공물은 그 덕을 통해 윤리적 관점으로 고찰할 수 있다. 두 경우 모두 개별 인간 또는 개별 대상의 행위가 문제가 되며, 이 행위는 도덕적으로 중요한 결과를 가진다. 이 두 논제는 기술이 무엇보다 자신의 자연 상태로부터 빠져나와 반자연을 건립하고자 하는 전체 인류의 기획이라는 관념에는 맞지 않는다. 네 번째 논제는 자연과 반자연의 관계와 관련된 윤리적 공간에 관한 것이다. 우선 기술화의 영향으로부터 보호해야 할 기술화되지 않은 자연의 가치와 중요성이 있다. 이것과 관련해 한편으로는 기술 발전이 유발하는 생태적 또는 보건적 부작용에 관한 물음이 속한다. 이 물음의 첨예화는 자연 존재의 도덕적이고 법적인 상태에 관한 물음으로 이어진다. 예를 들어 원래는 인간에게만 헌법으로 보장된 생명권을 고래에게도 부여할 수 있는가? 이 경우 원천적으로 전제되고 주어진 자연에 대한 도덕적 관점에서 기술적 반자연의 설계를 제한할 수 있다. 이 제한은 "지속 가능성"이라는 매우 다의적인 개념 아래 논의되었고, 이는 자연보호를 위한 입법 또는 배출 가스 제한 설정을 통해 구체화되었다.

자연과 반자연의 관계가 다양하게 실현될 수 있기 때문에, 각각의 실현 결정에 따라 각각의 윤리적 차원을 도출할 수 있다. 이런 원칙적인 대안들이 존재할 가능성은 우리의 기술철학적 반성에서 항상 다시금 역할을 하게 된다. 자연 지배의 해방적 방식과 억압적 방식을 우리는 구별했고, 이를 브라흐트 산파술과 제왕절개술의 대립을 통해 보여줬다. 말하자면 자연과 동맹을 맺으며, 이것에 적대적으로 작동하지 않는 기술이 있는가 하면, 다른 한편으로 자연을 기술화된 반자연으로 변형하는 대신 자체가 문제 있는 방식으로 자연이 되어 버리고 자연 속으로 흡수되어 버리는 기술도 있다. 여기서는 일반적인 기술 비판적 담론이 문제가 되면서 또한 이러한 기초적 결정에 영향을 미치는 법적 조치와 국가 정책도 문제가 된다. 현재는 재생 가능한 에너지에 대한 정치적 촉구 또는 지구 온난화에 적응하는 문제에 관한 논쟁이 벌어지고 있다.

우리의 기술화된 삶의 형식과 자연 간의 관계에 관한 사회적 논쟁은 개인과 연관된 직업윤리나 의무 목록에 적힌 인공물이나 체계의 특징이라는 표상을 넘어서고 있다. 다섯 번째 그리고 마지막 논제는 한 걸음 더 나아간다. 이는 기술 발전이 공학자가 책임질 것이 아니라 문자 그대로 전체 인류의 기획이라고 제시한다. 전면에는 기술을 매개로 공동으로 추진하고 책임질 세계의 실현이라는 이념이 있고, 이는 자전거 사례를 통해 보여줬다. 개발자와 사용자, 생산자와 소비자는 다양한 요소를 지니는 자전거 설계에 협력했다. 기술적 세계 실현이라는 표상은 자연과 반자연이라는 대립 없이 이루어지며 서로 다를 뿐인 기술화된 삶의 형식이라는 결과만을 낳는다. 무엇보다 공동으로 책임질 기술적 세계 실현은 선형적인 기술 발전의 이념 없이도 이루어지며, 이는 다른 차원의 윤리-사회적 물음을 제기한다.

종종 주장하는 선형적인 기술 발전은 조립자나 발명가의 방구석 또는 공학자의 실험실에서 시작된다. 생산물 발전이 완결되어야 기술적 인공물은 발전 분야의 내부로부터 사회적 사용이 이루어지는 외부 세계로 들어서게 된다. 닫힌 실험실 상황에서 열린 소비 세계로 넘어가는 것을 엄격하게 감시할 수 있다. 이념형으로서 이는 신약에 적용할 수 있다. 유효 성분이 약국에 판매되기까지 이루어지는 섬세한 감시는 15년 정도 걸린다. 그동안 무엇보다 여러 단계로 이루어지는 임상 연구가 있으며, 이 연구에는 자세한 규칙 체계가 있고, 이는 알려지지 않은 위험과 관련된 윤리적 물음을 포함한다. 그래서 임상 실험에 참가하는 자는 "사전 동의"(informed consent)를 밝혀야만 한다. 참가자는 실험과 연관된 위험을 완전히 알고서 이를 받아들여야만 한다. 임상 연구 관련 매뉴얼은 실험 중단에 관한 물음도 포함한다. 기대된 치료 효과를 덮는 더 커다란 문제가 발생하거나 또는 다른 실험이 더 적은 용량으로 원하는 결과를 냈을 때 임상 연구는 중지해야 한다.

하지만 이처럼 사용자와 문화적 적응 과정이 제작에 함께 작용하기 때문에 더 이상 실험실 개발과 공공적인 상품 출시 간의 엄격한 선후 관계는 있을 수 없다. 새로운 기술이 실험실에서 검증되고 마지막으로 테스트가 되지 않는다면 사회가 새로운 기술을 위한 실험실이 되어 버린다(Latour 2005). 이 실험실에서 "실제 실험" 또는 "집합 실험"이 일어난다. 이 개념들은 기술이 자연과 사회에 미치는 영향이 그 사용 과정 중에, 그리고 참사 사례를 통해서야 규명될 수 있는 상황을 가리킨다. 이에는 실험의 체계적 관찰이 속하는데, 이는 관찰자와 실험자가 어느 정도 스스로 진행하는 것이다. 이러한 실제 실험의 유명한 사례가 체르노빌이라는 지명과 관련된 원자로 사고다(Groß/Hoffmann-Riem/Krohn 2005). 단순히 인근 지역에 미친 참사의 영향뿐 아니라 무엇보다 방사능 낙진이 전체 유럽에 대기를 통해 퍼진 것, 지면, 식물, 전체 생태계에 남긴 그 흔적을 정확히 추적할 수 있었고, 이를 통해 얻은 지식은 미래에 벌어진 동일 참사에 대한 대비를 위해 실천적으로 매우 중요하다.

두 가지 다른 사례는 이 실제 실험이 신약 연구의 임상 연구와 얼마나 거리가 있는지를 분명히 보여준다. 우선 스마트폰을 들 수 있다. 스마트폰의 전자파가 건강에 유해한지 여부는 일부 분야에서 활발하게 논의되고 있다. 이 가설적인 위험으로부터 보호받고자 하는 이 또한 스스로 스마트폰을 이용하지 않는다 해도 스마트폰의 전자파에 노출되어 있다. 실험실 연구는 확정적 정보를 제공하지 못하며, 전체 인구에 대한 인구학적 관찰만 이루어지고 있다. 이러한 사회의 자기관찰은 임상 연구가 전혀 손쓸 수 없는 대상인 스마트폰 사용이 인간 소통과 상호작용에 미치는 영향 연구에서 두드러지게 드러난다. 이 자기관찰로부터 사회는 학습하기 시작하고, 이는 예를 들어 자동차 운전 중 스마트폰 사용금지, 그리고 이를 통해 새로운 유형의 스마트폰 개발로 이어진다. 그래서 사회는 스마트폰 도입으로 시작된 실험을 스스로 감행하고 있다. 고전적인 실험실 실험과 반대로 이는 뒤집을 수도, 반복할 수도 없다. 하지만 고전적인 실험실 실험과 같이 주의 깊은 관찰과 의식적으로 발전시킨 추론이 중요하다.

여기서 통제된 주의의 측면이 얼마나 본질적이고 특징적인지는 나노입자의 사례가 분명히 보여준다. 이 입자는 자주 석면과 비교되는데, 이는 둘이 특별히 유사하기 때문이 아니라 건강에 위협이 되는 특징적 속성을 지니는 새로운 재료가 과거에는 석면에서, 오늘날엔 몇몇 나노 입자에서 문제가 되기 때문이다. 이미 1905년 정도에 석면의 가능한 위해성에 대한 첫 번째 경고가 있었지만 석면은 1970년대까지 엄청난 규모로 건축자재로 사용되었다. 1979년부터 금지되었지만 석면으로 인한 죽음은 2018년에야 정점에 도달했다. 이 경우 초기 경고가 주는 교훈을 너무 늦게 받아들였다(Gee/Greenberg 2002). 나노 입자는 다른 운명을 겪는다. 많은 연구자들은 이 입자들이 건강에 장기간에 걸쳐 해로운 영향을 미칠 것이라고 말한다. 하지만 이 영향은 아직 잘 알려져 있지 않기 때문에 이 경우 나노 입자와 관련된 실제 실험이 이루어지고, 이를 독물학자, 전염병역학자, 산업의학자, 환경학자가 예의 주시하고 있다. 문제가 터질 징후가 생기는 경우 곧바로 대응할 수 있기 위해 이들은 주의 깊게 실험을 지켜보고 있다.

공적으로 진행하고 공동으로 책임질 기술적 세계를 실현하면서 사회 자체가 신기술이 미치는 영향에 대한 정보를 알아내기 위해 실제 실험의 실험실이 된다는 것은 무엇을 뜻하는가? 우리가 이 실제 실험에서 실험자이면서 피실험자로서 참여하고 있기 때문에 물음에 대한 대답은 두 가지이다(Felt 2007). 한편으로 집합 실험은 찬사를 보낼 만하다. 사회를 과학기술적 개발을 위한 실험실로 인정한다면 이는 공동 책임과 공동 행위를 위한 훌륭한 기초가 될 것이다. 생산자와 소비자, 개발자와 사용자가 실제 실험을 실제로 함께 진행하는 한 이들은 실현 과정과 결정 과정에서 서로 엮여 있는 것이고, 이는 기술 개발의 민주화를 가능케 할 것이다. 다른 한편으로 피실험자로서 우리는 이 실험에 넘겨진 꼴이다. 여기서 분명한 시작과 명료한 목적을 인식하지도 못하며 아마도 이 실험의 의미와 목적을 이해하지도 못한다.

약에 대한 고전적인 실험실 실험과 임상 연구가 특히 동물과 인간이 관여되어 있으면 이는 윤리적 반성의 대상이 된다. 이에는 한편으로는 "사전 동의"가 필수적이며, 다른 한편으로는 실험 중단 기준이 존재하기 마련이다. 사회가 실험실로 기능하는 집합 실험의 경우 지금까지 아직은 체계적으로 연구되지 않은 윤리 정치적 고려가 이루어진다.

핵발전소, 스마트폰, 나노 입자와 관련된 실제 실험에서는 예를 들어 사전 동의와 같은 것에 대한 요구가 있을 수 있다. 하지만 실험실로서의 전체 사회의 지평에서 이것이 어떻게 이루어질 수 있는지는 무척 불명확하다. 일상 실험에 참여하는 개별 참가자는 "사전 동의"를 할 수 있지만, 기술적 발명품을 사회적으로 실험하는 것에 우리 모두가 참여할 때에는 "사전 동의"를 할 수 없다. 그래서 쉴라 자사노프(Scheila Jasanoff)는 유럽 민주주의에서 "사전 부동의"가, 그러니까 공공적이고 대립적인 토론이 이루어지는 과학기술정책이 있어야 한다고 제안한다 (Jasanoff 2002, 2005). 이런 의미에서 이제 수많은 소비자 회의, 사용자 실험, 그룹 토의, 시민 참여, 이해 당사자 간 소통이 과학 정책 기구에서 구성된다. 이 토의 단위들은 무엇보다 합의 형성을 위해 존재하는 게 아니라 기술 개발을 정치적 영향과 전환점이라는 관점 아래 가져와 이를 무엇보다 투명하게 조정 가능한 것으로 만든다. 자사노프는 이 과정의 윤리적 특성을 분명히 보여준다. 자사노프에 따르면 이 과정은 "겸손한" 것이며, 신기술의 장점과 안전에 대한 정보 캠페인을 통해 사회적 합의를 이끌어내려는 모든 거만하거나 주제넘은 시도와 다르다.

실제 실험의 경우에도 실험 중지를 위한 기준 유무에 관한 질문이 있다. 이 질문은 기술 개발이 막상 시작되면 이를 물리거나 또는 막기 힘들기 때문에 시급하게 된다. 다른 한편으로 유전자 조작 곡식 재배나 줄기세포 연구를 제한하는 것은 사회적인 기본 조건들이 마련되어 있으면 제안된 모든 실제 실험을 할 수 있는 게 아니라는 것을 보여주는 사례다. 더 나아가 이미 시작한 실험과 관련해 그것의 중지를 위한 일반적 기준에 대한 토의가 존재한다. 예를 들어 어떤 상품이 건강에 해를 가한다는 증거가 있다면 이는 명백히 시장에서 퇴출할 수 있다. 이런 기준은 논란이 없지만 충분한 것은 아니다. 말하자면 증명되기 전까지는 너무나 많은 시간이 걸릴 수 있고, 그래서 너무나 많은 위해가 발생할 수도 있다. 그래서 유럽연합은 예비 조치 원칙을 명시했는데, 이는 증명 부담을 연기한다는 이유로 논란이 많긴 하다. 정당한 의심은 있지만 제품의 위해성에 대한 어떠한 증명도 없을 때 예비 조치로 이 제품을 시장에서 퇴출시킬 수 있다(Europäische Kommission 2000; Fisher/Jones/von Schomberg 2006). 예비 조치 원칙의 적용 조건은 좀 더 논의가 필요하긴 하지만 이에 대한 논쟁은 실험실인 사회 속에서 이루어지는 실제 실험의 윤리적 책임에 대한 논의라 볼 수 있다.

그러므로 기술에 관한 각 반성 운동은 기술의 여러 측면을 밝혀주는 일반적인 표상을 전해주며 기술에 대한 적합한 관계 속으로 우리를 이끈다. 적합의 기준에는 윤리 정치적인 고려가 속하며, 특히 우리가 기술에 대해 자유로운 관계에 있을 수 있는지 여부에 대한 물음이 속한다. 나아가 이 일반적인 표상들은 공학 윤리 또는 기술 윤리에 대해 이야기할 수 있는 조건이 된다. 도대체 누가 행위하는가? 공학자인가? 설계된 인공물인가? 유로서의 인간인가? 실험 친화적인 지식사회인가? 그리고 이 행위는 누구를 대상으로 하는가? 과제 제공자와 사용자인가? 인공물과 연결된 인간 행위자인가? 우리를 둘러싼 첫 번째 자연인가? 또는 실제 실험의 실험 대상인가? 이 윤리적 관계에서 행위자는 어떤 책임을 지는가? 공학자의 의무에 대해서인가? 인공물이 갖춰야 할 덕에 대해서인가? 자연 존재에 내속하는 가치에 대해서인가? 자연을 대상으로 이루어지는 실험에 대해서인가? 이 윤리적 관계들은 어디에 기록되어 있는가? 직업 단체의 윤리 규정집인가? 설계자의 의무 목록집인가? 국가의 입법과 통제 규정집인가? 과학기술 정책 목록집인가?

　기술철학적 반성은 이 나열을 통해 모두 끝나는 것이 아니다. 이 나열을 통해 당연히 완전히 다른 윤리적 관계를 열 수 있는 기술의 감각상 또는 보편개념에 관한 물음이 종결되는 것도 아니다. 하지만 이 지점에서 우리의 반성은 현재적인 유럽의 기술 정책에 이르렀다. 좀 더 내용을 이어 나갈 수 있지만, 이 입문서도 이 지점에서 끝을 맺어야 한다.

| 감사의 말 |

크리스틴 핑케(Kristin Finke), 안나 로이쉬너(Anna Leuschner), 다니엘 크반쯔(Daniel Quanz)가 비판과 함께 많은 도움을 줬다. 또한 다름슈타트 공대 학생들에게도 감사를 전한다. 이들은 2006년과 2008년 여름 학기에 이 실험에 피실험자로 참여했다. 여러 명을 대표해서 안 욘손(Ann Johnson)과 아리에 리프(Arie Rip)로부터 나는 기술철학에 대해 많은 것을 배웠다. 마지막으로 그리고 무엇보다도 나의 아내 앙겔라(Angela)에게 미안하다는 말을 전한다. 나는 이 책 작업뿐만 아니라 다른 작업을 위해서 그녀와 함께할 많은 시간들을 놓쳤다.

기술철학에 대한 일반적 서술

1) 기술철학의 세 가지 특징

저자는 기술철학의 주요 특징을 세 가지로 기술한다. 첫째로 기술철학은 고유한 전통을 가지지 않는다. 물론 아리스토텔레스의 철학의 출발점도 기술에 관한 반성이긴 하지만, '기술철학'이라는 이름하에 이어져 온 전통은 없다는 것이다.

저자는 이것의 이유로 두 번째 항목을 거론한다. 즉 기술철학은 자신만의 고유한 대상이 없다. 즉 우리가 모두 한 목소리로 지시할 수 있는 '기술'이라는 대상은 존재하지 않는다. 저자가 보기에 오히려 기술철학은 "기술의 관점에서 본 철학 전체"다. 철학 자체는 자신만의 대상을 가지지 않는다. 오로지 철학의 여러 분과, 즉 인간학, 존재론, 역사철학, 인식론, 미학, 윤리학만이 자신의 고유한 대상을 지닌다. 이처럼 기술철학 또한 자신만의 대상을 지니지 않는다. 이런 점에서 기술철학은 철학 자체이기도 하다. 그래서 자신 안에 철학의 거의 모든 분과를 포함하고 있다. 기술철학은 자체 내에 인간학, 존재론, 역사철학, 인식론,

미학, 윤리학을 포함한다. 이 책은 이 여섯 가지 분과에 해당하는 주제를 가지고 기술철학을 서술한다.

셋째로 기술철학은 '기술'이라는 표현을 정의하려 한다. 그런데 '기술'이라는 개념에 대한 통일적인 정의는 존재할 수 없는데, 왜냐하면 우리가 '기술'이란 표현으로 사용하는 방식을 종합해서 분석해 보면 이 표현은 너무나 다양한 방식으로 사용되기 때문이다. 기술철학의 목표는 "우리가 기술에 대해 이야기할 때 생각하고 있는 것이 기술이다."는 기술 정의를 분석하는 것이다. 이를 예를 들어 다른 말로 표현하자면 '우리가 스마트폰에 대해 이야기할 때 생각하고 있는 것이 기술이다.' 기술이라고 하면 각자 떠올리는 기술적 대상이 있을 것이다. 그리고 각자가 떠올리는 기술적 대상이 왜 기술인지를 스스로 자기반성해 보면 우리는 모두 커다란 기술 개념에 이바지할 수 있을 것이다. 이런 기술적 대상의 사례로 저자는 "희생 은접시, 기술상으로서의 기계, 실험용 쥐와 진공펌프, 카메라와 자전거, 불꽃놀이와 단두대, 소위 베를린 열쇠, 브라흐트 산파술"을 들고 있다. 결국 저자는 기술 개념의 다양한 사용 사례를 모으고 이로부터 대표적인 10가지 사례를 선택한 후 이를 분석해서 '기술'이라는 넓은 개념을 구성하고자 한다. 이는 기술이라는 개념의 사용법 분석이며, 구체적인 개별 사례로부터 보편적인 개념으로 나아가는 반성 운동을 가리킨다. 우리는 각자가 생각하는 개별 사례에 대해 반성한다. 이는 자기반성이다. 그리고 이러한 자기반성을 통해 보편적인 기술 개념으로 나아간다. 결국 저자에 따르면 우리는 이러한 반성 운동을 통해 기술 개념의 "가족 유사성"을 발견하게 될 것이다.

그런데 이처럼 기술 개념을 반성 운동을 통해 밝히게 되면 어떠한 일이 발생하게 되는가? 이는 철학의 재구조화다. 철학은 지금까지 자기 나름대로 여러 분과로 발전해 왔다. 하지만 반성 운동을 하는 기술철학으로서의 철학은 새로운 내용으로 채워지게 된다. 즉 기술에 대한 반성을 통해 우리는 기존의 철학적 물음을 새로운 물음들로 대체하게 된다.

2) 기술사에 대한 변증법적 관점–방법론

저자는 기술철학적 반성의 대상인 기술 개념이 정의될 수 없으며, 이는 항상 이상적인 개념으로만 남는다고 주장한다. 즉 우리가 반성 운동을 통해 해명할 기술 개념은 존재하는 기술을 단순히 기술(description)하는 것이 아니다. 오히려 당위적인 기술 개념, 즉 "기술일 수 있는 것, 기술이어야만 하는 것"을 재구성하는 것이다. 우리는 기술에 대한 여러 선입견을 가지고 있다. 이러한 선입견들이 기술에 대한 특수한 시각이라고 한다면, 우리는 여러 특수한 시각들을 모아 이를 통해 기술에 대한 보편적인 시각으로 나아가야 한다. 이 때 이 보편적인 시각은 단순히 기술에 대한 기술적(descriptive) 개념이 아니라 당위적 개념을 가리킨다. 대표적으로 저자는 우리가 기술에 대해 가지는 선입견 중 기술 "로망스"와 기술 "비극"을 그 사례로 든다. 기술 로망스에 따르면 기술은 인간이 주도적으로 발전시켜온 것이며, 인간에게 긍정적인 결과만을 가져왔다. 기술 비극에 따르면 인간이 자신의 목적을 위해 기술을 주도적으로 발명하고 발전시켜온 것처럼 보인다. 하지만 그 결과는 부정적이다. 기술은 오히려 인간에게 더 커다란 해악을 가져왔고, 인간은 여기서 빠져나올 수 없다. 로망스는 기술에 대한 낙관적 전망을 제시하고, 비극은 기술에 대한 비관적 전망을 내놓는다. 이러한 기술에 대한 선입견은 존재하는 기술의 여러 현상들을 경험한 후 우리가 얻게 된 것임에 틀림없다. 우리의 반성 운동은 이러한 선입견에 갇히기보다는 이를 넘어설 것을 요구한다. 그래서 단순히 기술에 대한 낙관론 또는 비관론에 갇히기보다는 이 두 관점을 넘어 이 둘을 모두 포함하면서도 어느 하나에 치우치지 않는 제3의 관점을 가질 것을 요구한다. 이를 저자는 기술에 대한 "변증법적" 관점이라고 부른다.

저자는 각 장마다 두 개의 기술적 감각상을 제시하고 각 감각상을 둘러싸고 존재하는 대립적인 관점들을 각각 소개한다. 저자는 두 관점 중 어느 하나에 동의하기보다는 두 관점의 긴장만을 보여주면서 이로부터 제3의 관점을 가질 수 있는지를 타진한다.

1. 제작 또는 요구 – 인간과 기술에 관한 물음

우리는 기술철학을 통해 새로운 인간학을 구축할 수 있다. 그 중심 물음은 바로 '나는 어떻게 제작하는가?'이다. 우리는 어떤 방식으로든 무언가를 제작하며, 제작된 사물을 지각하게 된다. 여기서 중요한 것은 제작하는 활동과 제작물일 것이다. 기술적 인공물은 나 자신의 활동이 새겨진 나의 작품이며, 이 작품을 통해 나는 외화된 나, 바깥으로 표현된 나를 지각하게 된다. 즉 제작된 기술적 대상을 통해 나는 나를 인식하게 된다. 여기서 기술이란 바로 나 자신을 의미한다.

1) 희생 은접시

희생 은접시라는 기술의 첫 번째 감각상은 하이데거가 제시하는 것이다. 하이데거는 아리스토텔레스의 논의를 수용하면서 인간의 제작 활동을 네 가지 원인, 즉 질료인, 형상인, 목적인, 작용인을 모으는 것이라고 규정한다. 일정한 재료가 필요하며, 이 재료를 위한 형상이 필요하며, 재료를 형상화하려면 구체적인 작용이 필요하며, 이 작용은 일정한 목적을 염두에 두고 이루어진다. 하이데거는 이 희생 은접시라는 감각상을 고전적인 기술 작품으로 규정하고 이를 현대적인 기술 작품과 구별한다. 고전적인 기술 작품을 위한 제작 활동은 독창적인 아이디어의 실현도, 자연을 인위적인 목적을 위해 지배하고 이용하는 것도 아니다. 오히려 제작 활동은 자연의 활동과 근원적으로 일치한다. 즉 기술은 자연의 모방이다.

물론 자연의 산물과 기술 작품은 구별해야 한다. 자연 산물은 자체 내에 원인을 가지지만, 기술 작품은 작품 바깥, 즉 제작자에 원인을 갖는다. 다만 고전적인 기술 작품을 제작하는 활동은 자연의 원래의 질서를 그대로 잇는 것이며, 이를 보존하는 것이지, 자연을 지배하고, 반(反)자연을 건립하는 것이 아니다. 제작 활동은 건강을 회복시키는 것과 같다. 원래 있던 건강 상태가 병든 상태로 바뀌면, 이를 다시금 건강 상태로 복원시키는 것이 제작 활동이다.

하이데거는 이러한 고전적인 제작 활동을 되살리려 한다. 제작은 포이에시스(poiesis)이며, 시적인 것이다. 제작은 말하자면 예술 창작과 같은 것이며, 이들은 모두 탈은폐의 방식, 즉 진리를 드러내는 활동이다. 여기서 탈은폐되는 것은 단순히 자연의 원래 질서일 뿐 아니라 제작하고 창작하는 인간 자신이다.

2) 기계: 마르틴 하이데거와 에른스트 카시러

기술의 두 번째 감각상이 바로 공장 기계다. 첫 번째 감각상인 희생은접시의 경우엔 기술이 제작 활동을 의미한다고 한다면, 두 번째에선 물질화된 기술 작품 자체를 의미한다.

하이데거에 따르면 현대 기술인 공장 기계 체계에서 인간은 부품으로서 일정한 노동을 수행하도록 요구받는다. 자연 또한 마찬가지로 부품으로서 혹은 에너지원으로서 자신을 제공할 것을 요구받는다. 현대 기술로서의 공장 기계는 인간과 자연에게 요구한다. 여기서 인간은 자신이 이 기계의 제작자임에도 불구하고 철저히 수동적인 존재로 위치하게 된다.

하이데거는 현대 기술 또한 탈은폐의 방식이라고 규정한다. 그렇다면 공장 기계를 통해 무엇이 드러나는가? 희생 은접시의 경우에는 '제작'하는 인간이 탈은폐된다. 하지만 공장 기계에선 이를 제작하는 인간이 아니라 오히려 부품으로서 '요구'받고 있는 인간이 탈은폐된다. 공장 기계는 계산하는 사유의 산물이고, 이 계산하는 사유는 인간과 자연에게 공물을 요구한다.

하이데거는 "기계체계"(Gestell)란 말로 현대 기술의 거대한 체계를 명명하고, 이 속에서 기계에 의해 대상화된 자연과 인간의 모습에 주목한다. 이 체계 속에서 인간은 자신을 부품으로 인식할 뿐이며, 이 제한된 인식에서 벗어나지 못한다. 즉 고대 기술에서 탈은폐됐던 자기 자신을 인간은 더 이상 만나지 못한다.

하이데거는 이처럼 고대 기술과 현대 기술 간의 단절을 강조하면서 현대 기술에 대해 매우 비판적인 관점을 제시한다. 이에 반해 고대 기술과 현대 기술 간의 단절을 인정하지 않고 기술 발전의 연속성을 주장하는 기술철학자들이 있다. 에른스트 카프, 루이스 멈퍼드, 에른스트 카시러가 대표적이다.

에른스트 카프는 "기관 투사" 이론을 통해 인간이 자신의 신체 기관을 무의식적으로 모방해 기술적 대상으로 표현하는 것을 기술이라고 규정한다. 이에 따르면 기술 작품은 그것이 고대적이든 혹은 현대적이든 인간 자신의 표현이며, 이 작품을 통해 인간은 자기 자신을 만나며, 자기 자신을 인식할 수 있다. 카프는 국가를 기술의 최상의 문화적 성취라 하면서 여기서 인간의 인류성의 완성이 이루어진다고 평가한다.

기계가 자신의 부품들을 통제하고 제한하는 것처럼 국가 속에서야 비로소 인간의 감성 등이 적절히 통제될 수 있다는 것이다.

루이스 멈퍼드는 기술의 발전에는 단절이 없고 연속성이 존재한다고 주장한다는 점에서 하이데거와 구별되고, 인간 본질이 계속적으로 발전해 간다고 주장한다는 점에서 카프와 구별된다. 카프에게 모방의 원상인 인간 신체는 무시간적이고 발전하지 않는다. 그에 반해 멈퍼드는 인간을 정신적 본질로 규정하고, 이를 개선하고자 발명한 것이 기술이라고 본다. 기술을 발전시켜 인간은 자신의 정신이 대상화된 기술 작품을 통해 고양된 자기 자신을 인식하게 된다. 그런데 인간의 기술 발전은 거대기계를 탄생시킨다. 거대기계는 고대의 인간기계와 탈인간화된 현대 기계로 나뉜다. 전자는 고대 이집트처럼 중앙집권적인 국가 체계이며, 세밀화된 노동 분업이 이루어진다. 이러한 인간의 정신적인 상호 작용이 현대 기계의 모델이 된다. 현대에는 인간의 노동 투입이 최소화되고 과학적 원리로 구성한 "기계화된 기계"로서 현대 국가가 존재한다. 하지만 고대나 현대의 거대기계는 인간을 한낱 부품으로 만들어 버렸다. 인간의 정신적 본질을 높이려고 제작한 기계가 오히려 이것을 해치려 한다. 그래서 인간은 이러한 거대기계에 대항해야 한다.

에른스트 카시러는 마법과 기술을 대립시키고, 둘 모두 자연을 장악하는 방법이라고 규정한다. 다만 마법은 인간의 소원을 그대로 자연에 투사하여 그것을 장악하려 한다. 기우제를 통해 인간은 자신의 소원이 그대로 자연에 이루어지기를 소망한다. 반면 기술은 자연 자체가 자신만의 법칙으로 운행한다는 점을 인식하고 이를 인정하면서 자연을 이용하려 한다. 이제 인간은 소원이 아니라 의지를 가지고 기술을 통해 자연을 지배하려 한다. 이를 카시러는 "봉사를 통한 자유"라고 규정한다. 우선 자연에 순종한 후 이를 이용하는 자유를 누린다는 것이다. 결국 인간은 기술을 통해 자연을 지배하면서 자신의 자유를 확대해 나간다. 이로써 카시러는 하이데거와 멈퍼드와 달리, 하지만 카프와 함께 현대 기술의 긍정적 측면에 주목하고 있다. 하이데거는 현대 기술을 통해 인간이 자기 상실을 경험한다고 주장하지만, 카시러에 따르면 현대 기술은 자유롭게 된 인간의 문화적 성취다. 인간은 현대 기술을 통해 자기 자신을 만나게 된다.

2. 친숙과 끔찍함. 자연과 기술에 관한 물음

원래 있던 자연과 다른 제2의 자연은 기술의 결과물이다. 그래서 이러한 인공적 세계를 건립하는 기술에 대한 철학적 반성은 자연철학, 존재론의 연장이라 할 수 있다. 인공적 세계로서 기술은 우리에게 강제 없는 강제로 현존한다. 즉 겉으로 드러나게 우리를 강제하지는 않지만 우리를 강제하는 기능을 수행한다.

1) 베를린 열쇠: 삶의 형식과 행위 프로그램

루트비히 비트겐슈타인은 언어를 삶의 형식으로 규정한다. 그런데 기술 또한 삶의 형식이다. 기술이 삶의 형식이라는 것은 기술이 우리가 사는 삶의 방식을 유지하기 위해 필요하다는 것이 아니다. 오히려 기술은 우리의 삶의 형식, 삶의 방식 자체를 규정한다. 기술이 삶의 형식이라면, 기술은 인간에게 단순히 객체도 아니며, 자연이나 사회 또한 기술 속에서만 가능하기 때문에 기술로 인한 사회 또는 자연 파괴는 불가능하다. 이를 위한 기술적 감각상이 바로 베를린 열쇠다.

브뤼노 라투르는 베를린 열쇠라는 감각상을 통해 기술이 삶의 형식임을 보여준다. 베를린 열쇠는 단순한 도구라기보다는 인간의 사회적 행위 프로그램을 제공하는 기능을 수행한다. 이 열쇠는 일단 자물쇠 속으로 집어넣은 후 돌리게 되면 문이 열리게 된다. 열리면 열쇠를 좀 더 집어넣으면 반대편으로 열쇠가 튀어나오게 된다. 이제 반대편으로 나와 문을 닫은 후 열쇠를 다시 잡고 돌리면 문이 다시 잠기고 열쇠를 회수할 수 있게 된다. 즉 이 열쇠가 달려 있는 집에 살면 반드시 문을 잠가 놓고 출입을 해야만 한다. 이처럼 열쇠는 인간에게 일정한 행위 프로그램을 강제한다. 열쇠는 인간들에게 서로 경계를 분명히 하고 살라고 요구한다. 이 때 라투르는 열쇠를 사회적 행위자로 규정한다. 그래서 열쇠와 같은 사물 또한 인간과 동일한 행위자가 된다. 이를 통해 라투르는 인간과 기술적 사물의 상호 작용을 강조한다. 한편으로는 기술이 사회로부터 구성된다는 사회구성론이 있고, 다른 한편으로는 기술이 사회를 규정한다는 기술결정론이 있다. 라투르는 이 두 입장을 모두 비판하면서 기술적 사물과 인간의 상호 작용을 강조한다.

권터 로폴은 사회 기술적 체계라는 기술의 보편 이론을 기획한다. 이에 따르면 기술적 사물을 가운데 두고 이를 제작하는 인간, 그리고 이를 사용하는 인간으로 사회 기술적 체계가 구성된다. 이 또한 삶의 형식으로서의 기술 개념을 발전시킨 것이라 볼 수 있다.

게르하르트 감은 삶의 형식으로서의 기술 개념을 더욱 더 명확히 한다. 그는 기술을 매체로 규정한다. 매체로서 기술은 다양한 사회적 관계를 비로소 가능케 한다. 라투르의 경우 기술적 대상을 인간과 같은 행위자로 규정한 반면, 감은 이를 인간과 인간, 인간과 세계의 관계 자체를 가능케 하는 매체로 설정한다. 이러한 기술은 두 가지 측면에서 무규정적이다. 일단 기술은 완전한 창조이며, 그래서 앞으로 무엇을 창조할지는 어떤 것도 결정되어 있지 않다. 두 번째로 기술 작품은 특정 기능을 위해 제작되지만, 그렇다고 기술 작품이 특정 기능을 위해서만 사용되는 것은 아니며, 그래서 그것의 사용은 무규정적이다.

기술은 전 세계를 변화시킨다. 그래서 세계는 인간이 만든 세계가 된다. 세계는 기술화된 세계다. 이를 대표적으로 보여주는 사례가 '플라스틱'이다. 플라스틱은 변형 가능한 재료로서 인공적 세계를 구축함으로써 자연을 몰아냈다.

이렇게 기술을 통해 구축한 제2의 자연에 대해 귄터 안더스는 "프로메테우스적 부끄러움"을 말한다. 제2자연은 인공적 세계로서 영원히 지속되는 것처럼 보이지만, 정작 그것의 창조자인 인간은 사멸적이며, 스스로 부끄러움을 느낀다. 그래서 기술을 통한 자기 개선에 몰두하게 된다.

랭던 위너에 따르면 기술적 인공물은 정치적 질서를 구축한다고 한다.

삶의 형식으로서의 기술은 결국 인간 의회를 포함하고 이를 넘어서는 "사물 의회"라는 표현에서 정점을 찍는다. 사물은 능동적인 행위자이며, 인간의 삶의 조건들을 형성한다.

2) 실험용 쥐: 자연과 반자연

기술이 삶의 형식이라면 자연은 기술 속에서만 가능하다. 제2의 자연인 기술세계 속에 자연은 통합된다. 그렇다면 기술은 자연을 포함한다. 하지만 기술적 세계를 반자연의 건설이라고 보는 시각도 존재한다. 이는 삶의 형식으로서의 기술 관점을 부정한다. 그렇다면 기술은 반자연이고, 자연은 이에 대립한다. 세 번째로 기술과 자연의 경계가 사라진 존재가 있다. 바로 이 세 가지 가능성 전체를 보여주는 감각상이 바로 도나 해러웨이가 제시하는 실험용 쥐 또는 앙코마우스다.

아리스토텔레스가 도입한 자연과 기술의 구별은 현대 과학의 관점에서 보면 유지될 수 없다. 인간과 같은 생명체도 기계에 다름 아니며, 그래서 자연은 기술적 인공물과 동일하다. 그럼에도 불구하고 자체 내 동력을 가진 것이 자연물이고, 인공물은 외부로부터 작동된다는 아리스토텔레스의 구별은 현재까지 여전히 유효하다. 이 점에서 실험용 쥐는 기술적 사물임에도 불구하고 생명체로 간주된다.

막스 베버는 계산 불가능하고 예측 불가능한 자연의 낯선 불안감을 기술의 합리화 과정을 통해 극복한다고 서술한다. 여기서 기술은 반자연으로서 자연을 계산 가능하고 예측 가능한 것으로 만든다.

귄터 로폴은 기술이 자연의 연장이나 모방이 아니라 자연 독립적으로 인간이 발전시킨 실천이다. 그리고 기술은 자연을 부정하며, 이를 기술화한다. 그래서 기술화된 사회에서 순수한 자연은 더 이상 존재하지 않는다는 점에서 "자연의 종말"이 도래한다.

기술을 자연과 동일하다고 보는 관점 혹은 반자연으로 보는 관점과 구별되는 제3의 관점을 도나 해러웨이는 실험용 쥐를 통해 보여준다. 그것은 기술과 자연이 결합된 잡종적 존재다. 이는 암 연구를 위해 제작한 실험용 동물로서 인간 유전자가 이식되었다는 점에서 인간과 유전적으로 동일한 자연적 존재다. 하지만 이는 제작된 기술적 사물에 불과하다는 점에서 반자연이다. 그래서 실험용 쥐는 자연이 된 기술, 기술이 된 자연을 동시에 보여준다. 하지만 실험용 쥐는 무엇보다 살아 있는 자연물이라는 점에서 자연의 합리화 과정보다는 기술의 마법화를 보여준다. 실험용 쥐는 기술적 인공물임에도 불구하고 인공물로는 경험되지 않는다. 즉 그것은 자연물로 존재하며, 그래서 이는 불안한 존재로 경험된다. 기술이 다시 자연으로 되돌아간 것이다. 즉 자연이 기술을 통해 합리화되는 것이 아니라 반대로 기술이 자연으로 되돌아감으로써 기술이 마법화되었다. 기술을 기술로 경험하지 못하게 된다면, 기술에 대한 비판적 반성도 힘들게 되기 마련이다.

기술을 기술로 경험하지 못하게 되는 사태는 현대 기술 체계가 복잡하게 되었기 때문이다. 더 이상 인간이 이 체계를 통제할 수 없게 되자마자 기술은 더 이상 기술로 경험되는 것이 아니라 인간이 통제할 수 없고, 예측할 수 없는 마법적 자연이 되어 버린다. 기술은 인간의 제작 의도를 항상 넘어선다. 인간의 통제를 벗어난 기술적 대상의 대표적 예가 핵폭탄이다. 핵폭탄은 인간이 제작한 것이지만, 스스로 살아 있는 생명체처럼 인간의 의도와 독립적으로 작동한다. 실험용 쥐 또한 마찬가지다.

프로이트는 영혼이 없는 사물에 영혼이 있는 것처럼 느껴지거나 혹은 영혼이 있는 생명체에 영혼이 없는 것처럼 느껴질 때 낯선 불안감의 감정을 느낀다고 지적한다. 실험용 쥐나 핵폭탄은 우리에게 이러한 낯선 불안감의 감정을 불러일으킨다. 이는 기술 발전이 원시적인 애니미즘적 세계관을 극복했다고 자부하지만, 이것이 환상에 지나지 않는다는 것이다.

3. 고고학과 유토피아 - 기술과 역사에 관한 물음

1) 브라흐트 산파술과 기술화된 세계의 발굴

기술의 발전은 역사철학적 주제다. 기술은 발전을 통해 양적으로 확장되거나 또는 우리 삶의 심층으로 더 파고든다고 할 수 있다. 하지만 기술을 삶의 형식이라고 할 때, 각 삶의 형식은 고유의 기술을 통해 형성된 것으로 제각기 고유하다고 할 수 있다. 그래서 삶의 형식들을 서로 비교하여 우열을 나눌 수 없다. 각 삶의 형식, 각각의 기술은 고유하고 동등하며, 그래서 선형적인 진보의 논리로 평가할 수 없다는 측면에서 "고고학"의 방법이 유용하다. 미셸 푸코의 고고학에 따르면 시대마다 쌓여 있는 지층은 동시성의 기술적 체계를 보여준다. 각 지층은 현재의 관점에서 재단해선 안 되며, 고유한 자신만의 논리를 지닌다.

알렉산더 클루게는 어딘가에 개입하고 자기 것으로 만들 때 드러나는 폭력을 주제로 삼는다. 그는 여기서 폭력의 약한 개입과 강한 개입을 나눈다. 브라흐트 산파술은 산파가 아이가 나오도록 직접 개입하는 것이 아니라 아이가 스스로 제대로 된 자세를 취할 수 있도록 유도하는 약한 개입 방식이다. 소크라테스 또한 상대방이 무지하다고 직접 선언하기보다 물음을 통해 상대방이 스스로 무지하다는 것을 알도록 유도한다는 점에서 약한 개입 방식을 사용한다. 이에 반해 현대에는 강한 개입 방식인 제왕절개술이 보편적이다. 브라흐트 산파술이나 제왕절개술은 폭력을 사용하는 기술이라는 점에서는 공통적이나 사용 방식이 다르다는 점에서 구별되며, 이 둘은 모두 폭력을 다르게 사용한다는 점에서 동등하다.

클루게는 섬세한 감정의 기술에 대해서도 이야기한다. 절제된 감정을 가지고 타인을 대하는 기술 또한 약한 개입이라 할 수 있다. 강한 개입은 넘쳐나는 감정으로 상대방을 자기 마음대로 통제하는 것이다.

이처럼 고고학적 방법을 통해 기술적 진보 대신 각 시대의 기술의 고유성을 인정하는 것이 필요하다. 브라흐트 산파술과 현대적 기술이자 강한 개입방식인 제왕절개술을 진보의 잣대로 평가해서는 안 된다.

고대 인도 고고학의 성과는 남성 중심의 연구자 집단들이 재구성한 역사적 환상에 가깝다. 남성의 기술은 화살촉, 도끼 등 고고학적 유물로 잘 발견될 가능성이 높지만, 요리, 출산, 수유, 옷감 짜기, 설화 낭독

등 여성의 기술은 구체적 유물로 발견될 가능성이 낮다. 기술적 진보의 역사는 여성의 기술을 배제했다. 하지만 약한 개입의 여성의 기술은 이러한 선형적인 진보의 틀 속에서 평가해선 안 된다. 선형적인 진보 사관은 성 이데올로기가 반영된 것이라 할 수 있다.

2) 카메라와 기술화의 진보

고고학적 시선에 대해 기술적 진보의 시선이 반대측에 놓여 있다. 고고학은 삶의 형식이 일정한 기술을 통해 형성되며, 각 삶의 형식은 서로 동등하다고 주장한다. 하지만 우리는 새로운 것을 기술이라고 보기도 한다. 보통 항상 익숙하고 친숙한 기술을 기술이라고 여기지 않는다. 이 측면은 우리를 기술적 진보 서사로 이끈다. 이 진보 서사의 감각상이 바로 카메라다.

카메라는 새로운 기술의 발전을 의미한다. 일상화된 많은 기술이 있지만, 우리는 이를 기술이라고 의식하지 않는다. 하지만 카메라와 같은 첨단 기술은 그 자체가 기술로 경험되고, 우리는 이러한 첨단 기술을 다루고 사용할 때 기술을 경험하고 있다고 의식한다. 이처럼 새로운 기술은 기술의 반성화를 촉진한다. 고고학이 기술화된 삶의 형식을 단순히 나열할 때, 이러한 삶의 형식으로서의 친숙한 기술은 우리에게 의식되지 않는다.

기술화 과정은 사회적 변화를 초래하고, 이 사회 속에서 활동하는 인간 주체의 변화를 일으킨다. 보통 매체 철학에서 제기하는 바와 같이 새로운 기술은 인간 주체의 지각 방식을 변화시킨다. 예를 들어 우리는 풍경을 볼 때 맨눈으로 보는 것보다는 카메라를 통해 보는 것에 익숙하다. 맨눈의 시선과 더불어 카메라의 시선이 우리에게 공존한다.

보통 기술적 매체가 인간의 지각 방식을 변화시킨다고 말한다. 예를 들어 걸어가는 것과 말이나 자동차로 이동하는 것은 다른 경험이다. 우리 육체는 기술을 통해 연장된다. 육체의 한계상 일정 속도로만 거리 이동이 가능하지만 자동차라는 기술을 통해 육체의 한계는 극복된다. 인간은 기술이라는 껍질을 덮고 있는 갑각류가 되어 다른 지각 방식과 다른 욕구를 발전시킨다. 하지만 기술이 인간을 변화시키는 방향만 있는 것은 아니다. 인간 또한 기술을 변화시킨다. 예를 들어 자동차 속도가 빨라짐에 따라 기술은 인간을 고려해 자신을 변화시켜야 한다. 대표적인 것이 안전벨트다. 기술 또한 인간의 조건을 고려해야 한다. 기술이 인간을 변화시킨다는 명제는 인간이 기술에 적응해야 한다는 명제로 이어진다. 반대로 인간이 기술을 변화시킨다는 명제는 기술이 인간에 적응해야 한다는 명제로 이어진다. 기술이 인간에 적응해야 한다는 점에서 기술은 자기반성적이 됐다고 할 수 있다. 즉 자동차의 일방향적인 발전, 즉 기술이 인간을 변화시키는 방향으로만 기술화는 더 이상 이루어질 수 없다. 어느 순간이 오면 기술은 오히려 자신의 발전을 반성하고 스스로 인간에 적응해야 한다. 즉 기술화는 기술화 자체에 대한 자기반성화를 이끈다. 이는 특히 핵폭탄 사례에서 두드러진다. 기술이 자기반성적이 되지 않으면, 인류 및 기술 자체의 멸망으로 이어질 수 있기 때문이다.

하지만 과연 기술이 자기반성적이 될 수 있을까? 이것이 바로 아르놀트 겔렌이 표현하는 의문이다. 겔렌에 따르면 기술 발전을 통해 인간은 자신의 육체적 노동뿐 아니라 정신적 노동 또한 기술에 맡기게 된다. 그러면서 인간은 스스로 생각하기를 포기하게 된다. 이러한 기술 발전의 수혜자는 인간 종 전체이긴 하다. 이 발전은 강제적인 과정이며, 생물학적 진화 과정의 연속이라 볼 수 있고, 인간은 이 발전에 강제적으로 적응하게 되어 있다. 왜냐하면 이 과정은 무의식적인 것이고,

인간은 강제적으로 이 과정에 속해 있기 때문이다. 이 과정에서 인간은 결국 자유에 대한 욕구를 포기하게 된다. 이러한 기술결정론의 시각은 문화 염세주의적이다. 이러한 문제점에 대해 겔렌은 어떠한 대안도 제시하지 못한다.

이에 대해 울리히 벡은 현대 민주주의에서 기술적 발전이 정치적 논의의 대상이 된다는 점을 분명히 한다. 자본주의 발전에 따라 기술적 발전이 가속화된 측면이 있으며, 이는 정치적으로 결정된 것이다. 기술 발전은 사회를 지식사회로 발전시켰다. 복잡하게 된 사회 속에서 정치는 기술 발전을 충분히 통제할 수 있다는 것이 벡의 견해다.

4. 도구적 또는 의사소통적 – 기술과 지식에 관한 물음

기술은 기술적 이성 또는 그 사유를 의미한다. 기술적 이성이란 합리적 사유이며, 이는 우선 특정 문제 해결을 위한 수단적 사유를 의미한다. 하지만 기술적 이성이 단순히 수단적 사유만을 하는가? 목적 설정은 외적으로만 주어지는가? 이와 관련하여 소통적 이성과 도구적 이성의 차이를 살펴볼 것이다.

1) 진공펌프 또는 사회의 공동화

도구적인 기술적 이성의 감각상이 바로 진공펌프다. 진공펌프는 진공상태를 만들어내는 공기펌프로서 로버트 보일은 이 기구를 통해 진공상태가 존재한다는 사실을 증명했다. 하지만 당시 진공에 대한 어떠한 이론도 마련되어 있지 않은 상태였다. 실험 도구란 어떤 목적을 달성해야만 가치를 가진다. 하지만 아무런 목적 설정 없이 실험 도구를 통해 달성된 사실은 어떠한 가치를 지니는가? 보일은 이러한 논란이 있음에도 불구하고 도구적인 기술적 이성을 신뢰한 반면, 토마스 홉스는 이러한 도구적 이성에 대한 비판자로 등장했다. 홉스는 도구적 이성이 지배하게 되면 지성적인 진공상태가 생겨나 관심들의 충돌이 벌어지고 사회가 불안정하게 될 것을 염려했다.

프리드리히 요나스는 도구적인 기술적 이성이 비합리적이라고 비판한다. 목적을 효과적으로 달성할 수단만을 찾는 이성은 목적만 달성할 수만 있다면 비합리적인 수단도 마다하지 않는다. 사회를 합리적으로 구성한다는 목적하에 기술적 사유는 기술 관료주의를 도입했고, 이로부터 여러 불합리한 것이 생겨났다. 기술 관료주의는 실험, 경험만을 절대시하고, 경험 너머에 있는 진리를 망각한다. 이러한 기술적 이성을 비판하면서 요나스는 르네상스 공학에 기초한 새로운 이성 모델을 제안한다.

헤르베르트 마르쿠제는 기술적 사유를 현상과 존재, 현실과 진리를 동일시하는 일차원적 사유라고 비판한다. 이러한 기술적 사유는 기술적 합리성이라는 명목하에 정치적이고 경제적인 지배 요구를 관철하면서 인간에 의한 인간 지배를 정당화한다. 여기서 학문은 이러한 기술적 사유를 도와준다. 마르쿠제는 이데올로기로서의 현재의 기술 대신 대안적인 학문과 기술을 제시하면서 현재적인 기술적 사유를 확장시키려 한다.

위르겐 하버마스는 기술적 사유가 현재 문제가 많다고 생각한다는 점에서 마르쿠제에 동의하지만, 이에 대해 새로운 대안적인 학문과 기술을 제시할 수 없다는 점에서 차이를 보여준다. 하버마스는 인간 종전체의 기획으로서 반자연을 구축하는 기술 개념이 현실적이라고 생각한다. 이러한 기술은 사라질 수 없으며, 계속 동일하게 머물 것이다. 하버마스는 기술적 이성을 변화시킬 수 없다고 생각한다. 다만 그는 기술적 이성과 함께 소통적 이성을 강조한다. 기술적 이성만이 전권을 휘두를 때 사회 속에 비판과 반성 등이 펼쳐지는 토론이 사라지게 된다. 즉 도구적인 기술적 사유가 지배하게 되면 사회적 소통 과정이 공동화된다. 그래서 기술적 이성과 함께 소통적 이성의 중요성을 함께 강조해야만 한다.

진공펌프 사례를 통해 우리는 또한 이것이 단순히 도구의 의미만을 지니지 않는다는 것을 알 수 있다. 첫째, 실험이란 주체가 어떤 대상을 조작하는 것만을 뜻하는 것이 아니라 인간과 사물의 조화를 전제한다. 둘째, 실험은 특정 목적을 위한 수단의 의미만 지니는 게 아니라 자체가 흥미로운 볼거리로서 사람들을 감동시킨다. 셋째, 진공펌프 실험은 자체가 어떤 목적을 위한 수단의 의미를 지니는 게 아니라 자체가 가치를 지니며, 이는 여러 이론에 기여할 수 있다. 넷째, 실험은 우리가 지각하는 세계를 확장시킨다.

2) 자전거 또는 열린 구성 과정

자전거는 새로운 기술의 감각상으로서 이는 과학적 이론이 먼저 있고, 실험 과정을 거쳐 발명된 것도 아니요, 실험 과정에서 우연히 발견되어 이론적으로 뒷받침된 것도 아니다. 즉 자전거는 도구적 이성의 작품이 아니다. 오히려 사용자가 자전거 설계에 참여했다. 사용자는 수십 년 동안 직접 여러 형태의 자전거를 사용하면서 자전거가 최종 완성 단계에 이르는 과정에 참여했다. 자전거 발전은 사용자의 요구를 적극적으로 반영하면서 이루어졌다.

마찬가지로 실험실에서도 한 현상이 발견되면 이는 다양한 이론을 위한 원천으로 기능하며, 이러한 이론은 연구자 집단에 의해 구성된다.

실험은 어떤 이론적 목적을 위한 수단만을 의미하는 것이 아니다. 실험은 자체가 수정 불가능한 어떤 새로운 현상을 확정할 수 있다. 진공펌프는 진공이라는 현상을 확정했다. 이론적 측면에서만 가설이란 형태로 새로운 가능적 지식이 생겨나는 것이 아니다. 실험실에서도 실험 도구를 통해 새로운 현상이 발생하고, 이는 새로운 지식으로 이어지게 된다. 이 점에서 새로운 도구를 발명하게 되면 이를 통해 연구자 집단에 의해 새로운 대상 영역, 새로운 지식의 형식이 가능해진다. 새로운 "사물 지식"이 있으며, 이에 대한 사례로 증기기관을 들 수 있다. 증기기관이 보여준 여러 수치를 통해 열에 대한 열역학적 이해가 가능해졌다. 사물 지식은 기술적 지식으로서 함축적 지식이며, 이는 과학적 이론을 통해 다양한 방식으로 표현될 수도 있지만, 제대로 표현되지 않을 수도 있다. 이에 대한 고전적 사례가 바로 자전거에 관한 지식이다. 자전거를 타는 법에 관한 지식은 실제로 타고 성공해야만 증명될 수 있다.

기술 사회학은 자전거 설계 과정에서 개발자와 사용자의 협업을 강조하며 "기술의 사회적 구성"을 강조한다. 기술의 사회구성론은 다음 세 가지 점을 전제하고 있다. 1) 발명가가 작품을 설계하는 게 아니며, 2) 기술결정론에 따라 기술이 인간을 일방적으로 규정하는 것도 아니며 3) 기술은 사회, 경제, 정치적 영역과 분리될 수 없다. 자전거 설계 및 발전 과정은 순수 기술적인 영역에서 이루어지는 것이 아니라 사용자의 요구를 반영하면서 이루어진다.

사용자가 기술 발전에 간접적으로 참여했다는 점을 강조하게 되면 기술의 결과에 대한 책임은 우리 모두의 것이 된다. 그래서 우리는 기술 발전을 예의 주시하면서 통제해야 한다. 하지만 기술이 사회적으로 구성되다 보면 기술적인 문제가 있음에도 불구하고 여론에 떠밀려 이를 무리하게 추진하게 되는 사례도 존재하기 마련이다. 1986년 출발

직후 폭발한 챌린저 우주선이 그 사례다.

5. 기술적 예술 작품 – 욕망과 사랑에 관한 물음

미학이란 지각 이론이며, 미적 경험이란 우리의 지각이 어떻게 이루어
지는지를 보여준다. 여기서 매체는 커다란 역할을 담당한다. 매체는 우
리의 지각 방식을 변화시킨다. 이 점에서 미학은 매체 이론, 기술철학
과 깊은 관련을 맺고 있다.

1) 불꽃놀이 또는 비가상적인 것

불꽃놀이는 새로운 감각상으로서 이는 기술적 대상일 수도 있고 예
술 작품일 수도 있다. 아도르노는 불꽃놀이를 예술의 감각상으로 봤다.
그는 예술 작품의 객관적 내용이 기술로 구성된다고 여긴다. 기술은 항
상 기능적 전체를 형성한다. 하지만 예술 작품 전체가 이 기술로 환원
되지는 않는다. 작품은 기술의 기능적 전체 그 이상이다. 그래서 기술
과 미 사이에는 단절이 있다. 불꽃놀이는 하늘에서 잠시 나타났다 사라
진다. 불꽃놀이라는 기술은 잠시 작동하다 사라지고 만다. 아도르노에
따르면 미적인 경험은 기술이라는 기능적 전체의 부정, 즉 비가상적인
기술을 통해서만 가능하다. 즉 기술이 형성한 '전체'가 사라지는 것, 즉
전체의 해체가 바로 미적이고 예술적인 것이다.

하지만 반대로 기술적 대상 자체가 미적인 경험을 제공한다고도 볼
수 있다. 레이첼 메인즈는 뜨개질의 사례를 통해 기술적 활동이 쾌락을
불러일으킨다고 주장한다. 즉 기술은 그 자체가 미적인 경험을 가능케
한다. 즉 새로운 지각 경험을 선사한다. 뜨개질이나 매우 사소한 기술

적 취미가 이에 해당한다. 이들은 비가상적인 리듬을 보여주면서 고요한 만족을 선사한다. 또한 미소 간의 우주 경쟁에서 작동한 기술은 과도한 비용에도 불구하고 사람들에게 특별한 미적인 경험을 선사했다.

2) 단두대, 온전한 세계와 망가진 세계

기술과 예술의 관계 물음에서 아도르노는 미학의 관점에서 기술을 하나의 보충물로 사유했다면, 즉 예술에 기술이 도움을 준다고 봤다면, 맨즈는 기술 자체가 예술과 같다고 주장한다. 질베르 시몽동은 오히려 기술 경험을 통해 우리가 미적 판단을 배운다고 주장한다. 즉 기술이 예술을 가능케 한다. 기술의 감각상인 단두대는 인간과 기계의 성공적인 협업을 보여준다. 제대로 목을 자르기 위해 단두대는 다른 도구들보다 더 잘 작동해야 한다. 하지만 단두대는 사형을 집행한다는 목적을 위해 가장 효율적인 수단에 불과한 것이 아니라 어떤 쾌감, 즐거움을 불러일으킨다. 질베르 시몽동에 따르면 기술적 대상을 사용할 때, 그것이 갖춰야 할 모든 요구 조건들을 다 갖추고서 잘 작동하게 되면, 이 때 인간은 이러한 온전한 사물과의 소통을 경험하며, 이 소통을 통해 쾌감, 즐거움을 느낀다. 이를 위해 기술적 대상은 환경과 조화를 이루어야 하며, 이 때 이 대상은 기술적 예술 작품으로 등장한다. 세계와 관계 맺은 기술적 대상은 우리에게 조화로운 온전한 코스모스를 보여주며, 이는 미적이고 신비적인 감정을 불러일으킨다. 루트비히 비트겐슈타인 또한 부분들의 조화로서의 전체에 대한 감정을 신비적이라고 규정한 바 있다. 이러한 조화로운 전체에 대한 판단은 미적인 판단이다. 또한 이는 원시적인 판단이기도 한데, 왜냐하면 아도르노의 미학에 따르면 이러한 조화로운 전체의 부정, 즉 망가진 세계에 대한 경험이 예술적인 미에 해당하고, 그렇다면 조화로운 전체란 이러한 예술적인 미보다 선행하는 것이기 때문이다.

존재와 당위: 결론적 고찰

1) 회고: 적합한 관계

지금까지 10개의 기술 감각상으로부터 기술에 대한 보편적인 서술을 하려고 시도했다. 10개의 기술 개념은 바로 정의할 수 없는 '보편적인 기술' 개념을 형성한다. 이들의 관계는 "가족 유사성"이라고 할 수 있다. 각각의 기술 이야기는 인간이 각각의 기술과 어떻게 적합한 관계를 맺어야 하는지를 다룬다. 각 이야기는 단순히 기술이라는 개별 현상에 대한 기술(description)이 아니다. 그것은 '기술과의 적합한 관계'가 어떠해야 하는지의 문제, 즉 당위의 문제를 다루고 있다. 예를 들어 우리는 인간을 기술 제작자로 보는 것이 합당한가? 즉 기술에 대한 반성은 항상 기술의 당위에 대한 반성이다. 이 점에서 기술의 윤리적 차원에 대한 물음이 도출된다.

2) 조망: 기술 윤리학에 대한 논제

기술 윤리학은 세 자리 관계를 전제한다. 우선 도덕적 행위의 주체가 있고, 이 행위가 향하는 대상자가 있으며, 행위 주체가 책임져야 할 행위 내용이 있다. 예를 들어 '가'가 기술적 사물을 '나'를 위해 제작했다고 한다면, '가'는 윤리적 행위의 주체이며, '나'는 그 대상자이며, 여기서 '가'는 자신이 제작한 것에 대해 책임을 져야 한다. 하지만 베를린 열쇠라는 기술 감각상을 떠올리게 되면 여기서 윤리적 행위의 주체는 누구인지가 애매하다. 그래서 세 가지 관계 윤리학은 모든 감각상에 해

당하지 않는다. 저자는 지난 다섯 장에서 다룬 모델을 기초로 다섯 가
지 윤리적 논제를 제시한다.

가) 제작 모델에서의 윤리학

제작 모델은 제작자와 대상이라는 두 자리 관계만을 전제한다. 이 모
델에서는 기술 중립성 개념이 지배적이다. 제작자가 대상을 제작하고,
대상을 통해 자기를 인식하는 것은 타인에게 어떠한 영향도 미치지 못
하는 것처럼 보인다. 하지만 카시러는 이 모델 속에서 기술의 윤리적
측면을 강조하고 있다. 카시러는 '복속을 통한 해방', 즉 인간이 자연의
힘을 인정해야만 비로소 자연에서 해방된다는 점을 강조한다. 여기서
카시러는 자연과 올바른 관계를 맺으라는 직업 에토스를 제시한다.

나) 공학자를 위한 공학 윤리학

공학자는 자연과학자와 달리 소비자, 과제 제공자, 공적 안전에 대한
책임, 계약 의무 등으로부터 자유롭지 못하다. 그가 제작하는 대상은
사회 전체에 영향을 미친다. 그래서 이로부터 공학자에게는 공학 윤리
가 존재한다. 여기에는 내부 고발 등이 속하기 마련이다.

다) 삶의 형식인 기술적 대상과 관련한 윤리학

랭던 위너나 브뤼노 라투르는 기술적 사물 자체가 행위의 주체라는
점을 강조한다. 그렇기 때문에 이 사물과 관련한 윤리가 존재하기 마련
이다. 예를 들어 우리는 인공지능이 어떤 윤리적 판단을 내려야 하는지
의 물음을 매우 중요하게 생각한다. 기술적 사물은 경제적이어야 하고,
소비자 친화적이어야 하고 안전해야 한다. 그리고 그것은 인간의 일자
리를 줄여선 안 되며, 다양한 기술을 가능케 해야 한다.

라) 반자연인 기술을 위한 윤리학

기술이 유발하는 생태계 위기에 관한 물음이 존재한다. 자연에도 생명권을 부여할 수 있는가? 이를 위해 기술 발전을 제한할 수 있는가? 이는 지속 가능한 기술이라는 개념으로 이어진다.

마) 기술의 사회구성론에 따른 윤리학

기술 발전은 전체 인류의 기획이다. 인류 전체가 기술 발전에 참여하면서 기술화된 삶의 형식을 구성한다. 이러한 기술적 세계는 선형적인 진보의 궤적에 있지도 않다.

예를 들어 신약의 제작의 경우 실험실뿐 아니라 사전 동의한 실험 참가자에 대한 임상 실험을 포함한다. 이 경우 실험실 개발과 공공적인 상품 출시 간에는 선후 관계가 존재한다. 하지만 사회가 실험실이 되는 경우가 있다. 원자로 사고는 기술이 자연 및 사회에 미치는 영향력이 사전에 검증되지 못한 사례라 할 수 있다. 이러한 참사는 미래에 일어난 비슷한 참사를 대비하는 중요한 경험과 지식을 전해준다. 다른 사례는 스마트폰이다. 스마트폰의 전자파가 인체에 유해한지 여부가 현재 사회에서 실험 중에 있다.

이러한 사회적 집단 실험은 과학기술의 개발이 전문가만의 영역이 아니라 사회 전체를 통해 이루어진다는 것을 보여준다. 즉 기술 개발의 민주화가 가능해진다. 하지만 사회구성원은 사전 동의 없이 실험에 참여하기 때문에 문제가 발생한다. 원칙적으로 사전 동의 절차가 부재하기 때문에 "사전 부동의" 절차를 마련해야 한다는 제안도 존재한다. 그리고 실험 과정 통제 및 중지 기준을 마련하기 위해 소비자와 생산자 간의 소통으로 이루어지는 과학 정책 기구가 구성되어야 한다.

| 더 읽어볼 책 |

이 입문서는 완전함을 기할 수 없었다. 다음 선택한 추천할 만한 책들은 그 틈을 메꾸고 다른 접근을 가능케 하는 데 도움을 줄 수 있다.

Fischer, Peter (2004), *Philosophie der Technik. Eine Einführung*, München.

Hörl, Erich (Hrsg.) (2011), *Die technologische Bedingung. Beiträge zur Beschreibung der technischen Welt*, Frankfurt/M.

Hubig, Christoph (1993), *Technik- und Wissenschaftsethik. Ein Leitfaden*, Berlin.

Hubig, Christoph/Huning, Alois/Ropohl, Günter (Hrsg.) (2000), *Nachdenken über Technik. Die Klassiker der Technikphilosophie*, Berlin.

Jonas, Hans (1984), *Das Prinzip Verantwortung. Versuch einer Ethik für die technologische Zivilisation*, Frankfurt/M.

Kornwachs, Klaus (2014), *Philosophie für Ingenieure*, München.

Krohn, Wolfgang (2006), »Platons Philosophie der Technik«, in: Schiemann, Gregor/Mersch, Dieter/Böhme, Gernot (Hrsg.), *Platon im nachmetaphysischen Zeitalter*, Darmstadt, S. 155-178.

Mitcham, Carl (1998), »The Importance of Philosophy to Engineering«, *Teorema* 17:3, S. 27-47.

Nye, David E. (2006), *Technology Matters. Questions to Live With*, Cambridge, MA.

Rapp, Friedrich (1994), *Die Dynamik der modernen Welt. Eine Einführung in die Technikphilosophie*, Hamburg.

Ropohl, Günter (1985), *Die unvollkommene Technik*, Frankfurt/M.

Scharff, Robert C./Dusek, Val (Hrsg.) (2003), *Philosophy of Technology: The Technological Condition. An Anthology*, Malden, Oxford.

〈철학과 기술을 위한 국제협회〉(Die internationale Society for Philosophy and Technology)는 2년마다 학술대회를 하며, 여기서 다양한 관점들을 소개한다: www.spt.org. 이 웹사이트는 웹에 기반한 잡지 『테크네: 철학과 기술 탐구』(*Techné: Research in Philosophy and Technology*)를 간행하며, 그 내용은 무료로 볼 수 있다.

| 참고문헌 |

보통 텍스트는 간행 연도와 쪽수에 따라 인용된다. 예외적인 인용 방식은 이 참고
문헌에 따로 적어 놓았다.

Abel, Günter/Kroß, Matthias/Nedo, Michael (Hrsg.) (2008), *Ludwig Witt-genstein: Ingenieur – Philosoph – Künstler*, Berlin.

Adorno, Theodor W. (1970), *Ästhetische Theorie*, Frankfurt/M. 5 1981.

Aischylos (470 v.Chr.), »Der gefesselte Prometheus«, in: ders., *Die Tragödi-en und Fragmente*, Stuttgart 1939, S. 343–393. [Übersetzung von Jo-hann Gustav Droysen; zitiert wird die Zeilennummer]

Anders, Günther (1961), Die Antiquiertheit des Menschen: *Über die Seele im Zeitalter der zweiten industriellen Revolution, Band 1*, München.

Anders, Günther (1972), *Endzeit und Zeitende: Gedanken über die atomare Situation*, München.

Arasse, Daniel (1988), *Die Guillotine: Die Macht der Maschine und das Schauspiel der Gerechtigkeit*, Reinbek.

Arendt, Hannah (1967), *Vita activa oder vom tätigen Leben*, München

[3]2005.

Aristoteles (1985), *Nikomachische Ethik*, in: *Aristoteles, Philosophische Schriften, Bd. 3*, Darmstadt 2003. [Zitiert wird auch nach der Bekker-Zählung: Seitenzahl Spalte ggf. Zeile]

Aristoteles (1995a), *Metaphysik*, in: *Aristoteles, Philosophische Schriften, Bd. 5*, Darmstadt 2003. [Zitiert wird auch nach der Bekker-Zählung: Seitenzahl Spalte ggf. Zeile]

Aristoteles (1995b), *Physik. Vorlesung über die Natur*, in: *Aristoteles, Philosophische Schriften, Bd. 6*, Darmstadt 2003. S. 1-258. [Zitiert wird auch nach der Bekker-Zählung: Seitenzahl Spalte ggf. Zeile]

Asimov, Issac (1990), »Mein Roboter. Essay«, in: *Bastei Band 21 210, Robotervisionen*, Bergisch-Gladbach 1994.

Bacon, Francis (1620), *Neues Organon. Lateinisch-deutsch*, hrsg. Von Wolfgang Krohn. Hamburg 1990.

Baird, Davis (2004), *Thing Knowledge*, Berkeley.

Barthes, Roland (1964), *Mythen des Alltags*, Frankfurt/M.

Baudrillard, Jean (1991), »Der Golfkrieg fand nicht statt«, in: ders., *Amerika*, Berlin.

Baudrillard, Jean/Böhringer, Hannes/Flusser, Vilem/von Foerster, Heinz/Kittler, Friedrich/Weibel, Peter (1989), *Philosophien der neuen Technologien*, Berlin.

Beck, Ulrich/Giddens, Anthony/Lash, Scott (2003), *Reflexive Modernisierung: Eine Kontroverse*, Frankfurt/M.

Benjamin, Marina (2003), *Rocket dreams: how the space age shaped our vision of a world beyond*, New York.

Benjamin, Walter (1936), *Das Kunstwerk im Zeitalter seiner technischen Reproduzierbarkeit und weitere Dokumente*, Frankfurt/M., 2007.

Bensaude–Vincent, Bernadette (2007), »Reconfiguring Nature through Synthesis. From Plastics to Biomimetics«, in: Bernadette BensaudeVincent/Newman, William R. (Hrsg.), *The Artificial and the Natural. An Evolving Polarity*, Cambridge, S. 293–312.

Bijker, Wiebe/Pinch, Trevor (1987), »The Social Construction of Facts and Artefacts: Or How the Sociology of Science and the Sociology of Technology Might Benefit Each Other«, in: W. Bijker/Hughes, Thomas/ Pinch, T. (Hrsg.), *The Social Construction of Technological Systems*, Cambridge 1993, S. 17–51.

Binnig, Gerd (2004), Vorwort, in: *Niels Boeing, Nano?! Die Technik des 21. Jahrhunderts*, Berlin, S. 7–9.

Bloch, Ernst (1973), *Das Prinzip Hoffnung*, Frankfurt/M.

Böhme, Gernot (1993), *Am Ende des Baconischen Zeitalters*, Frankfurt/M.

Böhme, Gernot (2008), *Invasive Technisierung. Technikphilosophie und Technikkritik*, Kusterdingen.

Brecht, Bertolt (1967), *Gesammelte Werke, Band 10*, Frankfurt/M.

Brooke, John Hendley (2007), »Overtaking Nature? The Changing Scope of Organic Chemistry in the 19th Century«, in: Bernadette BensaudeVincent/Newman, William R. (Hrsg.), *The Artificial and the Natural. An Evolving Polarity*, Cambridge, S. 275–292.

Bucciarelli, Louis L. (1994), *Designing Engineers*, Cambridge.

Bucciarelli, Louis L. (2003), *Engineering Philosophy*, Delft.

Busch, Werner (1986), *Joseph Wright of Derby. Das Experiment mit der Luft-*

pumpe, Frankfurt/M.

Cassirer, Ernst (1930), »Form und Technik«, in: ders., *Symbol, Technik, Sprache*, Hamburg 1985, S. 39-92.

Collins, Harry/Pinch, Trevor (1998), *Der Golem der Technologie. Wie die Wissenschaft unsere Wirklichkeit konstruiert*, Berlin, 2000.

Crosby, Alfred W. (2002), *Throwing fire: projectile technology through history*, Cambridge.

Daston, Lorraine/Galison, Peter (2007), *Objektivität*, Frankfurt/M.

Descartes, René (1632), *Ueber den Menschen*, Heidelberg 1969.

Descartes, René (1648), *Beschreibung des menschlichen Körpers*, Heidelberg 1969.

Dessauer, Friedrich (1956), *Streit um die Technik*, Frankfurt/M.

Dobres, Marcia-Anne (2000), *Technology and Social Agency: Outlining a Practice Framework for Archaeology*, Oxford & Malden.[Übersetzung von A.N.]

Edwards, Paul (Hrsg.) (1967), *The Encyclopedia of Philosophy*, New York, London.

Engels, Friedrich (1872), »Von der Autorität«, in: *Marx-Engels Werke, Bd. 18*, Berlin 1962, S. 306-307.

Europäische Kommission (2000), *Mitteilung der Kommission vom 2. Februar 2000 zur Anwendbarkeit des Vorsorgeprinzips*, Brüssel, http://europa. eu.int/eur-lex/lex/LexUriServ/site/de/com/2000/com2000_0001de01. pdf. [zuletzt besucht am 6. 9. 2008]

Feenberg, Andrew (2002), *Transforming Technology. A Critical Theory Revisited*, Oxford.

Felt, Ulrike (2007) (Berichterstatterin), *Taking European Knowledge Society Seriously*, Brüssel, http://ec.europa.eu/research/science-society/document_library/pdf_06/european-knowledge-society_en.pdf. [zuletzt besucht am 6. 9. 2008]

Ferguson, Eugene S. (1992), *Das innere Auge. Von der Kunst des Ingenieurs*, Basel.

Ferrari, Arianna (2008), *Genmaus & Co. Gentechnisch veränderte Tiere in der Biomedizin*, Erlangen.

Fisher, Elizabeth/Jones, Judith S./von Schamberg, Rene (2006), *Implementing the Precautionary Principle: Perspectives and Prospects*, Cheltenham.

Forman, Paul (2007), »The Primacy of Science in Modernity, of Technology in Postmodernity, and of Ideology in the History of Technology«, in: *History and Technology*, Bd. *23*, Nr. 112, S. 1-152.

Foucault, Michel (1974), *Die Ordnung der Dinge*, Frankfurt/M.

Freeth, Tony et al. (2006), »Decoding the ancient Greek astronomical calculator known as the Antikythera Mechanism«, in: *Nature* 444, S. 587-591.

Freud, Sigmund (1919) »Das Unheimliche«, in: ders., *Psychologische Schriften*, Frankfurt/M. 71989, S. 243-274.

Frisch, Max (1957), *Homo faber. Ein Bericht*, Frankfurt/M. 1977.

Galison, Peter (1988), »History, Philosophy, and the Central Metaphor«, in: *Science in Context*, 2:1/1988, S. 197-212.

Galison, Peter (1997), »Material Culture, Theoretical Culture and Delocalization«, in: Krige, John/Pestre, Dominique (Hrsg.), *Science in the Twen-*

tieth Century, Amsterdam, S. 669-682.

Galison, Peter (2000), *Image and logic: a material culture of microphysics*, Chicago.

Gamm, Gerhard (2000), *Nicht Nichts*, Frankfurt/M.

Gamm, Gerhard/Hetzei, Andreas (Hrsg.) (2005), *Unbestimmtheitssignaturen der Technik*, Bielefeld.

Gee, David/Greenberg, Morris (2002), »Asbestos: from 〉magic〈 to malevolent mineral«, in: Harremoes, P./ Gee, D./MacGarvin, M./Stirling, A./Keys, J./Wynne, B./Guedes Vaz, S. (Hrsg.), *The Precautionary Principle in the 20th century: Late Lessons from early warnings*, London, S. 49-63.

Gehlen, Arnold (1965), »Anthropologische Ansicht der Technik«, in: Hans Freyer/Papalekas, Johannes /Weippert, Georg (Hrsg.), *Technik im technischen Zeitalter. Stellungnahmen zur geschichtlichen Situation*, Düsseldorf, S. 101-118.

Gehring, Petra (2004), *Foucault. Die Philosophie im Archiv*, Frankfurt/M.

Gero, Joan (1993), »The Social World of Prehistoric Facts: Gender and Power in Paleoindian Research«, in: du Cros, Hilary/Smith, Laurajan (Hrsg.), *Women in Archaeology. Occasional Papers in Prehistory No. 23*, Canberra.[Übersetzung von A.N.]

Groß, Matthias/Hoffmann-Riem, Holger/Krohn, Wolfgang (2005), *Realexperimente: Ökologische Gestaltungsprozesse in der Wissensgesellschaft*, Bielefeld.

Grunwald, Armin/Julliard, Yannick (2005), »Technik als Reflexionsbegriff. Zur semantischen Struktur des Redens über Technik«, in: *Philosophia naturalis*, Heft 1/2005, S. 127-157.

Habermas, Jürgen (1968), *Technik und Wissenschaft als »Ideologie«*, Frankfurt/M. [11]1991.

Hacking, Ian (1996), *Einführung in die Philosophie der Naturwissenschaften*, Stuttgart.

Hamilton, Kelly (2001), »Wittgenstein and the Mind's Eye«, in: James C. Klagge (Hrsg.), *Wittgenstein: Biography and Philosophy*, Cambridge, S. 53-97.

Haraway, Donna (1997), *Modest.Witness@Second.Millenium*, New York.

Härd, Mikael/Jamison, Andrew (2005), *Hubris and hybrids: a cultural history of technology and science*, New York. [Übersetzung von A.N.]

Harremoes, Poul et al. (Hrsg.) (2002), *The Precautionary Principle in the 20th Century Late Lessons from Early Warning*, London, Sterling VA.

Häußling, Roger (1998), *Die Technologisierung der Gesellschaft. Eine sozial-theoretische Studie zum Paradigmenwechsel von Technik und Lebenswirklichkeit*, Würzburg.

Heidegger, Martin (1954), *Vorträge und Aufsätze*, Stuttgart [7]1994.

Heidegger, Martin (1954a), »Die Frage nach der Technik«, in: ders., *Vorträge und Aufsätze*, Stuttgart [7]1994, S. 5-36.

Heidegger, Martin (1954b), »Das Ding«, in: ders., *Vorträge und Aufsätze*, Stuttgart [7]1994, S. 165-188.

Heidegger, Martin (1954c), »Wissenschaft und Besinnung«, in: ders., *Vorträge und Aufsätze*, Stuttgart [7]1994, S. 37-66.

Heidelberger, Michael (1998), »Die Erweiterung der Wirklichkeit im Experiment«, in: ders./Friedrich Steinle (Hrsg.), *Experimental Essays. Ver-*

suche zum Experiment, Baden-Baden, S. 71-92.

HLEG (High Level Expert Group »Foresighting the New Technology Wave«) (2004). *Converging Technologies - Shaping the Future of European Societies*. Luxemburg, ftp://ftp.cordis.lu/pub/foresight/docs/ntw_report_nordmann_final_en.pdf. [zuletzt besucht am 6. 9. 2008]

Horkheimer, Max/ Adorno, Theodor W. (1969), *Dialektik der Aufklärung. Philosophische Fragmente*, Frankfurt/M. ¹⁷2008.

Hubig, Christoph (2004), »Technik als Mittel und als Medium«, in: Nicole C. Karafyllis/Tilmann Jaar (Hrsg.), *Technikphilosophie im Aufbruch. Festschrift für Günter Ropohl*, Berlin, S. 95-109.

Hubig, Christoph (2006), *Die Kunst des Möglichen 1. Technikphilosophie als Reflexion der Medialität*, Bielefeld.

Hughes, Thomas P. (1993), *Networks of Power. Electrification in Western Society 1880-1930*, Baltimore.

Hughes, Thomas P. (2004), *Human-Built World. How to Think about Technology and Culture*, Chicago, London.

Janich, Peter (1993), *Erkennen als Handeln. Von der konstruktiven Wissenschaftstheorie zur Erkenntnistheorie*, Erlangen.

Janich, Peter (1998), »Was macht experimentelle Resultate empiriehaltig? Die methodisch-kulturalistische Theorie des Experiments«, in: Michael Heidelberger/Friedrich Steinle (Hrsg.), *Experimental Essays. Versuche zum Experiment*, Baden-Baden, S. 93-112.

Janich, Peter(2004),『구성주의 과학철학』, 이기홍 옮김, 철학과 현실사, 2004(원제는 *Die Konstruktive Wissenschaftstheorie*, Hagen 1994이다).

Jasanoff, Sheila (2002), »Citizens at Risk: Cultures of Modernity in Europe and the U.S.«, in: *Science as Culture*, Volume 11/3, S. 363–380.

Jasanoff, Sheila (2005), *Designs on Nature: Science and Democracy in Europe and the United States*, Princeton.

Jentsch, Ernst (1906), »Zur Psychologie des Unheimlichen«, in: *Psychiatrisch-neurologische Wochenschrift*, Ausg. 8/1906, S. 195–205.

Johnson, Ann (2005), »Ethics and the epistemology of engineering: the case of nanotechnology«, Vortrag auf der NanoEthics Conference, 2.–5. März, Columbia SC, USA.

Johnson, Ann (2009), *Hitting the Brakes. Engineering Design and the Production of Knowledge*, Durham.

Jonas, Friedrich (1965), »Technik als Ideologie«, in: Hans Freyer, Johannes Papalekas und Georg Weippert (Hrsg.), *Technik im technischen Zeitalter. Stellungnahmen zur geschichtlichen Situation*, Düsseldorf, S. 119–136.

Kaminski, Andreas (2004), »Technik als Erwartung«, in: *Dialektik*, Heft 212004, S. 137–150.

Kant, Immanuel (1790), *Kritik der Urteilskraft*, Frankfurt am Main, 1977.

Kant, Immanuel (1800), »Logik. Ein Handbuch zu Vorlesungen«, in: ders., *Schriften zur Metaphysik und Logik 2*, hrsg. von Wilhelm Weischedel, Bd. 6, Frankfurt 1977. [Zitiert nach der Seitenzahl der als »A« gekennzeichneten Erstausgabe]

Kapp, Ernst (1877), *Grundlinien einer Philosophie der Technik*, Düsseldorf 1978.

Karafyllis, Nicole (2004) »Natur als Gegentechnik«, in: Nicole C. Karafyllis, Tilmann Jaar (Hrsg.), *Technikphilosophie im Aufbruch. Festschrift für*

Günter Ropohl, Berlin, S. 73-91.

Kiernan, Doris (1978), *Existentiale Themen bei Max Frisch. Die Existen-tialphilosophie Martin Heideggers in den Romanen Stiller, Homo Faber und Mein Name sei Gantenbein*, Berlin/New York.

Kline, Stephen J. (1985), »What is Technology«, in: Robert C. Scharff und Val Dusek (Hrsg.), *Philosophy of Technology. The Technological Condition*, Malden, Oxford 2003, S. 210-212.

Kluge, Alexander (1984), *Die Macht der Gefühle*, Frankfurt/M.

Kluge, Alexander (2000), *Chronik der Gefühle*, Frankfurt/M.

Kluge, Alexander/Negt, Oskar (1981), *Geschichte und Eigensinn*, Frankfurt/M. 91987.

Kornwachs, Klaus (2004), »Technik wissen: Präliminarien zu einer Theorie technischen Wissens« in: Nicole C. Karafyllis, Tilmann Jaar (Hrsg.), *Technikphilosophie im Aufbruch. Festschrift für Günter Ropohl*, Berlin, S. 197-210.

Koyré, Alexandre (1969), *Von der geschlossenen Welt zum unendlichen Universum*, Frankfurt/M.

Kuhns, Richard (1967), »Art and Machine«, in: *The Journal of Aesthetics and Art Criticism*, Band 25: 3, S. 259-266.

Landkammer, Joachim (2015) »Die Schönheit des Kaputten: Technisches Versagen als Versprechen«, Vortrag beim IX. Kongress der Deutschen Gesellschaft für Ästhetik.

Latour, Bruno (1995), *Wir sind nie modern gewesen. Versuch einer symmetrischen Anthropologie*, Berlin.

Latour, Bruno (1996), *Der Berliner Schlüssel: Erkundungen eines Liebhabers der Wissenschaften*, Berlin.

Latour, Bruno (2001), *Das Parlament der Dinge. Naturpolitik*, Frankfurt/M.

Latour, Bruno (2004), »Ein Experiment von und mit uns allen«, in: Gerhard Gamm, Andreas Hetzel und Markus Lilienthal (Hrsg.), *Die Gesellschaft im 21. Jahrhundert*, Frankfurt/M., S. 185–195.

Lichtenberg, Georg Christoph (1968), *Schriften und Briefe Band 1: Sudelbücher I*, München ²1973. [Zitiert wird die Nummer der Bemerkung]

Lichtenberg, Georg Christoph (1972), *Schriften und Briefe Band 3: Aufsätze*, Darmstadt.

Luckner, Andreas (2008), *Heidegger und das Denken der Technik*, Bielefeld.

Maines, Rachel (2009), *Hedonizing technologies: paths to pleasure in hobbies and leisure*, Baltimore.

Malinowski, Bronislaw (1948), *Magie, Wissenschaft und Religion. Und andere Schriften*, Frankfurt/M. 1973.

Marcuse, Herbert (1965), »Industrialisierung und Kapitalismus im Werk Max Webers«, in: Otto Stammer (Hrsg.), *Max Weber und die Soziologie heute. Verhandlungen des 15. deutschen Soziologentages*. Tübingen, S. 161–180.

Marcuse, Herbert (1967), *Der eindimensionale Mensch. Studien zur Ideologie der fortgeschrittenen Industriegesellschaft*, Frankfurt/M. 1989.

Marx, Karl/Engels, Friedrich (1845/1846), »Die deutsche Ideologie: Kritik der neuesten deutschen Philosophie in ihren Repräsentanten Feuerbach, B. Bauer und Stirner, und des deutschen Sozialismus in seinen verschiedenen Propheten«, in: *Marx-Engels Werke, Bd. 3*, Berlin 1969, S. 5–530.

Marx, Karl (1867), »Das Kapital. Kritik der politische Ökonomie«, in: *Marx-Engels Werke, Bd. 23*, Berlin 1962, S. 11-802.

Meikle, Jeffrey (1995), *American Plastic. A Cultural History*, New Brunswick.

Mersch, Dieter (2013), *Medientheorien zur Einführung*, Hamburg.

Mildenberger, Georg (2006), *Wissen und Können im Spiegel gegenwärtiger Technikforschung*, Berlin.

Mumford, Lewis (1977), *Mythos der Maschine*, Frankfurt/M.(『기계의 신화 I. 기술과 인류의 발달』, 유명기 옮김, 아카넷, 2013)

Nordmann, Alfred (2008), »Technology Naturalized: A Challenge to Design for the Human Scale«, in: Pieter E. Vermaas, Peter Kroes, Andrew Light und Steven A. Moore (Hrsg.), *Philosophy and Design: From Engineering to Architecture*, Dordrecht, S. 173-184.

Nordmann, Alfred (2014), »Das Gefühl der Welt als begrenztes Ganzes: Sachlichkeit«, in *Zeitschrift für Kulturphilosophie*, Band 8:1, S. 89-99.

Nordmann, Alfred (2015), »Werkwissen oder How to express things in works«, in: *Jahrbuch Technikphilosophie* 2015, S. 81-89.

Nowotny, Helga/Scott, Peter/Gibbons, Michael (2004), *Wissenschaft neu denken: Wissen und Öffentlichkeit in einem Zeitalter der Ungewissheit*, Weilerswist.

Polanyi, Michael (1958), *Personal Knowledge. Towards a Post-Critical Philosophy*, Chicago.

Rasmussen, Nicolas (1997) *Picture Control. The Electron Microscope and the Transformation of Biology in America*, 1940-1960, Palo Alto.

Reuleaux, Franz (1875), *Theoretische Kinematik. Grundzüge einer Theorie des*

Maschinenwesens, Braunschweig.

Ritter, Joachim (Hrsg.) (2007), *Historisches Wörterbuch der Philosophie*, Darmstadt 1971–2007.

Ropohl, Günter (1979), *Eine Systemtheorie der Technik: Zur Grundlegung der allgemeinen Technologie*, München.

Ropohl, Günter (1991), *Technologische Aufklärung: Beiträge zur Technikphilosophie*, Frankfurt/M. ²1999.

Schäfer, Lothar (1993), *Das Bacon-Projekt: von der Erkenntnis, Nutzung und Schonung der Natur*, Frankfurt/M. ²1999.

Schiefsky, Mark J. (2007), »Art and Nature in Ancient Mechanics«, in: Bernadette Bensaude-Vincent und William R. Newman (Hrsg.), *The Artificial and the Natural. An Evolving Polarity*, Cambridge, S. 67–108.

Schiemann, Gregor (2005), *Natur, Technik, Geist: Kontexte der Natur nach Aristoteles und Descartes in lebensweltlicher und subjektiver Erfahrung*, Berlin.

Schmidt, Heinrich (1969), *Philosophisches Wörterbuch*, Stuttgart.

Shapin, Steven/Schaffer, Simon (1985), *Leviathan and the Air-Pump: Hobbes, Boyle, and the experimental life*, Berkeley.

Shelley, Percy Bysshe (1818/19), *Der entfesselte Prometheus*, Leipzig um 1892.

Simondon, Gilbert (2012a), *Die Existenzweise technischer Objekte*, Zürich.

Simondon, Gilbert (2012b) »On Techno-Aesthetics«, in *Parrhesia*, Nummer 14, S. 1–8. [시몽동이 자끄 데리다에게 보낸 편지]]

Smith, Pamela (2004), *The Body of the Artisan. Art and Experience in the Scientific Revolution*, Chicago.

Vaughan, Diane (1996), *The Challenger Launch Decision. Risky Technology, Culture and Deviance at NASA*, Chicago.

VDI (2002), *Ethische Grundsätze des Ingenieurberufs*, Düsseldorf. http://www.vdi.de/fileadmin/media/content/hg/16.pdf. [zuletzt besucht am 6. 9. 2008]

Verbeek, Peter-Paul (2005), *What Things Do. Philosophical Reflections on Technology*, Agency, and Design, Philadelphia.

Vincenti, Walter G. (1993), *What Engineers Know and How They Know It. Analytical Studies from Aeronautical History*, Baltimore.

Virilio, Paul (1993), *Revolutionen der Geschwindigkeit*, Berlin.

Weber, Max (1922), Wissenschaft als Beruf, in: ders., *Soziologie, weltgeschichtliche Analyse, Politik*, Stuttgart 1964.

Werrett, Simon (2010), *Fireworks: pyrotechnic arts and sciences in European history*, Chicago.

White, Hayden (2008), *Metahistory. Die historische Einbildungskraft im 19. Jahrhundert in Europa*, Frankfurt/M.

Winner, Langdon (1986), *The Whale and the Reactor: A Search for Limits in an Age of High Technology*, Chicago.[Übersetzung von A.N.]

Winner, Langdon (1993), »Upon Opening the Black Box and Finding it Empty: Social Constructivism and the Philosophy of Technology«, in: Robert C. Scharff und Val Dusek (Hrsg.), *Philosophy of Technology. The Technological Condition*, Malden, Oxford, 2003, S. 233–243.[Übersetzung von A.N.]

Wittgenstein, Ludwig (1922), *Tractatus Logico-Philosophicus. Werkausgabe Band 1*, Frankfurt/M., 1984.

Wittgenstein, Ludwig (1953), *Philosophische Untersuchungen: kritischgene-
tische Ausgabe*, Frankfurt/M. 2001. [Zitiert wird die Nummer der Be-
merkungj

Wolff, Francis (2007), »The Three Pleasures of Mimesis According to Aristo-
tle' s Poetics«, in: Bernadette Bensaude-Vincent und William R. New-
man (Hrsg.), *The Artificial and the Natural. An Evolving Polarity*,
Cambridge, S. 51-66.

| 찾아보기 |

|인명|

알프레트 노르트만(Alfred Nordmann)은 다름슈타트 공대 과학철학 담당 교수이며, 사우스캐롤라이나대학의 정규 객원교수다.

함부르크 대학에서 석사와 박사학위(1981, 1986)를 마친 후 18세기 전기 이론과 화학, 19세기 진화 생물학과 사회학, 20~21세기의 보건학, 나노 연구, "융합 기술"(converging technologies) 등에서 특수한 지식 개념 또는 객관성 개념이 어떻게 형성되는지를 집중 연구했다.

최근에는 기술 과학의 철학이라는 연구 과제를 진행함으로써 기술 과학의 방법과 전통적인 과학 이론의 방법 규준을 비교했다. 여기서 노르트만은 특히 인식 비판이라는 전통 노선을 추적했는데, 이 전통 노선은 임마누엘 칸트로부터 시작해서 하인리히 헤르츠(Heinrich Hertz), 루트비히 비트겐슈타인과, 오늘날 과학적 모델 분석, 영상 촬영 방법 분석, 시뮬레이션 분석 등에까지 이어진다.

출판물로는 『비트겐슈타인의 논고 입문』(*Wittgenstein's Tractatus. An introduction*, 2005), 『19세기 과학에서 칸트의 유산』(*The Kantian Legacy in Nineteenth-Century Science*, hg. mit Michael Friedman, 2006), 『문학을 통해 본 철학. 열 가지 자기 비판적인 읽기』(*Philoso-*

phie im Spiegel der Literatur. Zehn selbstkritische Lektüren, hg. mit Gerhard Gamm und Eva Schürmann, 2007), 『이론의 다채로운 모습. 철학 연구자들과의 열네 번의 만남』(*Das bunte Gewand der Theorie. 14 Begegnungen mit philosophierenden Forschern*, hg. mit Astrid Schwarz, 2009), 『학문의 구조 변화. 새로운 시대 출현에 대한 입장들』 (*Strukturwandel der Wissenschaft. Positionen zum Epochenbruch*, hg. mit Hans Radder und Gregor Schiemann, 2014) 등이 있다.